期权交易波动率前沿

不稳定市场投资的新技术策略

杰夫·奥金（Jeff Augen） 著

沈国华 译

上海财经大学出版社

图书在版编目(CIP)数据

期权交易波动率前沿:不稳定市场投资的新技术策略/(美)奥金(Augen,J.)著;沈国华译. —上海:上海财经大学出版社,2016.6
(东航金融·衍生译丛)
书名原文:The Volatility Edge in Options Trading:New Technical Strategies for Investing in Unstable Markets
ISBN 978-7-5642-2332-8/F·2332

Ⅰ.①期⋯ Ⅱ.①奥⋯ ②沈⋯ Ⅲ.①期权交易-研究 Ⅳ.①F830.91

中国版本图书馆 CIP 数据核字(2016)第 016186 号

□ 责任编辑　刘晓燕
□ 封面设计　张克瑶

QIQUAN JIAOYI BODONGLÜ QIANYAN
期 权 交 易 波 动 率 前 沿
——不稳定市场投资的新技术策略

杰夫·奥金 著
(Jeff Augen)

沈国华　译

上海财经大学出版社出版发行
(上海市武东路 321 号乙　邮编 200434)
网　　址:http://www.sufep.com
电子邮箱:webmaster @ sufep.com
全国新华书店经销
上海华业装潢印刷厂印刷装订
2016 年 6 月第 1 版　2016 年 6 月第 1 次印刷

787mm×1092mm　1/16　14 印张(插页:3)　243 千字
印数:0 001-4 000　定价:45.00 元

Authorized translation from the English language edition, entitled THE VOLA-TILITY EDGE IN OPTIONS TRADING: NEW TECHNICAL STRATEGIES FOR INVESTING IN UNSTABLE MARKETS, 1E, 9780132354691 by AU-GEN, JEFF, published by Pearson Education, Inc., Copyright © 2008 by Pearson Education, Inc.

All rights reserved. No part of this book may be reproduced or transmitted in any form or by any means, electronic or mechanical, including photocopying, recording or by any information storage retrieval system, without permission from Pearson Education, Inc.

CHINESE SIMPLIFIED language edition published by PEARSON EDUCATION ASIA LTD., and SHANGHAI UNIVERSITY OF FINANCE AND ECONOMICS PRESS Copyright © 2016.

上海市版权局著作权合同登记号:图字 09－2014－662 号。
本书封面贴有 Pearson Education(培生教育出版集团)激光防伪标签,无标签者不得销售。
版权所有,侵权必究。

此书谨献给以仁爱之心和无穷的耐心不断提醒我的丽莎

总 序

20世纪70年代,随着布雷顿森林体系瓦解,美元与黄金挂钩的固定汇率制度遭到颠覆,金融市场出现了前所未有的大动荡。风险的巨大变化,带来了巨大的避险需求。以此为契机,金融衍生品逐渐从幕后走到前台,成为了风险管理的重要工具。金融期货是金融衍生品最重要的组成部分。1972年,以外汇期货在芝加哥商品交易所的正式交易为标志,金融期货在美国诞生。金融期货的本质,是把金融风险从金融产品中剥离出来,变为可度量、可交易、可转移的工具,被誉为人类风险管理的一次伟大革命。经过30年的发展,金融期货市场已经成为整个金融市场中不可或缺的组成部分,在价格发现、保值避险等方面发挥着不可替代的作用。

我国金融期货市场是在金融改革的大潮下诞生的。2006年9月8日,经国务院同意、中国证券监督管理委员会批准,中国金融期货交易所在上海挂牌成立。历经多年的扎实筹备,我国第一个金融期货产品——沪深300股指期货——于2010年4月16日顺利上市。正如王岐山同志在贺词中所说的:股指期货正式启动,标志着我国资本市场改革发展又迈出了一大步,这对于发育和完善我国资本市场体系具有重要而深远的意义。

股指期货到目前已经成功运行了一段时间,实现了平稳起步和安全运行的预期目标,成功嵌入资本市场运行和发展之中。股指期货的推出,对我国股票市场运行带来了一些积极的影响和变化:一是抑制单边市,完善股票市场内在稳定机制。股指期货为市场提供了做空手段和双向交易机制,增加了市场平衡制约力量,有助于降低市场波动幅度。机构投资者运用股指期货,可以替代在现货市场的频繁操作,增强持股信心。同时,股指期货具有一定的远期价格发现功能,可在一定程度上引导现货交易,稳定市场预期,减少股市波动频率。二是提供避险工具,培育市场避险文化。股指期货市场是一个专业化、高效的风险管理市场。股指期货不消除股市风险,但它使得股市风险变得可表征、可分割、可交易、可转移,起到优化市场风险结构、促进股市平稳运行的作用。三是完善金融产品体系,增加市场的广度和深度,改善股市生态。发展股指期货等简单的基础性风险管理工具,不仅能够完善金融产品体系,增加市场创新功能,提高市场运行质量,同时也有助于保障金融资源配置的主动权,实现国家金融安全战略的重要选择。

股指期货的成功上市,打开了我国金融期货市场蓬勃发展的大门。中国是一个经济大国,一些重要资源、重要基础商品、金融资产的定价权,必须通过稳健发展金融衍生品市场来实现和完成。"十二五"规划提出,要加快经济发展方式转变,实现经济结构调整。这需要我们不断扩大直接融资比例,积极稳妥地发展期货市场,同时也对我国金融期货市场的发展提出了更高的要求,给予了更加广阔的空间。下一步,在坚持国民经济发展需要、市场条件具备、交易所准备充分的品种上市原则的基础上,中国金融期货交易所将进一步加强新产品的研究与开发,在风险可测、可控、可承受的条件下,适时推出国债期货、外汇期货等其他金融期货品种,为资本市场持续健康发展,为加快推进上海国际金融中心建设,作出应有的积极贡献。

金融期货在我国才刚刚起步,还是一个新的事物,各方对它的认识和了解还需要一个过程。因此,加强对金融期货等金融衍生品的功能作用宣传、理论探索和实践策略的分析介绍,深化投资者教育工作,事关市场的功能发挥和长远发展。

东航金控作为东航集团实施多元化拓展战略的重要金融平台,始终对境内外金融衍生品市场的现状和演变趋势保持着密切关注,在金融衍生品市场风险研究与资产管理实践等领域,努力进行着有益尝试。这套由东航金控携手上海财经大学出版社共同推出的"东航金融·衍生译丛",包含了《揭秘金融衍生品交易》《期权交易策略完全指南》《期权交易波动率前沿》《外汇期权》《管理对冲基金风险和融资》五本著作。它们独辟蹊径,深入浅出地向读者展示了国际金融衍生品市场的奥秘与风景。相信此套丛书一定能够有助于广大投资者更加深入地了解金融衍生品市场,熟悉投资策略,树立正确的市场参与理念和风险防范意识,为中国金融衍生品市场的发展贡献力量。

朱玉辰
原中国金融期货交易所总经理
2016 年 5 月

致　谢

　　笔者要感谢为推动本书与读者见面提供过帮助的团队。首先要感谢吉姆·博伊德（Jim Boyd），他的忠告促成了本书的《读者指南》，并且提高了全书文字的流畅性和可读性。笔者还要感谢安妮·戈贝尔（Anne Goebel）和盖尔·约翰逊（Gayle Johnson），前者认真阅读了整本书稿，并且决定了全书的表达方式；而后者用作者本人绝不可能有的挑剔眼光对文稿进行了审阅和编辑。同样，笔者还要感谢 Edward Olmstead 博士，他建议笔者增补几节内容，从而提高了本书的清晰性，也扩大了本书的读者群。期权交易正以非同寻常的速度在发展，投资者也变得越来越精通金融事件，本书作者的目的就是要让投资者们的努力增值。

序

  本书是为有兴趣探索新的技术策略和分析技术、经验丰富的股票和期权交易者撰写的。关于这个主题，已经有很多优秀的教科书，而且都是瞄准不同水平专业能力测试的，内容涵盖从期权建仓基础知识的一般介绍到研究生程度的期权定价理论评论。有些教科书聚焦于单一策略，而另一些则涉及面较广。毫不奇怪，其中有不少最终不幸沦落为"快速发财"类书籍。总的来说，注重交易实践的书常常轻定价理论，而定价理论贯穿全书的书则通常不以指导交易为宗旨。

  本书旨在通过把定价理论与市场实际联系起来以弥补这个缺口。本书的论述包括众多其他书遗漏的主题：

- 期权月度结算周期交易策略；
- 季报公告的期权波动率和定价效应；
- 市场下挫、波动率与买权和卖权平价关系破裂之间的复杂关系；
- 周末/月底的买卖价差和波动率效应。

  本书主要论述一组全新的分析工具，旨在根据股票价格波动的历史表现来对股票进行分类。笔者曾经成功地利用这些工具完成了小至 8 万美元大到 2 000 万美元的交易。

  10 年前，笔者在对市场进行一段时间的研究以后觉得，自己能够在从事一份全职工作的同时做一个兼职投资者。那时，我是计算机产业的一名管理人员——IBM 公司的一名经理，薪酬优厚，前途无量。当时，我的目的是要发展一种能够用来作为收入补充来源的成功交易策略。这是一种幼稚的想法，成功的投资需要不懈的坚持。本书是笔者历时 10 年的研究成果，涉及编写数十万条计算机编码，建立多个金融历史数据库，创造了一些新的数据可视化工具，更重要的是还执行过 3 000 多笔交易。在这十年里，笔者还阅读了几十本和数千篇有关经济学理论、技术分析和衍生品交易的专著与专业论文。对于笔者而言，最重要的成果不是成功地开发了交易系统本身，而是明白了不全身心地投入必将一事无成的道理。金融业人才荟萃,他们专业、睿智、勤奋,而且受过良好的教育,他们全力以赴,目的就是为了赚钱。此外,雇用优秀的专业人才,几乎是需要无限的资金。一名业余投资者应该没有希望利用自己的业余时间与这些专业人士进行角逐。金融市场是一种零和博弈竞技场——有赢钱,也必有输钱。期权交易是一种"赢家通吃"型博弈。要想始终赢钱,必须专心致志、全力以赴。不过,话又得说回来,在股票期权交易领域,经验丰富的个人投资者与大机构相比有一个明显的优势。这个优势与规模有关:一名从事电子交易的个人投资者通常能够即刻建仓或平仓买卖十份甚或数百份期权合约;而机构则往往要管理数以亿计的巨大头寸。这么巨大的规模会成为高效执行交易的障碍,而且很多新发行的股票期权也没有足够的未平仓合约来支持如此规模的交易。因此,机构投资者就倾向于关注流动性大得多的指数期权以及某些交易量较大的股票期权。交易头寸大,就需要花时间谈判和定价。大机构投资者有一批人轮流值班,因为他们不能离开键盘。流动性和分批交易是大头寸交易的关键。我们将在交易后勤的背景下多次重复讨论这个问题。

总的来说,笔者的研究工作还没完成——甚至还没结束,但已经进行了很长时间。现在,我可以心安理得地收获足以令任何投资银行或者对冲基金感到自豪的回报。不用说,我已经不在计算机行业工作,也没有兴趣做领薪工作。现在,我自由了,有属于我自己的时间,并且以期权交易为生。

阅读指南

本书旨在介绍一种有助于期权交易者对价格波动表现进行可视化处理的图表制作技术。尽管这是一种新形式，但它所涉及的基础数学就是标准的期权定价理论数学。本书所介绍的很多图表包含一系列采用根据长度预定的滑动时间窗口计算的标准差来计量单只证券价格波动的直方图。本书第 3 章中的"如何表现价格波动特性"一节将介绍制作这些图表的正确方法。本书所介绍的所有图表都是用微软公司出品的标准桌面工具以及现成的数据来源制作的。如果读者是一个数据服务机构的订户，并且希望制作相同形式的图表，就会发现微软 Excel 的统计分析和图表制作功能能够非常有效地支持图表制作工作，而且不必自己编程。

很多熟悉微软 Office 软件环境的读者可能也想构建一个包括数千种证券及其指数价格波动历史信息和波动率计算值的数据库。本研究所采用的价格和交易量信息，都是从各种不同的现成公共或订阅数据服务机构那里下载到微软 Access 数据库的。大量的计算值是通过数据集来生成的，而每种交易品种的结果被输入微软 Excel，然后自动生成图表。本书的第 9 章将介绍构建这样一个交易系统所需的全部基础设施和设备。

就在几年前，台式计算机还缺乏支持本书介绍的图表制作技术所需的容量和性能。这些机器最近在容量和性能方面的改进大大降低了这类工作的复杂性。这方面的变化令人激动。今天，数千兆赫兹的多内核中央处理器台式计算机常常配备了 3 千兆字节或者更大的储存器以及数百千兆字节的磁盘储存器。像 Excel、Access 和 Visual Basic 这样的微软桌面产品提供了为构建在台式机上管理数百万股票记录数据的平台所必需的全套工具。对于我们这些以前专门用 C 和 C＋＋语言编程以及要应对与大型基础计算设备联系在一起的复杂性和开支的人来说，这些变化是一种很受欢迎的进步。

如果读者想复制本书第 9 章所介绍的数据库系统，那么就会发现微软公司的 Access 软件能够支持规模较大的设计工作，大多数编程员觉得 VBA 编程语言的性能完全可以接受。除了 Excel VBA 中的建模工具外，实际设计工作还需要为数众多的 Access VBA 程序、宏指令程序和 SQL（结构化查询语言）查询程序。

最后，从正经的个人投资者能以合理的代价获得为构建尖端交易平台所必需的全套工具这个意义上说，过去的几年见证了期权市场竞技条件的均等化。像彭博通讯社这样的信息来源还提供许多稳健的便于捕捉和分析实时数据的编程接口，并且可能成为采用单个用户版本比较便宜的微软 SQL 服务器、Oracle 或者 IBMDB2 的用户数据库。这样的系统能够在单台台式机或者在通过公众可免费使用的 Linux 软件联机计算机群上运行，具体取决于它们的规模。5 年前，这个水平的计算机基础设施只有金融机构才能配备。今天，数以十万计的个人投资者和小型对冲基金为了努力在市场上赢得优势，开发了个性化的数据挖掘和分析工具，这种趋势已经成为投资领域的一股主导力量。

本书先介绍期权定价理论和波动率，然后循序渐进地逐一介绍一系列越来越复杂的结构化交易。

读者可按各章的编排顺序来阅读本书。如果从头开始阅读，那么就不需要特定的专业基础。不过，读者可能会觉得按照一种不同的顺序阅读本书更有价值，那么，下面这张表格就能对您有所帮助。该表列示了适合所介绍主题的专业基础水平，专业基础分为期权交易经验和计算机软件技能两类：

期权交易经验 1：不需要事先掌握定价理论或者结构化建仓知识。

期权交易经验 2：要求对期权定价和基础交易有一定程度的了解。

期权交易经验 3：熟悉期权定价概念，包括因时减值和 Δ 效应；具有结构化期权建仓经验。

计算机软件技能 1：熟悉基础软件工具，如微软的 Excel。

计算机软件技能 2：具有使用股票图表制作软件等交易工具的经历。

计算机软件技能 3：具有制作个性化电子表格以及在软件包之间转移数据的经历，具备通过服务订购机构下载和使用数据的能力，熟悉基础数据库概念。

	计算机软件技能 1	计算机软件技能 2	计算机软件技能 3
期权交易经验 1	第 1、2 和 3 章		
期权交易经验 2		第 4 和 5 章	
期权交易经验 3		第 6、7 和 8 章	第 9 章

如果读者不打算按顺序从头读起，就得熟悉第3章所介绍的制作价格波动峰值图表的方法。对这些图表的使用贯穿本书于始终，因此，知道它们是如何计算制作的，对您会有所帮助。第3章还进行了有助于大多数期权交易者的可变长度波动率时间窗口的相关讨论，第3章的讨论是建立在第2章期权定价理论讨论的基础上的。

第4章包含一些常常因过分简单化而丢失的实用的交易信息。许多作者撰文介绍了许多复杂的期权交易，但没有提到买卖价差效应、波动率涨跌效应、买权卖权平价关系违背效应、期限结构效应和流动性变动效应等问题。第4章还讨论了由季报公告和期权到期导致的价格扭曲问题，第7和第8章更详细地论述了这些问题。最后，我们讨论了现在所有公众客户都可利用的二级交易队列这个问题。如果您是一名经验丰富、掌握期权定价基础知识的交易者，那么，第4章从内容上看可作为单列的一章不按顺序来阅读。

第5和第6章概述了结构化建仓问题。初学者可以通过这两章，采用不同的定价策略来数学模拟正常交易。已经熟悉这两章内容的资深交易者会觉得这两章所介绍的方法无与伦比。这两章中有关头寸动态管理以及把价格波动峰值用作交易触发点的讨论非常重要。本书将全程采用第3章介绍的价格波动峰值图。第6章还分析了作为套期保值工具的波动率指数(VIX)——近来颇受华尔街关注的一个主题。

第7和第8章介绍别处难觅的新信息。这两章中讨论的交易策略能够杠杆化利用通常与季报公告和期权到期联系在一起的价格扭曲。这两章专门为在市场暴露程度有限的条件下寻求可观回报的投资者量身定制，并且一如既往地聚焦于实用的交易。第8章还考察了已经成为很多证券到期日表现驱动因素的"标的证券价格盯住期权履约价格"(stock pinning)现象。一些接触过本书介绍的方法的投资者已经发现这种现象能在期权到期日产生可观的回报，并且在相关月份的其他时间里一直留在场外观望等待。

第9章是为人数众多且越来越多并希望优化利用在线数据服务的投资者撰写的。这一章介绍的数据库架构可用前面提到的微软桌面工具和数据库来构建，内容包括对各种表格和数据流量的详尽介绍。数据库结构采用模块化布局，因此读者可复制其中最适合自己需要的部分。原先就对债券、外汇、期货或者股票感兴趣的投资者也能感觉到本章介绍的设计元素的价值。

目 录

总序/1

致谢/1

序/1

阅读指南/1

第 1 章 引言/1
  价格发现与市场稳定/4
  图表技术分析的实际局限性/7
  背景与术语/9
  确保技术优势/12
  尾注/16

第 2 章 期权定价基本原理/17
  随机行走与布朗运动/18
  布莱克－斯科尔斯定价模型/21
  希腊字母：Δ(Delta)、γ(Gamma)、υ(Vega)、θ(Theta)和ρ(Rho)/24
  二叉树：一种替代性定价模型/31
  结束语/33
  补充读物/34
  尾注/35

第 3 章　波动率/36
波动率和标准差/37
如何计算历史波动率/38
如何表现价格波动特性/47
结束语/58
补充读物/59

第 4 章　总论/61
买卖价差套利/62
波动率涨跌/65
买权和卖权平价关系背离/70
流动性/72
结束语/75
补充读物/76
尾注/77

第 5 章　如何管理基本期权头寸/78
单边看跌期权头寸和单边看涨期权头寸/79
跨式套利和宽跨式套利/93
空头跨式套利与宽跨式套利/102
波动率与风险/106
有担保看涨期权与看跌期权/107
股票合成头寸/112
结束语/114
补充读物/116
尾注/116

第 6 章　如何管理复杂头寸/117
日历套利和对角套利/118
比率套利/125
包含多个期权到期日期的比率套利/134

目 录

　　多部位复杂交易/139

　　如何运用VIX指数来套期保值/150

　　结束语/156

　　补充读物/157

　　尾注/157

第7章　如何根据季报公告周期交易/158

　　如何利用季报公告相关型波动率上涨/159

　　如何利用季报公告后发生的隐含波动率下跌/166

　　结束语/171

　　尾注/172

第8章　如何根据到期周期交易/173

　　最后交易日/174

　　期权到期前几天/182

　　结束语/185

　　补充读物/185

　　尾注/186

第9章　如何配置交易"工具箱"/187

　　关于数据可视化工具的一些说明/188

　　数据库基础结构概述/190

　　数据挖掘/193

　　统计分析设备/198

　　交易建模设备/202

　　结束语/204

　　尾注/205

作者介绍/206

第1章 引 言

1997年10月27日,道琼斯工业平均指数(DJIA)惊人地大跌554点或者7.2%,报收于7 161点。如此大跌是该指数问世以来最大的绝对点数下跌,也是1905年以来第十大百分比跌幅。那天晚上,各路专家纷纷出现在金融新闻节目中,个个都想正确解释发生了什么、为什么发生。尽管众说纷纭,莫衷一是,但他们似乎还是有两个共同点:一是事前都没能预见到这次大跌;二是都认为第二天情况会变得更糟。可惜,他们大错特错。第二天,市场继续下挫一段时间后大幅反弹,以上涨337点(4.7%)收盘,成交量也以10亿多股创下新高。这天晚上,专家们重又开始寻找原因。市场分析师总是如此:短于精确预测,而长于事后分析。

1997年10月27日也是自1988年采纳以来第一次启动跨市场暂停交易"断路器"程序。到了下午2:36,道琼斯工业平均指数已经下挫350点,触发了股票、期权和指数期货市场的30分钟暂停交易程序。3:06交易恢复以后,价格继续快速下跌,一路跌到了550点的"断路器"程度,从而导致当天提前30分钟收市。美国证券交易委员会下属的市场管理部启动了一项旨在重建那两天发生的事件和检验断路器程序的价格波动黏性效应的调查。调查的结论是:这次股市下跌是由对亚洲市场动荡持续加剧有可能影响美国公司收益的担心以及对潜在的经济增长减速或通货紧缩压力的回应促发的。亚洲市场动荡显然促使很多机构和职业交易者试图在美国市场上直接通过抛售股票或者间接通过期货交易来降低其股票风险暴露程度或者增加他们的套期保值交易。当股市下挫在10月28日上午把美国股票价格打压到一个具有吸引力的水平时,便出现了一股支持股价强劲反弹、基础广泛的购买趋势。

不管这个调查结论在当时是多么显而易见,这样的一天554点的跌幅在道琼斯指数从1982年3月828点上涨到2000年1月11 750点的缓慢过程中几乎是闻所未闻的。不过,1997年10月的股市大跌由于很多原因而显得重要。其中最重要的就是泡沫终究会破灭的教训。在这个例子中，导致泡沫的原因是大量的外国资金持续流入亚洲市场达10年之久，并且导致了亚洲金融危机。连锁反应清晰地证明了地区间贸易平衡的重要性以及贸易赤字和盈余所隐含的风险，同样也标志着持续3年的美国股市市值几乎翻番的高速增长年代的开始。

笔者的目的是要基于描绘金融市场的基本数学属性来提出一种投资策略。这种投资策略只要运用得当，就能在不同的市场条件下带来很好的回报，而且从它超越短期趋势的意义上讲还具有可持续性。一种完善的投资策略应该具有允许投资者精确计算给定交易组合预期回报和最严重损失的风险管理机制。最后也是最重要的是，一种成功的投资策略应该不以任何形式依赖于个人观点。就如我们将要看到的那样，本研究最终要推出的各种策略涉及交易头寸，但与有关任何特定公司、指数或产业业绩的基本财务假设毫无关系。

这项研究非常复杂和耗费时间，因为完成这项研究要进行的科学分析要比笔者预期的少了很多。不幸的是，金融界选择了用某种远不够精确的东西——金融分析师的观点——来取代精确的科学分析。这些分析师就是那些没能成功预测历史上每次股市严重下挫的"专家"。通常，他们的分析是基于未经过检验的关系、不经常发生的事件或者基于这两者。我们可以轻而易举地指出，最近利率上涨了某个百分比，或者原油价格跌幅大于某个数值，但不可能比较上百种这样的事件的影响效应。以股票、期货、期权、固定收益证券和外汇电子交易为特点的当今世界还没有足够悠久的历史。

每次动笔写这方面的内容，就会出现这个问题的显著例子。美联储这个全球最大的中央银行的主席公开表示，他无法解释为什么在美国联邦基金利率（银行间隔夜贷款利率）连续8个季度上涨的时间框架里美国10年期国库券的收益率却下跌了80个基点。他用"谜题"这个词来描述某年利率持续上涨令很多人感到意外的现象。

很遗憾，缺少定义明确的描述世界经济的数学模型不只是一个学术问题。例如，2005年6月，欧洲最大的对冲基金英国高雷合伙（GLG Partners）承认，他们用来为复杂信用衍生产品定价的数学模型存在缺陷，从而导致了其信用对冲基金在短短的1个月里损失了14.5%。不幸的是，数学模型没有反映导致通用汽车公司和福特汽车公司信用评级下降的巨幅市场波动。造成这个问题的原因是基于历史数据的风险模拟没有预见到这样巨大的市场波动。该基金发信告诉其投资者，请他们放心，模型始终固定不变。对财富如此的摧残并非像他们想象的那样罕见，因为再好的金融模型也会被新闻搞糊涂。在过去的几年里，"自残"

的对冲基金因有缺陷的模型而损失了好几十亿美元。风险巨大,美国的国内生产总值还不到13万亿美元,世界各国的国内生产总值总量也只有48万亿美元,而世界衍生产品的市值通常被估计在300万亿美元以上,一旦真的崩盘,就不可能恢复如初。[1]

这样的观察结果塑成了我的思想。随着时间的推移,我的关注焦点越来越集中。今天,对于我来说,某只个股的涨跌并不重要,因为我更加关心一些像日价格波动分布曲线形状那样的基本数学性质。而且,对于单只股票隐含波动率的潜在变化有一个准确的看法,通常要比有能力预测其短期价格波动来得重要,而且预测股价波动率也要比预测股价本身容易得多。这样一个简单的理念在20世纪90年代大牛市时期几乎被人们遗忘殆尽。当时,数以千计的成功投资者自诩是股市升值大潮的天才弄潮儿。然而,那些错过(或者误解)2000年第2、第3季度纳斯达克科技股隐含波动率急剧上涨行情的投资者,把自己逼到了面对极端风险的境地。他们中的很多人在接踵而至的纳斯达克崩盘期间继续持有这些股票,因为他们错误地把小熊市反弹解读为技术性触底反弹。这些投资者是在重犯从1929年10月开始一直持续到3年后1932年才结束的美国股市长时间崩盘期间严重受到伤害的老一辈投资者的错误。我们的忠告是,发生重大市场崩盘的可能性会随着牢记上次崩盘的老一代投资者逐渐退出而提升:20世纪90年代末纳斯达克泡沫时期还在股市搏杀的1929年大崩盘的受害者已经寥寥无几。

笔者在本书中介绍的各种策略完全聚焦于分析股票和指数的基本数学属性并根据它们这种属性来进行交易。期权是交易工具,我们关注的是牢牢扎根于波动率和时间等数学构念的基本定价模型。此外,动态管理期权头寸的妥善策略最终与挑选和组织交易的策略同等重要。适应性交易是本书的一个关键词,我们把很大的篇幅用来讨论一些基于精确的度量标准和规则调整复杂头寸的特殊方法,而对这些规则无偏差地采用以及对期权定价数学基础的全面理解是掌握这种特殊方法的关键所在。

很遗憾,目前有关期权交易的书籍虽然并非全都没有论及这个复杂的主题,但也只有很少几本给这个复杂主题留下了些许篇幅。不掌握必要的工具,期权交易者简直就是在下注赌博,对于每笔交易的输赢心中无数。在这种情况下,期权交易虽然有坚实的数学基础,但最终也免不了沦落为一种赌博。本书要介绍的严谨方法有很大的不同。值得庆幸的是,努力工作和持之以恒通常都能换来成功。

毫不奇怪，我们将集中讨论一些精确界定、紧密相关的期权交易策略。在发展这些策略的过程中，我们发现了不同期权定价模型之间存在许多矛盾或者不一致的东西。首先，存在这样的矛盾似乎有悖于常理，因为它们都是套利机会，而这样的机会在现代金融市场上通常比较罕见。毫不奇怪，订立期权合约的经纪人就是依靠交易规模大来利用这些机会的。在一个只有30年历史的市场上发现有矛盾的东西不足为奇。芝加哥期权交易所（CBOE）于1973年4月26日开始了基于不到16种股票的挂牌看涨期权交易。芝加哥期权交易所的第一个交易厅实际上是芝加哥交易所的一个吸烟休息室。看跌期权直到1977年才开始交易。布莱克－斯科尔斯（Black-Scholes）模型——现代期权定价基本模型，直到20世纪80年代初还没有完全应用于这个领域。其他尖端的定价模型陆续问世，芝加哥期权交易所最近调整了其计算非常重要的波动率指数（VIX）的机制。期权交易还是一个不断演化的交易领域，因此，每一组新的市场条件都会给进一步调整这个交易体系提供机会。

在我们开始详细讨论期权定价问题前，笔者希望先考察关于股市表现的最基本假设。

价格发现与市场稳定

1987年的股市崩盘以及2000年的纳斯达克持续下挫包含一些有关股市表现支配因素的重要但有些灰色的信息。以下三个相对比较简单的问题应该牢记心头：

- 市场为何崩盘？
- 是哪些稳定因素终止了市场崩盘？
- "股市崩盘"与"股市下挫"有什么不同（如果有的话）？

对这三个问题的回答应该植根于关于某只个股为何上涨或者下跌的最基本假设。简单地说，如果买方比卖方更具攻势，那么，一只股票就会上涨；如果卖方比买方更具攻势，那么，股票就会下跌。这个概念似乎显得基本而又简单。然而，很多投资者错误地认为，如果买方多于卖方，一只股票的价格就会上涨；如果卖方多于买方，股票价格就会下跌。区别以上两种概念的差异十分重要。根据定义，买卖双方的人数总是相等，因为每一笔交易都要涉及买卖双方。在任何市场上，下笔交易价格的唯一决定因素总是最高买入价和最低卖出价。如果两个价格相同，交易就能成功，无论还有多少买入或卖出要约。更确切地说，交易之所以能够达成，是因为更具攻势的买方抬高了他或者她愿意支付的价格，或者是更具攻势的卖方压低了他或者她愿意接受的价格。这样的价格调整在大多数市场上需要很长一段时间才能完成，但在股票市场上即刻就能搞定。

持续不断的交易不间断、顺畅地完成，就能创造市场流动性；高水平的市场流动性能够启动价格发现这台维持市场运行的发动机。没有价格发现机制，无论是个股还是整个股市就会失控崩盘或者飞涨。有时，价格发现机制失灵，从而导致灾难性的后果。1929年、1987年和2000年美国股市三次崩盘就是明显的例子，日经指数从1989年12月的38 915点一路跌到1992年8月的14 194点也是一个显著的例子。1929年9月的美国股市大崩盘尤其值得注意。道琼斯工业平均指数从1929年9月的386点一路下跌到了1932年7月的40.6点。美国股市直到1954年12月才完全恢复，道琼斯工业平均指数最终才涨破1929年9月的水平。然而，即使在1929~1932年的股市大崩盘期间，价格发现机制仍然允许股市出现过很多稳定时期，有时还出现过短期反弹。这些短期反弹导致股市崩盘更具毁灭性，因为乐观的投资者以为跌势已经结束，于是又重新杀回市场。与一般的看法相反，最严重的亏损并不是发生在某个一日事件发生期间，而是由于投资者误把熊市的反弹行情当作稳定的牛市行情而发生在很长一个时期里。稳定化事件和熊市反弹行情也都是由每天在健全市场上决定交易价格的价格发现机制触发的。没有这些价格发现机制，从1929年一直持续到1932年的大崩盘也许一天就会结束。

价格发现是一个混沌过程

令人奇怪的是，如果市场不是处于混沌状态，价格发现机制就不能正常运行。价格发现机制必然具有很多投资者出于不同的目的并基于对市场的不同看法奉行不同交易策略这么一个特点。在微观层面可能会出现以下情形：投资者甲听到一条利空消息，于是决定卖出一只股票，导致这只股票轻微下跌，并且触发投资者乙下限价止损卖单。这张新的卖单导致这只股票的价格进一步下跌。然而，投资者丙是一家持长期观点的公司，并且认为这只股票价格被低估，正盼望这只股票下跌，于是强势大量买入这只股票，从而暂时稳定了这只股票的价格。不过，一个利用计算机程序跟踪这只股票的大机构投资者正期待这只股票出现这样的表现，突然发现卖空触发机制已被激活。这个大机构投资者的卖单导致这只股票快速下跌，而其他投资者为了保护自己的盈利而下的限价止损卖单也被激活。由于持有这只股票的投资者竞相平仓，这只股票的价格加速下跌。

但是,一小群预期到这则利空消息并且卖空这只股票的投机者现在开始买入这只股票,以回补先前的空仓并锁定利润。投机者们利用一种设有触发点、只要达到某个盈利水平就会生成买入决策的自动化系统来操盘交易。随着进攻性回补买单的积累,这只股票的价格再度开始攀升。随着股价的攀升,卖空者开始看到自己的盈利逐渐在蒸发,于是就越来越积极地回补这只股票。此后,随着卖空者逐渐平仓离场,这只股票价格攀升的势头开始放慢。不过,股价并没有因此而趋稳,因为其他目睹这只股票突然上涨并且正在观察特定图表形态的投资者把这波新出现的反弹行情看作是买入机会,并且赶在这只股票还没有上行太远之前纷纷下单买入。这个过程会无限制地持续,因为价格发现是一个永不停息的动态过程。

以上这个例子虽然只是一个简单的例子,但揭示了很多重要的股市驱动因素,包括程序化交易、卖空和回补、带触发点的技术图表制作、停购指令和限价止损卖单以及各种不同的复杂买入和卖出行为。如果在以上每种情形开始时,每个投资者都像投资者甲那样做出相同的抛售决策,那么那只股票就会急剧下跌。一直要跌到一个很低的点上,这只股票的新的公允市场价值才会被发现。在这样的情形下,由于市场没有处于混沌状态,因此会导致变成快速下跌的小幅下挫行情。这样的事件会定期发生,导致股票下跌的规模与上文刚介绍过的股市抛售前的市场无序状态紧密相关,始于小幅下挫的股市大崩盘非常罕见,但也肯定并非不为人知。1929 年、1987 年和 2000 年股市大崩盘最初几天都有股市处在非混沌状态的特点。20 世纪 80 年代末和 90 年代初日经指数持续大跌以及 90 年代末亚洲股市普遍大跌(有时被称为"亚洲奇迹泡沫破灭")的情况也是如此。此外,这里的"混沌"应该取纯数学意义上的意思——一个随机出现但根据一整套定义明确的规则运行的系统。如果说流动性是驱动价格发现这台发动机的燃料,那么,混沌肯定是这种燃料中的主要成分。

毫不奇怪,类型迥异的事件能够影响个股和整个股市所展示的混沌水平。例如,如果就在明天上午开市铃响前,某公司报告了令人意外的巨大收益;接下来一刻钟的情景甚至更加令人吃惊:这家公司的股票一开盘就稳步上扬。这种结果看似平淡无奇,但它的基本动力非常复杂。在交易的最初时刻,新的买家会竞相抬高这只股票的价格,但还没有快到差不多吓退想回补的卖空者的地步。不过,并不是所有的卖空者都被迫补仓。有些卖空者也许认为这只股票价格上涨仍属于可接受的风险,尤其当他们对这家公司的未来业绩持不同的看法时;另一些卖空者则可能把这只股票的即刻上涨看作是有人在故意哄抬,并且一旦股价出现回调可能就会再次抛空。最后,还有一些持有这只股票的投资者或许会决定出货套利。这只股票早市开盘时的上涨行情可以很容易地被卖空者疯狂出货套利或者折价建仓而终止。这样的行为几乎总会严重挫伤直截了当地解读消息并试图根据财务指标理性决定买入和卖出的投资者,这也是市场常常显得令人困惑、难以捉摸的原因所在。我们还将回过头来更加详尽地分析市场混沌与股票价格之间的关系,并且把重点放在对(小幅和大幅)下挫和反弹的预测上。

图表技术分析的实际局限性

股票市场是一种事件驱动型市场。在一个高流动性的环境里,投资者不断地对不同的事件和消息做出自己的反应,并且还相互影响。即使是最理性的技术分析师也会承认,非预期的大事件会触发股票价格意外的大幅波动。就像很多投资者那样,笔者也曾把数千小时的时间花在了图表形态研究上,试图预测某只股票或者某个指数的下一次波动行情,有时收到了预期的效果,但有时却没有。就像任何一个学科一样,图表技术分析有它的优势,也有它的劣势。在没有发生重大的矫正性事件的情况下,股票往往是在可预见的价格区间里交易。特点明显的支撑线和阻力线肯定具有一些预测价值,就如同很多更加严谨的数学方法。但是,如果不说众多证明了技术分析师精选的股票往往比先行的基准指数落后一大截的研究,就有有失公允之嫌。例如,2003年,标准普尔500指数上涨了26%,纳斯达克指数上涨了50%,而根据华尔街一名普通分析师的建议构建的虚拟证券组合只上涨了11%。在81个市场板块中,有79个投资者只要买入某个指数的成分股并且持有它们,那么业绩就会超过专家。这个数据显示了采取技术分析平衡观的重要性。

从操作的角度看,股票市场的表现就像鱼群。头鱼就好比是消息灵通的投资者,会快速对环境变化做出反应,鱼群中的其他鱼对环境和头鱼的游动方向与速度做出反应。在没有重大事件发生的情况下,鱼群的行为在一定程度上是可以预测的。不过,如果您往水里掷一枚卵石,头鱼就会突然改变游动方向——鱼群中的其他鱼几乎都会尾随而去。在方向和速度上跟随头鱼,有点像投资于某只股票。人眼非常擅长识别图表和图片的形态,但很容易被随机性所欺骗。图1.1是对那些确实不同意这种观点的人做出的回应。图1.1中有两张图,上图是用计算机程序随机生成数字1或0来制作的。图上的每一个刻点都是通过100这样的和数除以一个小于100的数字求得的,改变除数就可能导致图表出现或多或少的波动,曲线的起始点是随机选择的。下图是纽约股票交易所一只股票的真实走势图。到现在为止,笔者还没有遇到一个能够说出两张图区别的普通技术分析师。他们的反应总是相同的:"这张图上是一条支撑线,那张图上是一条阻力线。这条线趋向于突破其 50 日移动均线,那条线已经突破其 50 日移动均线,因为它包含一个完全形成的突破形态,随后又出现了趋向于一个新的交易水平的走势……"笔者曾有很多机会拿这样的图让职业投资者辨认,但没有一个找到了识别真伪的可靠方法。

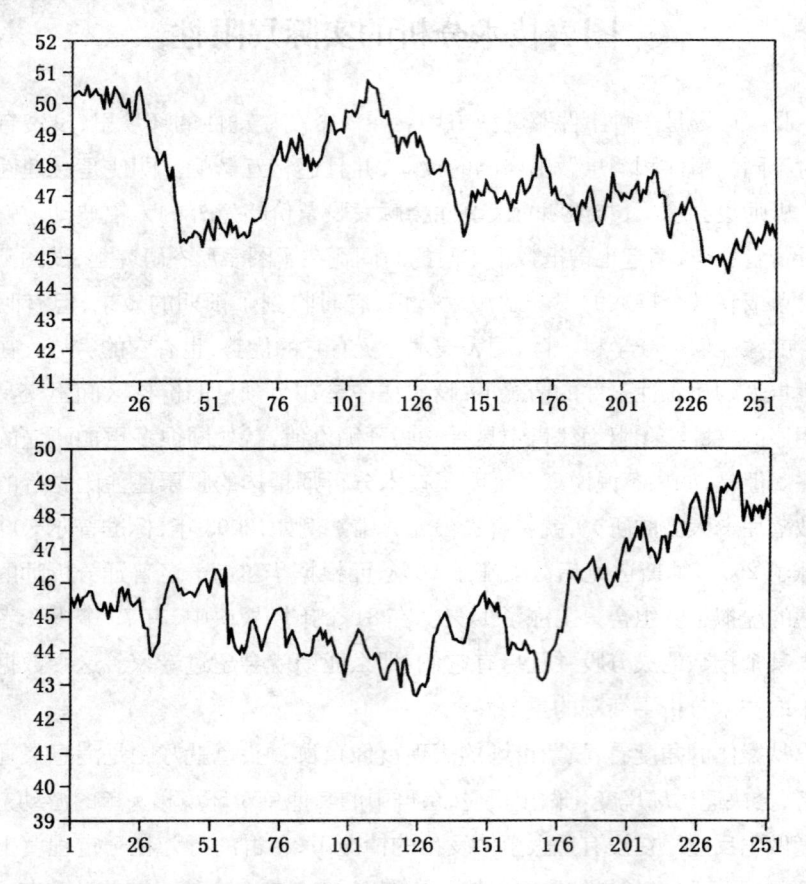

图 1.1　一只股票的随机生成走势图和真实走势图。制作上图使用了随机数字生成器。下图是(凯洛格公司股票的 250 日移动均线的)真实走势图。还没人找到识别它们真伪的可靠方法。

　　笔者曾就其他技术问题请教过一些不同行业的预测师。气象预测技术具有特别重要的意义。气象预测有两种基本策略:第一种策略涉及基本物理原理分析——云物理现象、上升暖气流、温度梯度等;第二种策略涉及构建一个包含有关大气参数以及相关气象条件历史信息的数据库。气象预测要从数据库里搜寻一组与当前观察到的气象参数密切对应的历史参数。如果理论分析是正确的,那么,要预测的气象就会遵循以前观察到的气象模式。这两种策略与预测股票业绩有一定的相关性。第一种策略的支持者常常参考金融指标、市盈率、50日移动均线、相对强弱度、随机指标,等等;第二种策略通常涉及无界模式发现技术、神经网络软件、遗传算法以及各种用于识别股市数据重复模式的数据挖掘方法,显然具有很浓的统计色彩。这两种策略都非常重要,而且都得到了大量的应用。

背景与术语

本书主要是为有经验的期权交易者撰写的。不过,有兴趣理解和探索期权定价技术细节的认真初学者也能通过阅读本书获得很多教益。虽然本书具有一定的专业性,但任何牢固掌握基础统计方法的人士应该都能读懂。我们将聚焦于为数较少的交易策略,但用大量的篇幅讨论与实施交易策略相关的技术细节,如(买卖)差价交易、卖权买权平价以及与周末、节假日、到期周期和季报公告相关的价格扭曲。

不过,在深入讨论之前,有必要先来定义和讨论一些专业术语:

● 看涨期权(或者买权)。看涨期权是一种赋予期权购买者按照预先确定的价格(又称"履约价格")买入标的证券的权利的合约。看涨期权根据一个同时考虑标的股票或指数、合约到期期限和资金无风险利率的模型来定价。

● 看跌期权(或者卖权)。看跌期权赋予期权购买者按预先确定的履约价格卖出股票的权利。看跌期权的价值通过所谓的"卖权和买权平价"关系与其相对应的看涨期权发生关系。卖权和买权平价关系表示一种履约机会。有必要指出,今天的期权定价方法论所依据的原始理论并不包括看跌期权。本书将从头至尾讨论各种期权定价策略,并且详细介绍卖权和买权平价关系的含义。现在,我们只满足于说期权定价策略就是旨在阻止无风险套利而设计的策略。举例而言,如果看跌期权没有按照看涨期权价格的比例来定价,那么,精明的投资者就会卖出看跌期权并买入看涨期权,而且同时卖出标的股票并买入在期权到期周期时间框架内到期的无风险零息债券,至期权到期时就能平仓套取有保证的盈利。虽然这样的交易超出了本书的范畴,但应该注意的一个重要问题是:卖权和买权平价关系的实际破裂会自动生成利润。然而,按卖出价买入并按买入价卖出的公众客户没有能力利用这样的价格扭曲,因为他们通常要面对没有特点的宽幅买卖价差。对于寻求完全无风险套利机会的期权交易者来说,买权和卖权平价关系的扭曲也是赢利机会。

一笔由履约价格相同的看涨和看跌期权构成的交易通常被称为"跨式套利组合";当履约价格不同时就被称为"宽跨式套利组合"。通过卖出期权构建的头寸或仓位被称为"空头头寸""空仓"或者"短仓"。如果卖方在卖出股票或期权时没有建立保护性仓位,那么,由此产生的头寸被称为"无担保头寸"或"裸露头寸"。我们将用较大的篇幅来讨论无担保跨式套利交易和无担保宽跨式套利交易及其动态管理策略。很少有期权文献愿花笔墨论述这样的策略,究其原因,首先,由于交易头寸没有担保,卖方没有针对意外的价格大幅波动采取保护措施。这样的交易头寸通常被认为具有很大的风险,因为股票价格的上涨和下跌无幅度限制。但就实际情况而言,股价涨跌幅度是有限的。有效的风险管理是期权交易取得成功的基础,我们将用很大的篇幅讨论风险管理策略。即便如此,有些股票的价格要比其他股票更容易发生非预期的价格波动,而且风险程度也是随时间动态变化的。此外,期权价格常常会为了防范股价的非预期变动而以过高的波动率上涨,因此,精确的波动率估算是成功的期权交易策略的关键所在。此外,一项全面的研究显示,很多被认为安全的投资策略实际上风险大于大多数投资者认为的水平。举例而言,2001年9月11日发生恐怖事件期间,有些股票组合损失了10%以上的价值。相反,由于所有的看涨期权到期时已经分文不值,而无担保看涨期权的卖方能够保留其权利金,因此获得巨大的利润。但奇怪的是,由于"9·11"事件发生以后,市场关闭多日,看跌期权丧失了很多剩余时间价值,因此,很多看跌期权卖方也获得了盈利。很多虚值期权丧失的时间价值超过了它们从下跌行情中赢得的时间价值。当时,空头组合最为稳定,看涨期权部位通常会丧失全部价值,而且足以抵消看跌期权部位增加的价值。

"9·11"事件颠覆了另一个重要的传统交易观念,即无担保看涨期权比无担保看跌期权风险更大的观点,因此合并引发了很多其他市场下挫。事实胜过雄辩,与大幅度的正向价格波动相比,大幅度的负向价格波动会给期权卖方带来更大的风险。传统观点的道理在于:股票价格能无限制地上涨,但只能以其市价的一定幅度下跌。例如,一只市价10.00美元的股票有可能突然跌到0美元,从而导致该股票履约价格为7.50美元的看跌期权到期时正好值7.50美元。因此,损失有限。然而,同一只股票从理论上讲能够涨到50.00美元,从而使履约价格为

12.50 美元的看涨期权上涨 37.50 美元——无论采用哪种标准来计算都算得上一次灾难性事件。实际上,以上两种情形都是高度不可能的。但显然,有各种不同的事件能够导致投资者产生抛售股票的"恐慌",而只有很少的消息有能力引发灾难性的股价瞬间大幅上涨。有一点特别值得注意,突然公布一家公司将以远高于市值的价格实施收购的消息,有可能对无担保看涨期权的卖方具有很大的杀伤力。一个著名的例子就是,1995 年 6 月 IBM 公司以每股 60 美元的价格要约收购莲花公司发行在外的全部股份,接近其市场交易价格的 2 倍。幸好,之前有明显的迹象表明可能要发生什么事情。履约价格为 35 美元的看涨期权交易量在 3 天的时间里增加了 2 倍多,从 672 份合约增加到了 2 028 份合约,股票价格上涨了 10%,而波动率一路上扬。而且,履约价格为 35 美元的看涨期权在消息公布前的 3 天里价格涨幅从 $\frac{1}{8}$ 上升到了 $1\frac{15}{16}$,而任何做空该看涨期权的投资者必然是出货平仓。最后,我们的交易策略涉及编制一张能对价格大幅波动的历史频度与正态分布进行比较的统计图。莲花公司有股价大幅波动的历史——其股价波动幅度常常偏离平均值 4 个多标准差。任何潜在交易者都绝不会持有这家公司股票的裸露期权头寸。莲花公司有可能成为这种收购案的候选对象,这是导致其股票按标准模型衡量业绩平平的原因之一。这样的股票常常会以价格意外大幅波动的方式来回应传闻。相反,我们将看到完全能够识别很可能不以这种方式做出回应的股票。虽然发生了莲花公司这样的案例,但股票一般不会暴涨,而股指更不可能发生这样的事。

很少围绕无担保期权头寸组合筹划交易策略的第二个原因是心理方面的。期权交易者往往只关心其头寸的杠杆比率和有利方面。如果股票 XYZ 按每股 98 美元的价格交易,而履约价格为 100 美元的看涨期权按 1.50 美元的价格卖出,那么,股票涨到 102 美元就会导致看涨期权到期时的价格上涨到 2 美元——30% 的盈利。此外,由于看涨期权的价格严重依赖于股价波动和距期权到期前的剩余时间,股票价格的任何快速上涨都伴随着期权价格的上涨,因此,期权交易者会建仓利用股价波动来赢利。相反,卖空者的盈利空间被限定在权利金上——卖出期权合约收取的权利金额。如果所卖的期权合约在到期时一文不值,那么,卖空者就能使其盈利最大化。如果股票 XYZ 在看涨期权合约到期时以低于 100 美元的价格交易,那么,卖方总能获得由买方支付的 1.5 美元期权权利金。同样,如果期权到期日股票 XYZ 以 101.50 美元的价格交易,那么,期权的卖方就既不赔也不赚,因为看涨期权正好值 1.50 美元;买方要面对一个被限定在期权购买价格上的可量化风险以及一个无限的盈利上升空间,而卖方则要面对一个盈利无限下跌的风险,而他们的盈利上升空间则被限定在期权的卖出价格上。然而,一种基于拟交易最优——历史业绩表现位于标准正态曲线以内的——股票和指数选择机制的优化波动率卖出程序常常能够提供非常好的回报。这样的一个系统必然包括一整套固定的交易和头寸调整时间选择规则。大机构投资者通常偏爱这样的系统,因为它们往往能够提供可预测的稳定回报。无论何时,限制风险必然会限制盈利。例如,到期前剩余时间很短的深度虚值期权只能卖出很低的价格,但风险也相对较小。遗憾的是,这样的交易并不总能最有效地利用担保金。(期权卖方被要求持有一定的资金支付深度实值期权平仓成本。重要的是要理解担保要求和优化担保金。)

我们还将用大量的篇幅来描述包括空头部位和多头部位的多部位复杂交易,并且在部分讨论中对包括不同到期日和履约价格的策略进行比较。其中的很多策略从它们取决于重大经济走势这个意义上讲是方向依赖型的。例如,对于了解经济走势的期权交易者来说,2002~2004年期间美元贬值28%是重要的交易机会。美元贬值是美国利率下跌以及为了减少美国贸易赤字而降低美国商品价格的必然结果,也是美国政府为了回应纳斯达克崩盘和"9·11"恐怖袭击后出现的经济衰退而实施的经济刺激组合政策的重要组成部分。在这样的环境下,黄金注定会走强,因为它用美元标价。但是,黄金类股票和指数期权并不必然就是稳妥的投资品种,因为它们的价格被炒得很高,而且波动率也高企。此外,偶然的下调对于期权的买方和卖方都具有危险性。以上问题的解决有赖于包括不同到期日和履约价格的空头和多头复杂组合。管理这样的复杂头寸需要动态分析价格波动特性和波动率——本书的中心议题——的统计学知识。

最后,理解市场波动的波动率效应非常重要。例如,熊市通常以波动率上涨为特征,在这样的环境下一定要谨慎使用空头头寸。我们还将考察一组价格被定低、权利金不能充分补偿卖方风险的熊市期权多头交易策略。就如我们将要看到的那样,正确的统计滤波技术可用来选择"业绩表现平平"的股票,适当构建这些股票期权的多头头寸往往能够带来很高的盈利回报。

确保技术优势

如果期权市场完全有效,那么就不可能赚到高于无风险回报率的盈利。幸好,期权市场并不是完全有效的市场。即便是最精致的期权定价模型也无法预期季报意外、敌意收购、股权回购、欺诈行为、战争、贸易禁运、恐怖袭击、政局动荡等。相反，市场有时会通过过度提高期权合约价格的波动率来对即将发生的事件做出过度反应。本书所介绍的各种策略旨在量化和利用这些价格扭曲因素。

为此，我们将采用一整套分析工具来比较每天的价格波动。一种简单的方法就是采用股票波动率把绝对价格波动转变为标准差。例如，如果一只价格为100美元的股票出现了30%的波动率，那么这只股票在1年内1个标准差的价格波动就是30美元。如果这只股票的价格以一种服从正态分布的方式表现，那么其1年后价格位于70美元和130美元(正负各1个标准差)之间的几率是68%，位于2个标准差以内的几率是95%，而位于3个标准差以内的几率大于99%。由于我们在下文要讨论的原因，换算成日变动幅度就要把年波动率除以1年交易天数的平方根(1年252个交易日可求得1个15.87的除数)。对于刚才提到的那只股票，1个交易日股价1个标准差的波动是1.89美元。

某个交易日的波动率通常采用一个包含上月股票价格波动的时间窗口来计算。不过，可采用很多不同规模的时间窗口，每种时间窗口提供略为不同的股票波动率视图，比较起来十分简单。例如，如果我们采用单月时间窗口来求解10%的波动率，那么就得把这个数字乘以12的平方根来求得这只股票的年波动率(1年有12个单月时间框架)，于是，这只股票有34.6%的年波动率。采用一只股票的日波动率数值和收盘价波动数据，我们就能确定这只股票每日价格波动的标准差数。这些用标准差表示的价格波动图表是可供期权交易者使用的绝佳比较工具，因为它们兼顾了标的股票价格及其波动率。从风险调整的角度看，一些看似便宜的低波动率股票期权结果常常是价格被定高了，而一些价格昂贵的高波动率股票期权价格很可能是被定低了。最微妙和重要的情况涉及一些波动率和价格相似但价格波动分布不同的股票，只有很少的股票服从支撑当前期权定价模型的价格波动正态分布曲线。对正态分布曲线的偏离就是可盈利的统计套利机会。图1.2通过比较两只期权价格根据大致相同的波动率确定的截然不同的股票价格波动历史，对以上这个概念进行了图示。

图中的价格波动峰值是用根据一个20日波动率滑动时间窗口计算的标准差表示的。在选定的时间框架内，这两只股票的期权以接近50%的波动率交易。豪洛捷公司(Hologic, Inc.)的股票(交易代码: HOLX)有规律地出现没有一种期权定价模型包含的非典型波动峰值。这样的价格波动——每次都大于4个标准差——代表了绝佳的交易机会；而科斯制药公司(KOS Pharmaceuticals,

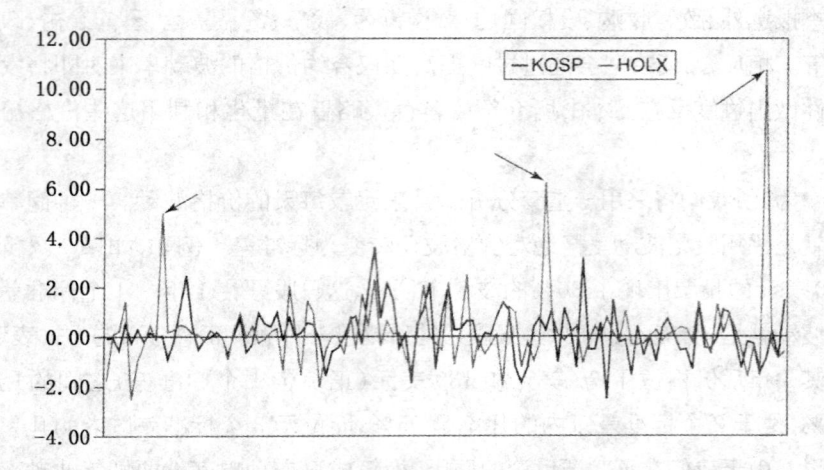

图1.2 两只价格波动率相同但价格波动表现不同的股票。本图显示了用标准差表示的110日价格波动状况。标准期权定价模型认为,图中的大幅波动峰值的出现频度每10 000年不到1次,最大的波动峰值绝不可能出现。

Inc.)的股票(交易代码:KOSP)则是进行由虚值看跌期权和看涨期权构成的空头组合的适当候选交易对象。

季报公告这样的特定事件也代表了绝佳的交易机会。图1.3、图1.4和图1.5利用亚马逊公司(Amazon.com)股票(交易代码:AMZN)的走势对这一概念进行了图示。可以预见,这只股票会伴随着每次季报公告出现一个很大的价格波动峰值。结果,这只股票的期权价格会随着季报公告的临近而上涨,而且波动率是正常波动率的3倍以上,这样的高价格足以补偿期权卖方的风险。在这个例子中,履约价格为15美元的虚值看跌期权和看涨期权在季报公告前一天以每份合约高出80多美分的价格交易,而到了季报公告后立刻就跌得分文不值的情形并非罕见。

图1.3显示了亚马逊公司股票300日的收盘价。每日价格波动幅度被转换成了采用20日波动率滑动时间窗口计算的标准差,图1.4对亚马逊公司股票价格逐日变动状况进行了图示,最后用2006年9月的美元来表示股价的逐日变动状况。图1.5所示的结果方便了对不同价格波动峰值之间的直接比较。遗憾的是,很多交易者掉入了比较价格波动百分比而不是标准差的陷阱。这种比较方法有可能忽略在选定时间框架内从15%的低位到95%的高位、变异幅度巨大的股价波动率。数据有偏,从而导致高波动率时期的价格波动幅度远大于低波动

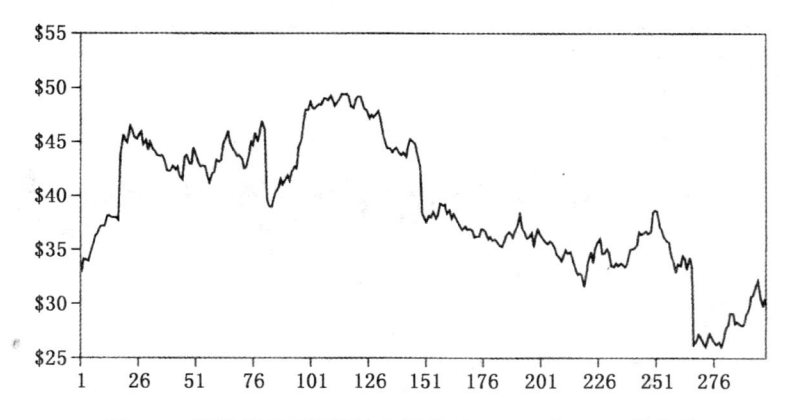

图 1.3 亚马逊公司股票(交易代码:AMZN)300日收盘价

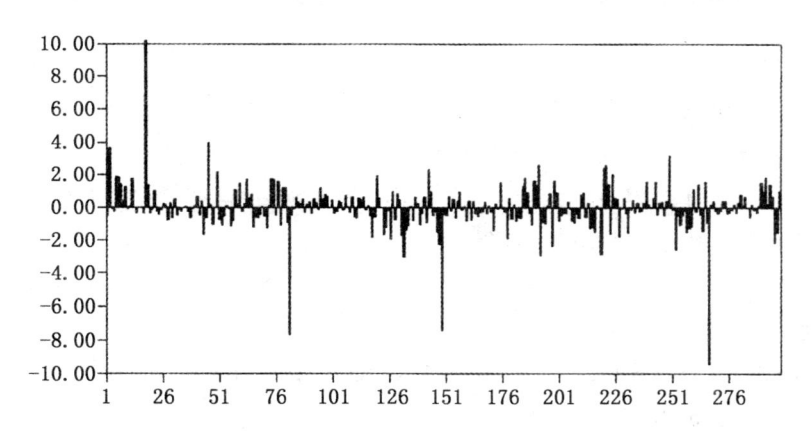

图 1.4 用标准差表示的亚马逊公司股票(AMZN)300日收盘价波动状况

率时期的价格波动幅度。不过,在股价波动率得到考虑以后,股价波动峰值从规模上看就比较相似。期权交易者掌握了这个信息,就能确定不同履约价格的看跌期权和看涨期权的公允价格。

我们将根据这些主题来探讨为数众多的分析技术和交易策略,其中的某些分析技术和交易策略要依赖一些特定的事件,而另一些分析技术和交易策略则更具有一般意义。无论情况如何不同,目的都是要把严谨的数学分析与市场实际结合起来。任何时候都一样,"魔鬼就隐藏在细节中"。期权并非只有一个价格,而是有一个由买卖价差和交易队列所决定的价格区间,而且也不是以一个波动率进行交易。有时,差异之处就是对买权和卖权平价关系的严重背离,买卖双方就像这两种期权代表不同的标的股票那样进行交易。之所以会出现这样的扭

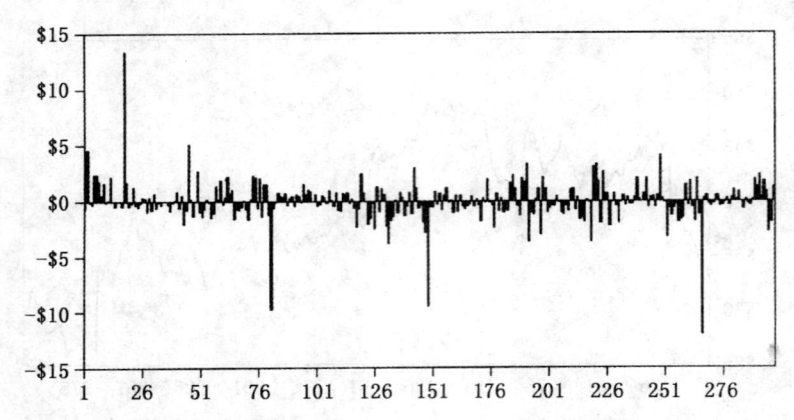

图 1.5 亚马逊公司股票(交易代码:AMZN)用标准差折合成 2006 年 9 月美元的 300 日收盘价波动状况(1 标准差在 2006 年 9 月 8 日折合 1.31 美元)。

曲,是因为市场认为买卖双方风险不对等。在这样的情况下,买卖价差常常会被扩大,从而防止公众客户进行通常伴随着这样的扭曲出现的无风险套利。我们将讨论买权和卖权平价关系及其长期影响的问题,并且把对这个问题的讨论作为对源自基本市场数学分析的交易机会更加一般的关注。

尾注:

1. Lina Saigol and Gollian Tett, "Europe's Largest Hedge Fund Admits Flaws," *Financial Times*, June 13, 2005, 22:12.

第 2 章 期权定价基本原理

股票期权于 1973 年 4 月开始在芝加哥期权交易所挂牌上市,当时还没有得到普遍接受的期权定价方法论。结果,交易者们就采用各种在很大程度上基于一些趣闻逸事和拇指法则、源自个人经验的不同方法来确定期权的价格。不过,这种情形并非全新,因为通过经纪人进行的小批量股票期权交易已经存在很多年。

1973 年费雪·布莱克(Fischer Black)和迈伦·斯科尔斯(Myron Scholes)在《政治经济学杂志》上发表的一篇具有里程碑意义的论文,以其严谨、可扩充的数学框架在衍生品定价领域引发了一场革命。他俩在这篇论文中提出了一个量化时间和不确定性影响以及两者之间相互影响的新模型。这个模型后来经过罗伯特·默顿(Robert Merton)在几个重要方面的扩展最终成了当今各种资产市场——股票、指数和期货——期权定价理论的基础。默顿在派息股票期权、非恒定利率环境和一般意义的相机合约定价结构等方面对布莱克和斯科尔斯的模型进行了扩展。布莱克(于 1995 年去世)和默顿因两人共同为发现"一种确定衍生品价值的新方法"做出了贡献而荣获了 1997 年度的诺贝尔经济学奖。

很多支撑现代期权定价理论的概念可追溯到 20 世纪 10 年代初以及路易·巴舍利耶(Louis Bachelier)的研究。巴舍利耶在他 1900 年完成的学位论文《投机理论》以及后续出版物中阐述了很多后来成为金融市场研究核心内容的概念,其中包括"价格没有记忆,因此会随机波动"的论断——现在已经被称为"随机行走"。巴舍利耶率先把随机过程运用于定价理论。由巴舍利耶的这项研究产生了两个重要的研究领域——鞅研究[1]以及布朗运动[2]与金融市场之间关系的研究。

虽然巴舍利耶等先驱进行了卓有成效的定价理论研究,但直到 20 世纪 70 年代初,经济学理论与交易实践才以一种具有意义的方式结合起来。当时,各种不同的经济和政治力量开始强调风险评估和金融衍生品定价定量模型的重要性。相关的重大事件包括：
- 布雷顿森林体系崩溃以后，固定汇率制变成了浮动汇率制；
- 美国出现了两位数的通货膨胀，美元大幅度贬值；
- 石油输出国组织的创立以及相关的世界石油价格冲击；
- 道琼斯工业平均指数大跌50%，从1973年初的1 050点下跌到了1974年底的580点。

期权在这个不稳定的金融时代发挥了重要作用，因为期权有助于以高杠杆比率来构建复杂的套期保值头寸。布莱克－斯科尔斯定价模型基于这些需要提供了一个可应用于多种市场的一般化方法。就如同很多其他金融工具定价和风险管理策略一样，布莱克－斯科尔斯定价模型具体表达了套利避险和市场均衡概念，这些特点是有效市场假说、资本资产定价模型和资本结构模型的研究者们所熟悉的。一般而言，经济风险相似的证券必然回报率相似。如果经济风险相似的证券回报率迥异，那么就存在风险回报失衡的问题，从而可能导致套利的情形。由于套利能够产生盈利，因此，各种均衡力量趋向于消除这样的风险回报失衡状态。这个主题是布莱克－斯科尔斯定价模型的核心所在，并且构成了我们要在本章后面考察的买权和卖权平价关系理论的基础。

像任何其他模型一样，布莱克－斯科尔斯模型及其衍生模型也有自己的缺陷。这个模型一个受到批评的著名假设就是必须反映在期权合约价格的固定波动率。批评者们指出，波动率可能是高度可变的，并且提出了不同的波动率估计方法。布莱克－斯科尔斯模型是围绕欧式期权设计的，欧式期权只能在合约时间框架结束时行权，对计算结果做适当调整就可用来解释整个合约期内都可以行权的美式期权。但由于提前行使实值期权就意味着放弃合约剩余期的权利金，因此很少有人会这么做。今天的各种期权定价模型还包括很多其他非效率因素，非效率因素大多是不可避免的，就像我们将要看到的那样，非效率因素常常会导致可用来赢利的价格扭曲。

随机行走与布朗运动

简而言之，随机行走假设认为，市场价格的演化是不可预测的，"随机行走"这个术语因出现在伯顿·麦基尔（Burton Malkiel）1973年出版的《漫步华尔街》一书中而得到普及。自那以来，该理论的支持者与认为自己有能力识别有预测力的图表形态的投资者和理论家展开了很多争论。不过，为了使一张图表形态具有预测力,还必须坚持"市场没有学习和淘汰图表形态的能力"的观点。这样的图表形态有悖于随机行走,因为它们表征了一种市场无效率。随机行走概念建基于被称为"有效市场假设"的一系列重要主张上。有效市场假设认为,这样的市场无效率因素不可能长期存在。有效市场假设是由尤金·法马(Eugene Fama)于20世纪60年代初在芝加哥大学研究生商学院完成的博士论文中提出的。

有效市场假设承认三种基本形式的效率:
- 弱式效率。这种效率意味着技术分析不能持续产生正回报。不过,弱式效率模型承认基于企业业绩和经济气候基本面分析产生一定回报的可能性。
- 半强式效率。这种效率意味着基本面分析不足以产生正回报。半强式效率模型认为,股票价格几乎会根据公众可随意获得的信息即时调整,从而导致不可能利用新的信息进行有利可图的交易。
- 强式效率。这种效率是建立在股票价格反映所有任何时候可随意获得的信息这一主张的基础上的。有时,强式效率模型被误解为个人不可能取得优于市场的业绩,但事实并非如此。只要整个群体的交易业绩始终服从正态分布,个人交易者的交易业绩就有可能优于或者劣于市场。还有必要指出,在内部人交易非法的环境中,不可能出现强式效率的情形,因为所有信息必然被作为定价因素进入市场。有研究证明,美国的股票和债券市场受到内部人交易的影响。很多人认为,强式效率趋向于成为一种标准,而不是一种理论可能性。

每年花费大量的资金开发图表制作软件和技术分析系统,这充分说明大多数投资者不赞同随机行走流派的思想。此外,数以千计的投资基金和数以百万计的个人投资者把自己的交易策略建立在证券价格波动预测之上,承认价格即时可能"随机行走",但不会扰乱长期走势。例如,黄金价格从2003年初到2006年底虽然出现过几次大幅下调,但最终还是上涨了84%(从每盎司345美元上涨到了每盎司635美元)。在金价上涨期间,很多当日交易者遭遇了亏损,而长线投资者实现了盈利。从某种意义上说,当日交易者是"随机行走"的受害者。

麦基尔在他的书中提出的随机行走模型假设,股价波动就像抛硬币,并且认为股票的未来回报服从标准的正态分布。图2.1显示了用标准差表示的正态分布。[3]观察图中曲线上的几个参照点,我们就能做出如下表述:
- 任何从均值到均值以上1个标准差的回报率下跌,就是34.1%的回报率下跌;同样,任何从均值到均值以下1个标准差的回报率下跌,同样也是34.1%的回报率下跌。因此,在一个服从正态分布的环境中,任何68.2%的回报率下跌都位于偏离均值的 1 个标准差之内。
- 任何从均值到均值以上 2 个标准差的回报率下跌,就是 47.7% 的回报率下跌;任何从均值到均值以下 2 个标准差的回报率下跌,同样也是 47.7% 的回报率下跌(两边总共下跌 95.4%)。
- 任何从均值到均值以上 3 个标准差的回报率下跌,就是 49.9% 的回报率下跌;任何从均值到均值以下 3 个标准差的回报率下跌,同样也是 49.9% 的回报率下跌(两边总共下跌 99.8%)。

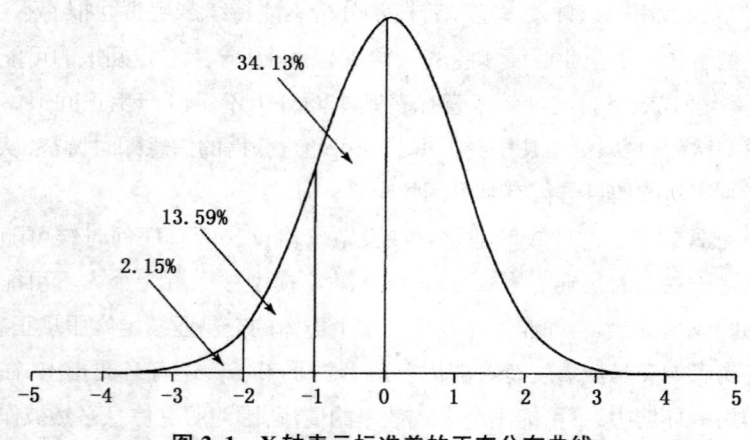

图 2.1　X 轴表示标准差的正态分布曲线

几何布朗运动的数学应用是描述这些过程的适当方法。这个模型起源于对一个悬浮在含有很多轻粒子的介质中的重粒子运动的物理描述。随机碰撞会驱使重粒子以一种相对不可预测的方式在方向和量级两个方面发生运动。几何布朗运动模型断言,大粒子的长期位移呈正态分布。股价波动的表现形式有所不同,因为股价趋向于按其绝对规模的比例波动。价格 100 美元的股票的价格波动幅度有可能是价格 50 美元的股票的价格波动幅度的 2 倍,但它们的价格波动百分比却是不变的。股票回报率——股票价格的百分比变化——比绝对价格波动更加符合布朗运动模型。百分比变化被称为"几何变化"(绝对变化被称为"算术变化")。

到现在为止,我们都聚焦于股票回报率以及它们服从正态分布这一事实。但是,一只股票的未来价格波动会如何分布呢?回答这个问题要借助于使股票价格与股票回报率发生关系的数学运算。一只今天价格为 S_{t_0}、将来某个时候价格为 S_T 的股票的年化回报率(R)是:

$$R = \frac{1}{T-t_0}\ln(S_T/S_{t_0})$$

利用对数的性质重新排列上式的各项,可得以下等价的表达式:

$$R = \frac{1}{T-t_0}\ln S_T - \frac{1}{T-t_0}\ln S_{t_0}$$

以上两个方程式是代表用股票价格 S 表示的股票未来回报率的随机变量。每个随机变量有 S_T(一个代表股票未来价格的随机变量)和 S_{t_0}(一个代表当前已知价格的常量)两个分量。因此,我们能够构建一个新的随机变量,这个随机变量包括股票最终回报率和表示股票初始价格的常量:

$$R + \frac{1}{T-t_0}\ln S_{t_0}$$

这个新的随机变量也服从正态分布,均值等于以上两项的平均值。重新排列以上各项,就能把关系式改写为:

$$R + \frac{1}{T-t_0}\ln S_{t_0} = \frac{1}{T-t_0}\ln S_T$$

如果等式两边都乘以 $\frac{1}{T-t_0}$,就可得最终形式:

$$(T-t_0)R + \ln S_{t_0} = \ln S_T$$

因为以上方程式是一个正态分布的随机变量,所以,股票未来价格(等号右边)的自然对数必然也呈正态分布。这样的随机变量被称为"对数正态分布变量"。由于单只证券的价格波动表现趋向于符合布朗运动几何模型,因此,未来价格也必然服从对数正态分布。正如我们就要看到的那样,这一通常被称为对数正态分布假设的论断是期权定价理论的核心。

布莱克-斯科尔斯定价模型

布莱克-斯科尔斯定价模型最初是为确定欧式期权(只能在到期日才能行权的期权)价格设计的,而美式期权则能在期权到期前的任何时候行权。两者的区别要比我们想象的小,因为提前行使期权几乎没有经济意义。而且,行使一份虚值期权也没有什么意义,因为此举还需要以高于股票现行交易价格的价格买入股票或者以低于股票现行交易价格的价格卖出股票来配套。因此,我们可以有把握地认为,只有当期权有实值时才会出现提前行权的情形。在这样的情况下,持权人能够通过平仓并支付剩余期权利金来赢利。

在非常罕见的场合,到期前行使实值期权也许是合理的,最常见的原因就是期权市场缺乏流动性,或者是买卖价差太大。在大多数情况下,这些条件是由投资者关于标的证券价格公允性的不同观点促成的。通常,买卖价差会在卖方担心风险被低估,而买方试图避免多付时扩大。当一只证券先前出现过价格大幅逆转时,情况通常就是如此。如果标的证券的价格远远超过期权的履约价格,这种情况通常能够自我修正。不过,投资者应该注意,行使期权并且最终平掉标的证券的仓位,要比单单卖出期权复杂,费用也更大。

短期股票期权通常都是美式期权,而长期股票期权和指数期权几乎都是欧式期权。由于提前行权几乎没有意义,因此,本书的论述基于欧式期权概念。此外,业内使用的定价模型绝大多数基于到期行权的观点。

不派息股票欧式看涨期权和看跌期权的布莱克－斯科尔斯定价公式可表述如下:

$$C = S_0 N(d_1) - Xe^{-rt} N(d_2)$$
$$P = Xe^{-rt} N(-d_2) - S_0 N(-d_1)$$

式中,

$$d_1 = \frac{\ln(S_0/X) + (r + \sigma^2/2)t}{\sigma\sqrt{t}}$$

$$d_2 = \frac{\ln(S_0/X) + (r - \sigma^2/2)t}{\sigma\sqrt{t}} = d_1 - \sigma\sqrt{t}$$

变量:

C 为看涨期权价格;

P 为看跌期权价格;

$N(x)$ 为正态分布变量的累积概率分布函数;

S_0 为股票初始价格;

X 为履约价格;

r 为无风险利率;

σ 为用年标准差表示的股票价格波动率;

t 为用年百分比表示的期权合约到期前的剩余时间。

布莱克－斯科尔斯模型的计算比较简单,并且能够采用电子制表软件或者一种市场上能买到的建模工具。在某些情形中,必须采用已知波动率来计算期权价格。相反,如果您知道期权价格,就能够用迭代法来发现波动率。根据期权价格求得的波动率通常被称为隐含波动率,而用来预测期权公允价格的观察波动率则被称为历史波动率。必须明白,任何股票或者指数的波动率随时间而异;

在任何情况下，波动率都可能发生巨大变化。季报公告、经济和政治事件、到期周期和另外十多个因素都会影响波动率。理解和预测波动率的能力是成功进行期权交易的一种关键技能。本书第 3 章"波动率"将详细论述隐含波动率与历史波动率之间的各种细微差异。

最后，布莱克－斯科尔斯基本模型不含股息，而股息则通常具有降低看涨期权价格的作用。这个小问题有很多解决方法。布莱克－斯科尔斯模型的合著者费雪·布莱克建议，通过在计算期权价格前先减去期权到期前的派息值来调整股票价格。而关心派息效应的投资者有时会对他们的计算进行小幅度的波动率调整。实际中，派息效应往往很小，当然派息很多的情形除外。

如有必要，我们可以采用代替 S_0 的方式来拓展布莱克－斯科尔斯基本模型，以说明派息问题。在 $S_0 e^{-qt}$ 中，q 是连续的派息产出。我们在这里完整地证明几乎是本节开篇时介绍的方程式的扩展版：

$$C = S_0 e^{-qt} N(d_1) - X e^{-rt} N(d_2)$$
$$P = X e^{-rt} N(-d_2) - S_0 e^{-qt} N(-d_1)$$

式中：

$$d_1 = \frac{\ln(S_0/X) + (e - q + \sigma^2/2)t}{\sigma\sqrt{t}}$$

$$d_2 = \frac{\ln(S_0/X) + (r - q - \sigma^2/2)t}{\sigma\sqrt{t}} = d_1 - \sigma\sqrt{t}$$

这个关系式之所以成立，是因为：

$$\ln(S_0 e^{-qt}/X) = \ln(S_0/X) - qt$$

同样，我们也可列一个能使看跌期权价格与看涨期权价格发生关系的方程式。这个关系式被称为"买权和卖权平价关系"，本书第 4 章将会回过头来考察。对买权和卖权平价的背离会产生通常很快就会消失的套利机会。对于不派息股票，我们有：

$$C + X e^{-rt} = P + S_0$$

式中，C 是看涨期权价格，P 是看跌期权价格，X 是履约价格，而 S_0 是当期股票价格。毫不奇怪，含息形式是刚证明过的前两个布莱克－斯科尔斯公式的平行结构：

$$C + X e^{-rt} = P + S_0 e^{-qt}$$

举例来说，如果方程式的左边大于方程式的右边，聪明的投资者就能通过买入看跌期权并卖出看涨期权来利用套利机会。[4] 套利交易可能涉及卖出看涨期权并买入看跌期权和标的股票。然后,在期权合约期内可把套利赚到的不多的盈利用于无风险利率投资,并且到期权合约到期时平仓。套利机会比较罕见,即使出现,对于要承担交易成本的公众客户来说,通常因为盈利太小而难以利用。

希腊字母:Δ(Delta)、γ(Gamma)、υ(Vega)、θ(Theta)和ρ(Rho)

期权头寸的不同特点可用源自布莱克—斯科尔斯公式的参数来描述。每个参数都是总体风险状况的一个重要分量。作为一个整体,这些参数除传递因时减值信息外,还能传递关于价格、波动率和利率变动效应的信息。我们通常采用希腊字母描述法来评估期权头寸的风险。例如,交易者可能把某个期权头寸表述为"根据期权 Δ 值卖出 100 股股票"(delta short 100 shares of stock)。这样一个期权头寸因其 Δ 值和规模而可能是对标的股票(100 股)初始价格波动做出的回应。表 2.1 对有关希腊字母的含义进行了简要表述。

表 2.1 　　　　　　　　　相关希腊字母含义的简要说明

字母	说明
Delta(Δ)	标的证券价格上涨(1 美元)所产生的影响效应
Gamma(γ)	Δ 值变动率
Vega(υ)	波动率上涨(1%所产生)的影响效应
Theta(θ)	因时减值率(通常用美元/日来表示)
Rho(ρ)	利率上涨(1%所产生)的影响效应

虽然以上每个希腊字母都很重要,但其中的某些字母对于我们的论述更加重要。例如,只有当利率很高时(如 20 世纪 80 年代初利率在 20%附近徘徊),或者在期权生命周期内预期利率会发生实质性变化时,ρ 才会变得非常重要;Δ 和 θ 几乎是一切期权头寸的重要分量;而表示 Δ 变动率的 γ 对于风险管理和套期保值非常重要。下面讨论以上每一个参数。

德尔塔(Delta,Δ)

Δ 表示任何将反映在期权新价格中的股票或指数价格波动百分比。举例来说,假设一名投资者想以下列条件买入 10 份履约价格为 100 美元的看涨期权:
- 当前日期和时间:2007 年 1 月 10 日上午 9:30;

第 2 章 期权定价基本原理

- 到期日期和时间:2007 年 1 月 20 日下午 5:00;
- 到期前剩余天数:10.31 天;
- 剩余天数占 1 年的百分比:2.83%;
- 标的股票交易价格:98.50 美元;
- 标的股票价格波动率:34%;
- 无风险利率:5%。

布莱克-斯科尔斯公式把看涨期权的 Δ 值和价格分别设定在 0.42 和 1.65 美元上。由于 1 份期权合约含 100 股标的股,因此,这个投资者的交易成本是:股票价税随即上涨 1 美元,就会使期权头寸约增加 42 美分/股,即 420 美元。也就是说,如果标的股票的价格突然上涨 1 美元,那么,卖出这些看涨期权合约的投资者就要损失 420 美元。相反,如果股票下跌 1 美元,那么,期权合约就要损失 42 美分/股。实际情况当然要比这个例子复杂,因为 Δ 值会与股票价格一起变动。布莱克和斯科尔斯的精确计算结果显示,股票价格上涨 1 美元,期权价格就会变动 45 美分/股;而股票价格上涨 1.50 美元,期权价格就变动 70 美分/股:新的 Δ 值分别是 0.49 和 0.52。Δ 值以固定的倍数变动,并且线性对应于标的证券价格的变动。一名卖出以上 10 份看涨期权合约的投资者通过买入其卖出期权合约所代表标的股票数量的 42%(即 0.42×1 000股=420 股),就可完全对其期权头寸进行套期保值(或对冲)。然而,期权的 Δ 值会随着股票价格的波动而变动,因此,要保持完全对冲有可能成为一种挑战。股票大幅上涨会把期权的 Δ 值提高到 1,而完全对冲的规模就是 1 000股。正是由于这个原因,很多投资者会跟踪期权头寸的 γ 值。很多卖方实际上会用期权来进行套期保值,这样,套期保值交易和期权卖出交易就会经历相似的 Δ 值变动。我们将在下一节里讨论对冲交易和 γ。

期权的 Δ 值也会受到时间的影响。在上例中,如果股票保持 98.50 美元的价格一直到期权到期日,那么,Δ 值和期权价值都会下跌。到了到期日,期权已经一文不值,因为它已经低于履约价格。时间与 Δ 值之间的关系并不是线性的,随着期权合约到期日的临近,因时减值会加速。图 2.2 对以上履约价格为 100 美元的期权的因时减值效应和 Δ 值之间的关系进行了图示。

读者会注意到图 2.2 中包含有关期权到期前剩余时间的确切信息。图 2.2 中的每个数据点都是根据上午 9:30(开市时)的情况计算的。在评估还有很多剩余时间的期权头寸时,没有必要计算得这样精确。不过,到期前最后几天尤其是最后一天是星期五,就有必要精确地计算剩余时间。如今很多尖端的定价程

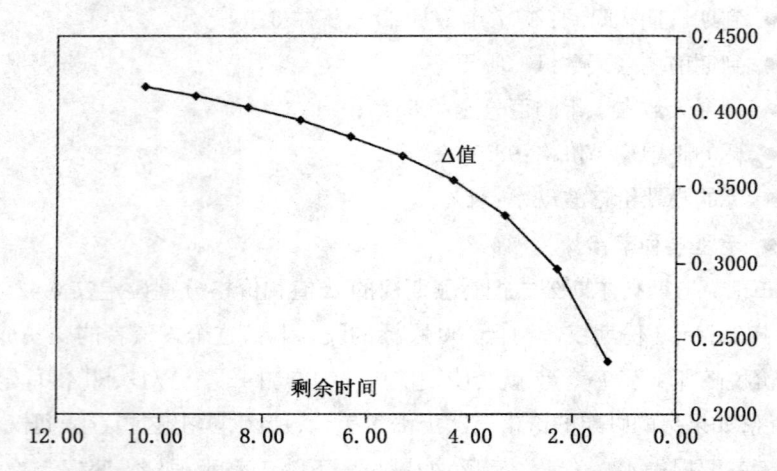

图 2.2　期权因时减值效应和 Δ 值之间的关系。X 轴表示期权到期前的剩余天数，Y 轴表示（波动率为 34%、交易价格为 98.50 美元的）股票（履约价格为 100 美元的）看涨期权在无风险利率为 5% 时的 Δ 值。

序在临到期前是用秒来计算的。股票期权和指数期权每月第 3 个星期五后的星期六下午 5:00 到期。临近到期前的最后几天，每天于夜间市场闭市的 17.5 个小时里都会发生大量的因时减值。对于到期前最后几个小时仍存在大量时间价值的指数期权和高价股票的期权，因时减值效应有可能非常明显。第 8 章"如何根据到期周期交易"将详细讨论期权合约到期前的最后几天和几个小时里有可能出现的价格扭曲问题。

期权的 Δ 值可以用布莱克－斯科尔斯公式来计算。采用最简单的计算方法，只需先按照相关股票相差 1 美元的两个价格计算期权合约的价值，然后拿两个结果相减。读者自己也能检验这个数值等于 $N(d_1)$，即布莱克－斯科尔斯公式(请参阅"布莱克－斯科尔斯定价模型"一节的第 3 个公式)中 d_1 的累积正态分布函数值。以下两个公式可以用来精确计算派息股票看涨期权和看跌期权的 Δ 值。在这两个公式中，q 表示股息收益率，t 表示期权合约到期前的剩余时间(用年百分率表示)。设不派息股票的 q 为 0，就能把每个方程式还原为 d_1 的累积正态分布函数。

$$e^{-qt}N(d_1)^{(call)}$$
$$e^{-qt}(N(d_t)-1)^{(put)}$$

如同读者可能预期的那样，看跌期权的 Δ 值与看涨期权的 Δ 值呈反向变动——当股票价格下跌时，看跌期权的 Δ 值上涨；当股票价格上涨时，看跌期权

的 Δ 值下跌。不过,看跌期权和看涨期权的 Δ 值并不对称。理解这个与对数正态分布有关的细微差别具有非常重要的意义。举例而言,假设我们要为履约价格为 130 美元、还有 192 天到期、价格波动率为 30%、无风险利率为 5% 的期权合约找到 Δ 中性的股票价格。根据布莱克-斯科尔斯公式,如果股票按 123.62 美元的价格交易,那么,看跌期权和看涨期权的 Δ 值均为 0.50。设股票价格为 130 美元,会导致看涨期权的 Δ 值上涨到 0.59,而看跌期权的 Δ 值则会下跌到 0.41。这样,期权的价格就会不同。在这个例子中,Δ 中性的情形会促成 9.40 美元的看涨期权价格和 12.41 美元的看跌期权价格;而股票价格为 130 美元的情形则会促成 12.89 美元的看涨期权价格和 9.51 美元的看跌期权价格。这种期权价格和 Δ 值的不对称性与对数正态分布有关。简单地说,如果一只价格为 100 美元的股票两次损失 50% 的市值,那么,这只股票就按 25 美元的价格交易。但是,如果同一只股票经历了两次 50% 的上涨,那么,这只股票的价格从 100 美元上涨到 225 美元。这个效应会导致我们这个例子中的实值看涨期权比对应的看跌期权贵 35%。结果,Δ 中性点就会下跌近 7 美元。时间也会影响期权的 Δ 值,如果期权合约还剩 20 天到期,本例中的 Δ 中性点就移到了 129.31 美元的位置上。

对于利用期限较长的期权做跨式套利交易的投资者来说,Δ 中性点的这一移位意义重大。当标的股票价格大幅波动导致交易头寸某个部位的 Δ 值大于另一部位的 Δ 值时,多头跨式套利就能赢利。随着期权头寸的失衡,交易头寸两部位的合并价值会逐渐超过交易头寸的初始价值。最后,如果标的证券价格波动幅度充分大,那么,交易头寸中的某一部位就会分文不值,而另一部位的价值则远远大于两部位的最初合并价值。如果标的证券价格与 Δ 中性点一起上移,那么,看跌期权和看涨期权的价格就会因交易头寸两部位价值的减少(看跌期权损失的价值显著大于看涨期权损失的价值)而趋向于均等。因此,远期多头跨式套利交易在熊市环境中能取得较好的业绩。考虑上述不对称性的另一种方式,就是充分认识:要想使看涨期权的盈利大于看跌期权的亏损,标的证券价格的上涨必须快于 Δ 中性点。从某种意义上讲,远期跨式套利交易的买方是把赌注压在标的证券下跌的行情上,方向偏度有可能非常显著。在我们的例子中,如果在 123.62 美元的 Δ 中性点上买入 10 份期权合约,标的证券在 172 天里价格上涨 20 美元,那么,跨式套利交易的价值就会缩水 7 216 美元。相反,如果股票价格在这段时间里下跌了 20 美元,那么,同样的交易头寸就能赢利 4 214 美元。我们将在第 5 章"如何管理基本期权头寸"中详细讨论跨式套利的特性。

伽马(Gamma, γ)

γ 是一个测度 Δ 相对于标的证券价格变动率的参数。当然,计算 γ 相当容易。读者只要先确定一个 Δ 值,然后把标的证券价格提高1美元,并且再次确定 Δ 值,然后拿第2个 Δ 值减去第1个 Δ 值便能求得 γ。采用以下公式能够更加精确地计算 γ 值:

$$\frac{N'(d_1)e^{-qt}}{S\sigma\sqrt{t}}$$

式中,

$$N'(X) = \frac{1}{\sqrt{2\pi}}e^{-x^2/2}$$

就像在前面的公式中一样,q 表示连续股息收益率,t 是用年百分比表示的期权到期前的剩余时间,S 是标的证券价格,而 σ 则是包含在期权合约价格中的年化波动率。如同前面一样,对于不派息证券,设 q 为0。看跌期权和看涨期权的 γ 值在大小和符号两个方面始终相同。

无视 γ 效应的期权交易者常常会低估交易风险。1987年股市大跌时,很多期权交易者之所以蒙受了巨大损失,是因为他们卖出了 γ 值大的期权。如果看跌期权和看涨期权的 Δ 值相似,那么,最初卖出看跌期权和看涨期权的交易者只会遭遇微不足道的损失。不过,随着股价下行走势的继续,看涨期权的 Δ 值会快速下降,而看跌期权的 Δ 值则上升到1。一个由10份看跌期权合约和10份看涨期权合约构成的空头头寸很快就会等价于一个由1 000股标的股构成的空头头寸。仔细研究 γ 会导致很多这样的交易者在预期 γ 有可能发生灾难性上涨时紧缩止损指令。遗憾的是,很多期权交易者比较简单化地认为,只要期权仍然处于虚值状态,空头头寸就是安全的。不过,重视期权头寸 γ 值的更加细致的风险评估常常显示,期权合约的价值能够在不突破履约价格的情况下增长1倍或者2倍。相反,最成功的套期保值交易就是构建 γ 值大的多头头寸,这样的多头头寸能从促使 Δ 值上涨的股价大幅变动中获益。目的是要构建相对便宜、有快速增长潜力并能冲抵亏损的头寸,一个例子就是大量买入在市场大幅下挫时有望成就高 Δ 值的便宜的深度虚值看跌期权,构建这样的头寸需要大量的信息。我们将在第6章"如何管理复杂头寸"里更加详细地讨论市场下挫、套期保值、芝加哥期权交易所波动率指数(VIX)等问题。

图2.3比较了时间的 Δ 效应和 γ 效应。在期权到期前的最后几天里,随着

Δ值的下跌和γ值的上涨,与空头头寸联系在一起的风险会快速增大。对于包括不同到期月份的期权的各种不同复杂头寸,这种风险的影响范围很大。举例来说,一种颇受欢迎的交易包括买入远期期权并卖出逐月到期的期权以补偿因时减值。这种头寸的风险会随着到期日的临近而显著增加,因为标的证券价格的大幅波动能够迅速抬高交易头寸空头部位的Δ值,但只能极少地抵消对交易头寸多头部位的影响。因此,包含不同履约价格和到期月份以及空头和多头部位的交易头寸对于标的证券或指数价格波动的时间节点非常敏感。我们将在考察不同的多部位复杂头寸的第6章里重新进行这方面的讨论,并且适当聚焦于风险管理。

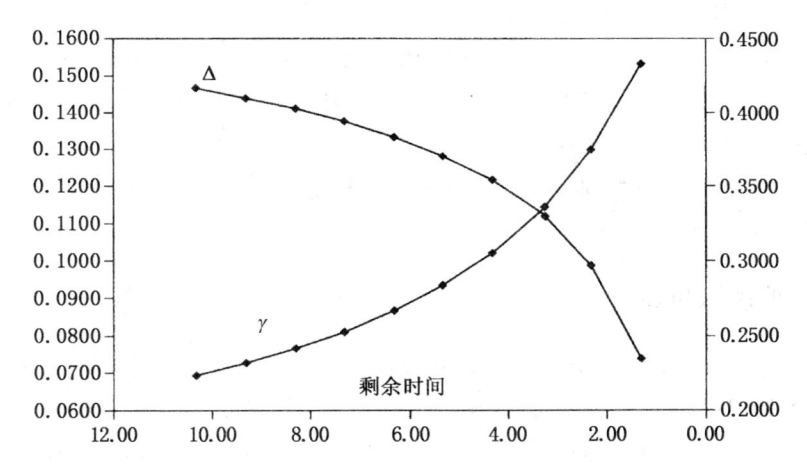

图 2.3 时间的Δ效应和γ效应比较。横轴表示期权到期前的剩余天数;纵轴的左标尺表示γ值,右标尺表示Δ值。图中的相关数值是按履约价格为100美元的股票(价格波动率为34%、以98.50美元的价格交易)看涨期权以及5%的无风险利率计算求得的。

维加(Vega, υ)

υ可用来测度期权价格波动率变化所产生的影响效应。由于在希腊语中没有一个字母叫"维加",因此,有些分析师就用希腊字母"κ"(大写"K")或者"τ"(大写"T")来代替。本书采用维加或者υ,但请读者记住"κ"和"τ"含义相同。υ用来测度由标的证券价格波动率1%的变化导致的期权价格波动幅度。一个0.25的υ表示,当反映在期权价格中的波动率上涨1%时,期权价格就上涨25美分。就如同使用其他希腊字母一样,读者可进行简单的运算来求得υ:先把两个不同的标的证券价格波动率代入布莱克－斯科尔斯公式,然后用较大的结果值去减较小的结果值。与 γ 一样,υ 也是看跌期权与看涨期权相同。计算 υ 的公式如下:

$$S\sqrt{t} * N'(d_t)e^{-qt}$$

式中,

$$N'(X) = \frac{1}{\sqrt{2\pi}}e^{-x^2/2}$$

与前文相同,S 表示标的证券价格;t 是期权到期前的剩余时间百分比;对于不派息证券,q 应该被设为 0。

υ 受时间和标的证券价格的影响。深度虚值期权和深度实值期权都具有 υ 值很小的特点——两者对标的证券价格波动率变动都不是很敏感。相似地,随着到期日的临近,平值期权对标的证券价格波动率变动会变得越来越不敏感。但是,履约价格相同、还有几个月到期的期权对标的证券价格波动率变动非常敏感。如果读者打算根据标的证券价格的预期波动率变化进行期权交易,那么必须密切跟踪 υ。

塞他(Theta, θ)

θ 可用于测度期权合约的因时减值效应。很多作者把 θ 说成期权持有者的"敌人"、期权卖方的"朋友"。这种观点代表了一种危险的过分简单化倾向。虽然 θ 对于多头头寸肯定具有破坏力,但也反映空头头寸的风险暴露程度。θ 将经常出现在本书的大部分论述中,因为本书的以下各章将集中考察复杂头寸的动态管理问题。

θ 用负数的形式来表示。1 份 θ 为 0.10 的期权合约每天会损失 10 美分的时间价值。而且,1 份还有 30 天就要到期、交易价格为(每份期权)3.00 美元的期权合约必然有 1 个 0.10 的 θ,或者必然会每天损失 10 美分的时间价值。记住这一点,就不难理解 θ 明显受标的证券价格的影响。就像读者可能会认为的那样,深度实值期权或者深度虚值期权只有很小的 θ 值,这一点会随着期权到期日的临近而变得更加明显。以下是看涨期权 θ 值的计算公式:

$$-\frac{SN'(d_1)\sigma e^{-qt}}{2\sqrt{t}} - rXe^{-rt}N(d_2) + qSN(d_1)e^{-qt}$$

式中,

$$N'(X) = \frac{1}{\sqrt{2\pi}}e^{-x^2/2}$$

计算看跌期权 θ 值可采用相似的公式：

$$-\frac{SN'(d_1)\sigma e^{-qt}}{2\sqrt{t}}+rXe^{-rt}N(-d_2)-qSN(-d_1)e^{-qt}$$

以上两个公式的参数相同。S 表示标的证券价格，σ 表示标的证券价格波动率，t 是用百分比表示的期权到期前的剩余时间，$N(d_1)$ 和 $N(d_2)$ 是用布莱克－斯科尔斯公式定义的累积正态分布函数，q 是股息收益率，而 X 则是期权的履约价格。很多分析师用布莱克－斯科尔斯公式来计算相隔 1 天的数值，然后相减求 θ 值。

罗（Rho，ρ）

ρ 把期权价值变动与不断变动的利率联系起来，看涨期权的 ρ 值为正，而看跌期权的 ρ 为负。就如读者也许会认为的那样，深度虚值期权对利率变动相对较不敏感；而远期期权的 ρ 值大于短期期权。我们的大部分论述忽略了利率变动效应，因为利率变动效应相对较小，而且利率变动缓慢——通常每个月变动 25 个基点。但是，在以利率持续上涨或者下跌为特点的经济周期内，利率变动对远期期权的影响可能比较明显。

我们可用以下公式来计算 ρ 值：

$$Xte^{-rt}N(d_2)（看涨期权）$$
$$-Xte^{-rt}N(-d_2)（看跌期权）$$

同前文一样，X 表示履约价格，r 是无风险利率，t 是用百分比表示的期权剩余时间，而 $N(dx)$ 则是用布莱克－斯科尔斯公式定义的累积正态分布函数。

二叉树：一种替代性定价模型

1979 年，约翰·考克斯（John Cox）、斯蒂芬·罗斯（Stephen Ross）和马克·鲁本斯坦（Marc Rubenstein）发表了一篇名为"期权定价：一种简化方法"的重要论文。他们提出的期权定价模型既简单，用途又多。该模型涉及构建一棵"二叉树"（又称"二项树"）——一种表征标的股票在期权合约时间框架内可能因循的不同路径的框图。他们在自己的论文中对二叉树图进行了精确的表述，并且对布朗运动的连续时间几何模型进行了离散时间模拟。因此，无论我们论述的各种模型有什么优点和缺点，都将体现在二叉树模型中。

二叉树模型假设，在任何时期内，标的物合约的价格有可能以一定的幅度上涨(u)或者下跌(d)。标的物合约价格上涨的概率用 P 来表示,而下跌的概率则用 $1-P$ 来表示。例如,假设某一特定股票以 50 美元的价格交易,股价在下一离散时间框架内上涨到了 52 美元($u=2$)或者下跌到了 48 美元($d=-2$);出现其中一种结果的概率是 50%($p=0.5$)。如果这个时间框架是期权到期前剩下的唯一时间框架,利率可忽略不计,那么,我们就能计算一个履约价格为 50 美元的看涨期权的价值作为其到期时的预期回报。通常,看涨期权要么正好具有在标的股票保持实值时的价值,要么因股价跌破期权履约价格而失去全部价值。这只看涨期权的预期回报是:$0.5×(52-50)+0=1$(美元)。根据相同的推导和概率,我们就能计算履约价格为 45 美元的看涨期权的价值:$0.5×(52-45)+0.5×(48-45)=5$(美元)。在这个例子中,两个结果都大于标的股票价格高于履约价格时的回报,因此两者都是正值。这种方法可以通过采用较小的时间增量并假设标的股票在每个时间框架内上涨或者下跌来加以扩展。最后的结果是一棵带有很多价格结果的"二叉树"。树形模型的跨度(可能结果)直接与所选定的离散时间框架数量有关。

如果我们假设股价在每个时间节点上上涨或者下跌的概率相同,那么就能方便地计算期权到期时出现每种可能结果的概率。对于每种实值结果,任何特定期权的预期回报等于标的物价格与期权履约价格的差和相关结果出现的概率的乘积。图 2.4 是一张转移概率为 P 和 $1-P$、上涨/下跌比率为 4% 的简单三时步二叉树图。每个时间节点的数值等于上涨率或下跌率乘以前一时间节点数值的积。

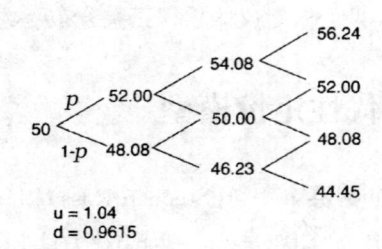

```
                     56.24   履约价格为45美元的看涨期权=11.24美元
              54.08
        52.00         52.00   履约价格为45美元的看涨期权=7.00美元
   p
50            50.00
   1-p  48.08         48.08   履约价格为45美元的看涨期权=3.08美元
              46.23
                     44.45   履约价格为45美元的看涨期权=0.00美元
u = 1.04
d = 0.9615
```

图 2.4　采用 4 种不同标的股票价格和三时步二叉树模型计算得出的不同结果

近似于对数正态分布的二叉树形模型是根据定义如下的概率和标的股票价格上涨率和下跌率来构建的:

$$u=e^{\sigma\sqrt{\Delta t}}$$

$$d=1/u$$

$$p = \frac{e^{r\Delta t} - d}{u - d}$$

变量：

u 为标的股票价格的上涨率

d 为标的股票价格的下跌率

p 为时间节点间的转移概率

Δt 为用年表示的时间框架长度(年数总时间/时步数)

σ 为年化波动率

r 为用年百分比表示的股票预期回报

我们的例子过于简单，因为它们只包含1到2个时步。实际中，期权合约的生存期通常分为30或更多的时步，每次转移都包含一次二项股价变动。如果我们假设有30个时步，我们的模型就包含 2^{30}（近似于10亿）条可能的定价路径。在这样的间隔水平上，离散时间模型和连续时间模型开始趋集于一点。不管怎么说，二叉树形模型具有一些重要的优点。虽然布莱克－斯科尔斯模型和经典的考克斯－罗丝－鲁本斯坦模型都基于期权合约整个生命周期的固定波动率，但可以扩展二叉树形模型，以使波动率随时间和现时价格而变。含有时间节点专有波动率或者不同局部波动率的二叉树形模型现已变得非常普及。经验丰富的交易者有时会运用这样的模型来识别由固定波动率模型生成的价格扭曲。有关这方面的讨论常常涉及一种用独特的三维形状来反映时间、价格和波动率的"波动率曲面"。这些高度精炼的模型能够精确地表征标的股票或者指数在计划事件发生前几天或者特定经济环境中的上涨或者下跌表现，目的是要构建一个针对每种标的股票或指数的个性化二叉树形模型的大型数据库，并且引证适用于任何特定交易环境的最合适模型。读者可以设想一种时间框架涵盖季报公告、新产品发布、期权到期利率上涨或下跌环境、股市上涨或者下跌以及美元走强或走弱氛围，或者包含任何其他以时间或者价格专有方式影响波动率的条件集的股票专有型波动率示意图。各种可能性几乎数不胜数。最后，二叉树形模型是一种有效的奇异期权(包含决定期权有效或者失活的最低价格的定界期权)定价工具。

结束语

在过去的34年里，期权采用基于布朗运动动态分析的连续时间随机模型来定价。这种由费雪·布莱克和迈伦·斯科尔斯开发的模型通常假设,标的股票或指数的未来价格呈对数正态分布。布莱克－斯科尔斯定价公式同时考虑了期权合约到期前的剩余时间、履约价格和现时价格、无风险回报率和波动率等因素。买权和卖权平价关系作为布莱克－斯科尔斯模型的一个重要方面,是为了防止无风险套利而设计的。虽然这个模型仍有缺陷,但它已经成为现代期权定价理论的基石。

该模型被最为广泛认同的缺陷与波动率恒定不变假设——所谓的零位漂移假设——有关。后来的模型采用离散时间法来解决这个问题。离散时间法能为各种不同的时间和现时价格组合绘制个性化的波动率示意图。

下一章将着重介绍各种分析波动率和利用波动率来交易的不同方法,还要讨论波动率微笑曲线——一种为均衡市场涨跌风险而设计的重要补偿机制。

补充读物:

Bachelier, L., "Theorie de la Speculation," Annales de l'Ecole Normale Superieure, 1900.

Black, F. and M. Scholes, "The Pricing of Options and Corporate Liabilities," *Journal of Political Economy*, 81 (May-June 1973), pp. 637—659.

Chriss, N. A., *Black-Scholes and Beyond*, New York-Toronto: McGraw-Hill, 1997.

Courtault, Jean-Michel et al., "On the Centenary of Theorie de la Speculation," *Mathematical Finance*, vol. 10, no. 3 (July 2000), pp. 341—353.

Cox, J., S. Ross, and M. Rubenstein, "Option Pricing: A Simplified Approach," *Journal of Financial Economics*, 7 (October 1979), pp. 229—264.

Fama, E. F., "The Behavior of Stock Prices," *Journal of Business*, 38 (January 1965), pp. 34—105.

Malkiel, B. A., *A Random Walk Down Wall Street*, Fourth Edition, New York-London: Norton & Company, 1985.

Mandelbrot, B. B. and R. L. Hudson, *The Misbehavior of Markets*, New York: Basic Books—a member of The Perseus Books Group, 2004.

Merton, R. C., "Theory of Rational Option Pricing," *Bell Journal of Economics and Management Science*, 4 (Spring 1973), pp. 141—183.

Merton, Robert C., "Applications of Option-Pricing Theory: Twenty-Five Years Later," Nobel Lecture, December 9, 1997.

Osten, G., "Three Decades of Options," *Stocks Futures and Options*, vol. 2, no. 4, April 2003, pp. 26—35.

Scholes, Myron S., "Derivatives in a Dynamic Environment," Nobel Lecture, December 9, 1997.

Whaley, R., "On the Valuation of American Call Options on Stocks with Known Dividends," *Journal of Financial Economics*, 9(1981), pp.207—211.

尾注：

1. 鞅是一种零点漂移随机过程。如果一种金融工具是鞅的话，那么，对这种金融工具未来某个时点价格的最佳预测就是它的现行价格。基于鞅的定价理论主要讨论在完全公平博弈下不可能获得超额收益的问题。

2. 布朗运动是一种描绘微粒子不规则运动在时间上连续的随机过程。相关的数学模型被称为"维纳过程"[用数学家诺伯特·维纳(Nobert Weiner)的姓氏命名]。

3. n 个事件分布的标准差按下列公式计算：

$$\sigma = \sqrt{1/(n-1)\sum_{i=1}^{n}(x_i - m)^2}$$

式中，X_i 表示各数据点，m 表示均值。

4. 实际套利交易十分复杂，涉及卖出看涨期权、买进看跌期权，并且用由股票多头和债券空头构成的股票—债券组合来进行平衡。

第 3 章　波动率

为了确定期权合约的公允价格，必须清楚期权到期前的剩余时间总量、标的证券的当前价格、期权合约的履约价格、无风险利率和波动率。除了波动率以外，以上其他参数都有确切的已知数值。遗憾的是，波动率的易变性导致精确预测它的走向变得非常困难。由于期权合约的价值对于计算公式中的波动率分量非常敏感，因此，精确评估波动率是期权交易者必须掌握的一种关键技能。不掌握可靠的波动率估算方法，几乎就不可能取得期权交易的正回报。

只有当您认为反映在期权合约中的标的证券价格波动率非常低时，才可以构建多头头寸；而构建空头头寸的情况正好相反：只有当标的证券价格波动率非常高时，构建空头头寸才有意义。构建多头头寸就相当于"买入波动率"，而构建空头头寸则等于是"卖出波动率"。由于期权头寸常常由多头和空头两个部位组成，因此，通常用"净多头"和"净空头"这样的术语更加合适。

合理波动率是一个重要概念。我们来考察以下这个例子：
- 标的股票价格：123.62 美元；
- 期权履约价格：130 美元；
- 期权到期前剩余天数：10 天；
- 波动率/期权价格：30%/0.54 美元；
- 波动率/期权价格：40%/1.12 美元；
- 波动率/期权价格：50%/1.79 美元；
- 波动率/期权价格：60%/2.51 美元。

在任何其他因素没有发生变化的情况下，波动率翻倍就会导致期权价格上涨 460% 以上。就像我们将要看到的那样，这个量级的波动率变化并不罕见，它们可能迅速或者缓慢发生。例如，请比较一下常常发生在季报公告后的快速下跌与反映首次公开发行后刺激不断减弱的缓慢变动。前者开市后几分钟就会发生，而后者则常常要过几个月后才会出现。因此，填补数学建模与标的证券经济驱动因素两者之间的缺口就显得非常重要。

波动率有历史和隐含两种基本形式。历史波动率基于标的证券的过去表现来构建,而隐含波动率则根据期权合约的现时交易价格来计算。这两种波动率通常是相同的,但有时也会明显不同。价格波动曲线不服从对数正态分布的股票通常两种波动率差异很大。这样的股票容易出现偶然的价格大幅波动,这种特性会导致卖空者哄抬期权价格以保护自己免受价格非预期大幅变动的影响。然而,买方往往会提防自己不要因价格在合约生命周期内出现发散性波动而过度支付。对于出现过极大价格波动峰值(大于 4 个标准差)的股票来说,情况会变得非常难以处理。这种股票的期权通常非常缺乏流动性,但买卖价差大。我们将在本书讨论特殊事件、流动性和到期周期不同时点的不同场合重新论述这个问题。

波动率和标准差

简单地说,我们可以把波动率定义为一交易年度内价格发生 1 个标准差的波动。波动率值通常用标的证券价格的百分比来表示。如果一只股票的价格是 100 美元,波动率为 30%,那么,在 1 年的时间框架内 1 个标准差的价格波动会把股价抬高到 130 美元或者降低到 70 美元。根据正态分布性质,我们可以认为,这只股票的最终股价有 68% 的概率落入这个价格区间内。有必要根据利率做一些调整,如果在这个时间框架内无风险回报率是 5%,那么,年底 1 个标准差的股价波动额是 105 美元 × 30% = 31.50 美元。我们可以预期,这只股票有 68% 的概率在 73.50 美元与 136.50 美元的价格区间内交易。然而,这样看待波动率,有点过于简单。更加严格的波动率定义是 1 年内连续复利回报率发生 1 个标准差的变动。

就如我们已经在第 2 章"期权定价基本原理"中已经看到的那样,股票回报率呈正态分布,而股票未来价格则呈对数正态分布。两者的区别非常重要。如果股票价格呈正态分布,那么,一只价格为 20 美元的股票就有相同的概率涨到 50 美元和跌到 −10 美元。显然,这是不可能的。然而,假设股价波动连续复合计算,5 次幅度为 10% 的价格上涨会使一只价格 20 美元的股票上涨 12.21 美元,股价就涨到 32.21 美元;而对应的价格下跌则会使这只股票的价格下跌 8.19 美元,股价跌到 11.81 美元。5 次幅度为 10% 的价格上涨的连续复合上涨率是 61%,而相对应的价格下跌的连续复合下跌率则是 −41%。最终股票价格的分布是有偏度的,因此,任何股票的价格都不会跌破0。连续复合计算、正态分布的价格波动会导致股票价格在期权到期时呈对数正态分布。

假定波动率变动采用连续复合法计算,那么就能证明波动率是与时间的平方根成比例的。波动率在任何时间框架里发生的1个标准差变动可由以下公式给出：

$$\sigma \sqrt{\Delta t}$$

式中,σ 表示年波动率,Δt 表示年百分比。

我们重新回到价格100美元、年波动率30%的股票这个例子上来,我们能够计算股票价格在1周(1/52年)内发生1个标准差变动的价值大小：

$$0.30 \times \sqrt{0.0192} = 0.0416$$

$$0.0416 \times 100 = 4.16(美元)$$

关于交易年度的长度以及用于计算波动率的时间框架数量发生过很多争论。虽然日历年1年有365天,但实际上1年只有252个交易日。本书一律采用252个交易日的交易年度来计算基于逐日价格波动的波动率。采用这种方法是说得通的,因为每年只有252个日收盘价,而历史波动率是根据考察期内每天的收盘价逐一计算得到的。但是,某些按照布莱克－斯科尔斯公式计算的波动率是采用期权到期前剩余分钟的数据来计算的,因此从这个意义上说更加"细粒化"。这种计算方法明确考虑了各种长度的剩余时间,包括剩余周末。随着期权到期日的临近,剩余时间长度的差异就变得意义重大,因为期权生命周期的最后一周7天剩余时间中有2天是周末。因此,我们的很多正演模拟将基于按分钟计算、用年百分比表示的总剩余时间。

如何计算历史波动率

想要计算历史波动率,就必须计算短期回报率的标准差。以下几个步骤概述了历史波动率的计算过程：

1. 选择标准时间框架 Δt(如1天、1周、1月或者1季度),确定1年中的时间框架数量。在以下公式中时间框架用"tf"表示。

2. 计算每个时间框架从头到尾的回报率。假定第1天的收盘价是 C_1,第2天的收盘价是 C_2,那么,逐个收盘价的回报率 R 可由 $R = \ln(C_2/C_1)$ 给出。

3. 计算回报率 $R_0, R_1, R_2, \cdots, R_n$ 的值。如果我们采用21个收盘价,那么就有20个回报率值——这样,$N+1$ 的值可按下列公式计算：

$$R_{avg} = \frac{1}{N+1}(R_0 + R_1 + R_2 + \cdots + R_n)$$

4. 采用 $N-1$ 的"无偏"统计加权法来计算标准差。如果我们有 21 个收盘价和 20 个回报率,那么,$N=19$,可用下式来求标准差:

$$\sigma = \sqrt{tf} \times \sqrt{1/N((R_0 - R_{avg})^2 + (R_1 - R_{avg})^2 + \cdots + (R_n - R_{avg})^2)}$$

在第 4 步中,我们通过把日标准差乘以 1 年内收盘价逐日变动次数的平方根来对波动率计算进行了年化。不过,时间框架数是一个仍有一定争议的问题。如上所述,1 年实际上只有 252 个交易日。有些交易者喜欢采用这个数字,而另一些交易者则喜欢采用 365 天。在后一种情况中,周末和节假日也都有波动率。有研究证明,股票在星期五闭市到星期一开市期间能够像星期六和星期日开市交易那样发生波动。这种周末波动观主张采用 365 天来计算波动率。不过,这种波动率计算方法对于不同的股票影响是不同的。有些股票在市场闭市的周末和节假日波动非常小,而那些对世界政治和金融事件做出回应的股票在周末显然要比其他股票易受影响。我们暂且假设 1 年有 252 次收盘价变动,并且采用基于 252 的平方根(15.875)的年化因子。

样本计算

表 3.1 列示的样本波动率计算基于 21 个交易日(20 次价格波动)的数据和 1 年 252 个交易日。

表 3.1　　　　　　　　　　　　样本波动率计算

收盘价	对数变动幅度	平均值	离均差	平方差
86.14				
89.05	0.033224	0.004695	0.028529	0.000814
88.55	−0.005631	0.004695	−0.010325	0.000107
87.72	−0.009417	0.004695	−0.014112	0.000199
85.47	−0.025984	0.004695	−0.030679	0.000941
86.31	0.009780	0.004695	0.005085	0.000026
84.76	−0.018122	0.004695	−0.022816	0.000521
82.90	−0.022189	0.004695	−0.026883	0.000723
82.20	−0.008480	0.004695	−0.013175	0.000174
81.51	−0.008430	0.004695	−0.013124	0.000172
81.52	0.000123	0.004695	−0.004572	0.000021

续表

收盘价	对数变动幅度	平均值	离均差	平方差
80.87	−0.008005	0.004695	−0.012700	0.000161
84.84	0.047924	0.004695	0.043229	0.001869
83.80	−0.012334	0.004695	−0.017029	0.000290
85.66	0.021953	0.004695	0.017258	0.000298
85.05	−0.007147	0.004695	−0.011841	0.000140
85.47	0.004926	0.004695	0.000231	0.000000
92.57	0.079800	0.004695	0.075105	0.005641
97.00	0.046746	0.004695	0.042051	0.001768
95.80	−0.012448	0.004695	−0.017143	0.000294
94.62	−0.012394	0.004695	−0.017089	0.000292

方差和 = 0.014450

标准差 = $\sqrt{0.014450/19}$ = 0.027578

年化波动率 = 0.027578 × $\sqrt{252}$ = 0.43778

如何利用滑动时窗来计算波动率

确定期权合约的合理波动率是一项复杂的工作,因为历史波动率由于一些并非总是明显的原因有可能发生巨大的变异。股票通常在价格下跌时远比价格上涨时不稳定。因此,在市场下跌时,波动率趋于上升。随着计划事件(如季报公告)的临近,波动率也趋于上升。相反,已经下跌一段时间并且稳定在一个新的价格区间内的股票往往波动幅度较小。波动率在股票稳步上涨时也会下跌。最受关注的波动率指数(VIX)——一个计算标准普尔 500 指数期权价格所用的波动率指标——已经成为一种被广泛接受的牛市和熊市情绪指标。在笔者动笔撰写本书时,VIX 指数正在一个接近历史最低点的 10% 的低位上徘徊,随后股市在 6 个月里上涨了 20% 以上。波动率也会随着交易量涨跌,一只股票能够以高波动率在相对狭窄的价格区间内交易,或者以稳定、可预测的速度大幅波动,但却表现出相对较低的波动率。因此,掌握一套研究历史波动率的工具具有非常重要的意义,目的是要利用这些工具来评估期权价格。一套作用巨大的工具能够成为交易者用来发现微妙的价格扭曲并利用价格扭曲赢利的优势条件。

其中最基本的工具是可用来制作历史波动率示意图的滑动时窗计算表。表

3.2 显示了一张采用 30 天数据总量和一个长度为 21 天(20 次价格波动)的滑动时窗计算表。本例中的波动率按照 1 年 252 个交易日进行了年化。表中列示了苹果电脑公司股票(交易代码:AAPL)的相关数据。第 1 次波动率计算结果出现在第 21 天第 1 个时窗结束时,相当于前 20 次收盘价逐日变动的标准差。然后,时窗前滑 1 天,而最早的一天退出计算,现在包括第 2 天到第 22 天。这个过程一直持续到数据集结束。一个包括 20 次价格波动的时间窗口特别有用,因为它往往能够精确预测大多数股票期权合约价格所反映的波动率。我们的例子简略得有点不切实际,实际中通常至少要采用 1 年的数据,而且在大多数情况下采用 1 年以上的数据才有意义。

表 3.2　　　　　　　　　波动率滑动时窗计算表

日期	收盘价	波动率
02/23/2006	71.75	
02/24/2006	71.46	
02/27/2006	70.99	
02/28/2006	68.49	
03/01/2006	69.10	
03/02/2006	69.61	
03/03/2006	67.72	
03/06/2006	65.48	
03/07/2006	66.31	
03/08/2006	65.66	
03/09/2006	63.93	
03/10/2006	63.19	
03/13/2006	65.68	
03/14/2006	67.32	
03/15/2006	66.23	
03/16/2006	64.31	
03/17/2006	64.66	
03/20/2006	63.99	
03/21/2006	61.81	
03/22/2006	61.67	
03/23/2006	60.16	0.328

续表

日期	收盘价	波动率
03/24/2006	59.96	0.328
03/27/2006	59.51	0.328
03/28/2006	58.71	0.313
03/29/2006	62.33	0.391
03/30/2006	62.75	0.391
03/31/2006	62.72	0.382
04/03/2006	62.65	0.366
04/04/2006	61.17	0.369
04/05/2006	67.21	0.506

请注意采用20日价格波动时窗计算的波动率逐日差异巨大。3月29日,3个标准差的价格波动把20日波动率从31.3%提高到了39.1%。4月5日,一次更大的价格波动(4.2个标准差)把20日波动率推高到了50.6%。这些价格波动峰值没有一个在时间上与像发布财务报告这样的计划事件相吻合。因此,显然需要更多的数据才能评估苹果电脑公司股票的历史波动率。图3.1显示了采用相同的20日价格波动时窗计算的苹果电脑公司300日波动率数据。

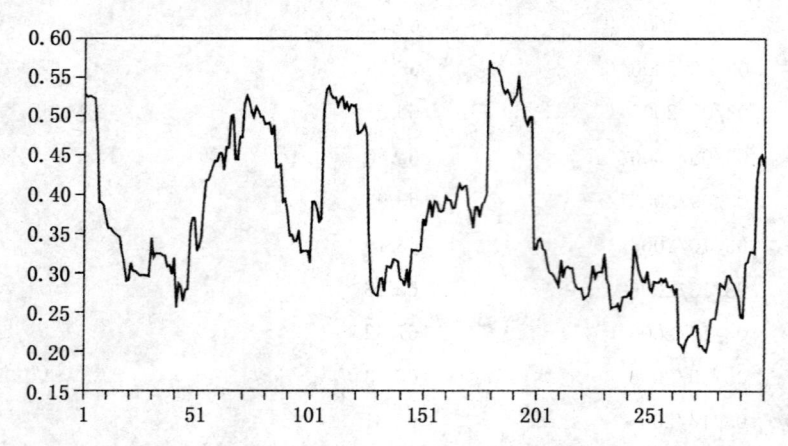

图3.1 2005年11月2日~2007年1月12日苹果电脑公司股票价格波动率(采用20日逐日价格波动滑动时窗计算)

图3.1显示了波动率的巨大易变性。任何一天,期权交易者都要评估历史波动率来确定反映在期权合约价格中的波动率是否合理。最有效的方法就是在

波动率图中寻找与现时最接近的时期。例如，如果一个即将来临的重大事件有可能影响石油价格，那么，通过观察类似事件的影响从市场上消失后的时期来确定石油勘探公司股票期权的价格，可能比较合理。苹果电脑公司的股票价格波动率会受到根据主要芯片供应商的销售额以及主要消费电子品零售商的销售收入信息来估计微处理机的销售额这类事件的影响。苹果公司自身也从台式机制造商和分销商变成了消费电子品、音乐和影像供应商。虽然并非总能识别特定事件并与现时配对，但是，简单观察历史波动率的涨落幅度，并且考虑导致历史波动率涨落的事件类型，是非常有益的。了解图中的高波动峰值超过50%，而波动率平均值接近40%，就可能有重要的发现。在不了解伴随新的重大事件出现的潜在波动率波动的情况下，是不可能成功地进行任何股票或指数期权交易的。对于期权交易者来说，重要的是要努力发现波动率和价格波动表现之间的联系。

　　复杂的问题在反映历史波动率和股票价格的图表中就会变得明白易懂。图3.2通过增加日收盘价走势曲线对图3.1进行了扩展，并且说明了以上这一点。读者很快就会注意到波动率单独只有限的预测力。

　　然而，如果读者能够观察大量的波动率图表，那么就能发现某些趋势。最值得注意的是股价高波动率与股票业绩表现平庸之间的关系。在我们的例子中，苹果电脑公司股票在高波动率的时间框架——第51天与第179天之间的时间框架——内业绩表现平平。然而，等波动率在第179天达到峰值后，苹果电脑公司的股票开始上涨。到了第271天（图中最后一个箭头所指之处），该公司的股票报收于90美元以上，而波动率几乎在图3.2的底部徘徊。这一表现被反映在了受到密切关注的VIX指数中。这个波动率指数表征了有关反映在标准普尔500指数期权价格中的波动率的统一观点。VIX指数常被用作反映股市表现的一个先行指标，因为它往往随着股票的上涨而下跌，并且随着股票的下跌而上涨。不过，在我们的苹果电脑公司例子中，VIX指数的波动率——股市波动率的波动率——惊人得高。VIX指数期权往往按照150%以上的波动率来定价。就如同我们在图3.2中能够看到的那样，苹果电脑公司的股价波动率显示了类似的特点——20%的低位和略低于60%的高位。如果我们给苹果电脑公司股价波动率的波动率定价——如果我们卖出苹果电脑公司的股票期权，那么，这些期权可能会按300%左右的波动率来定价。低估波动率的涨跌幅度，可是一个严重的错误。

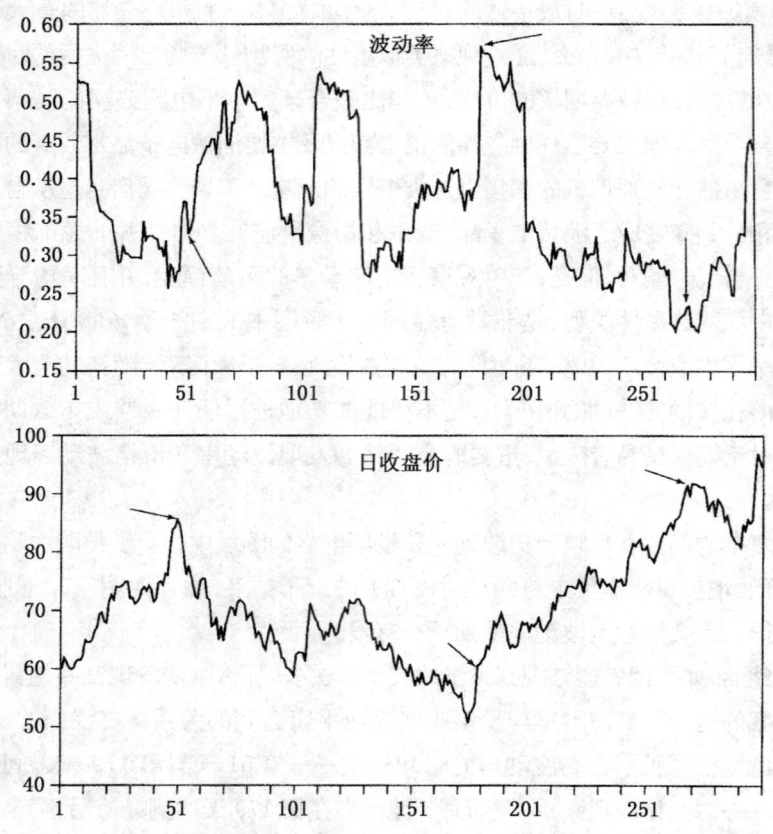

图 3.2　2005 年 11 月 2 日~2007 年 1 月 12 日期间苹果电脑公司股票价格波动率和收盘价。上、下两图中的 6 个箭头标示了两图中的 3 个相同日期(第 51 天:2006 年 1 月 17 日;第 179 天:2006 年 7 月 26 日;第 271 天:2006 年 11 月 29 日)。

通过改变滑动时窗的长度,我们能够削弱周期性事件的影响效应。举例而言,如果我们把滑动时窗扩大到 90 天,那么就能认为在我们的研究中总会有影响股票价格的财务报告公布事件发生。一张根据 90 天滑动时窗编制的图表能够反映稳定得多的波动率波动状况。更重要的是,90 日图通过平滑很高的波动峰值和提高非典型低值来调整极端情况;而短时间框架波动率波动示意图(10 天或少于 10 天)则包含很多噪音,因为后一种图表受到低价格波动峰值的影响。图 3.3、3.4 和 3.5 是 3 张根据与前两张图相同的天数间距和收盘价制作的。

苹果电脑公司的股价波动率 90 日滑动时窗图和 20 日滑动时窗图之间的区别显而易见。如果交易者的目的是近似地理解苹果电脑公司股票的长期走势,

90日

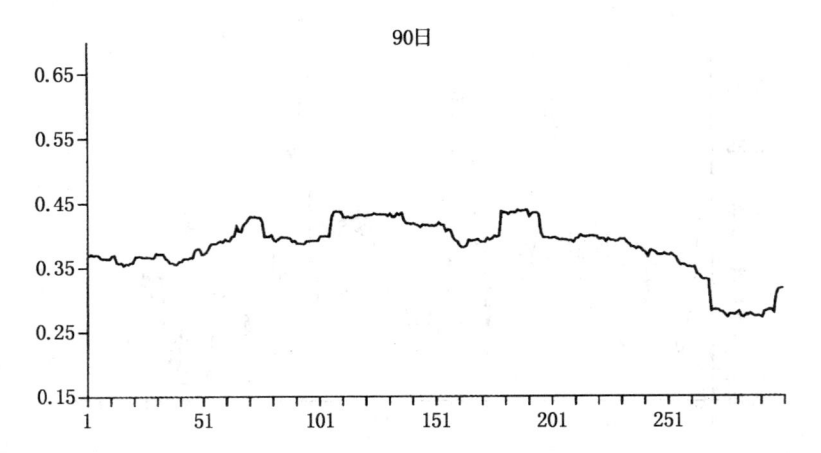

图 3.3　苹果电脑公司股价波动率:90 日滑动时窗(2005 年 11 月 2 日～2007 年 1 月 12 日)

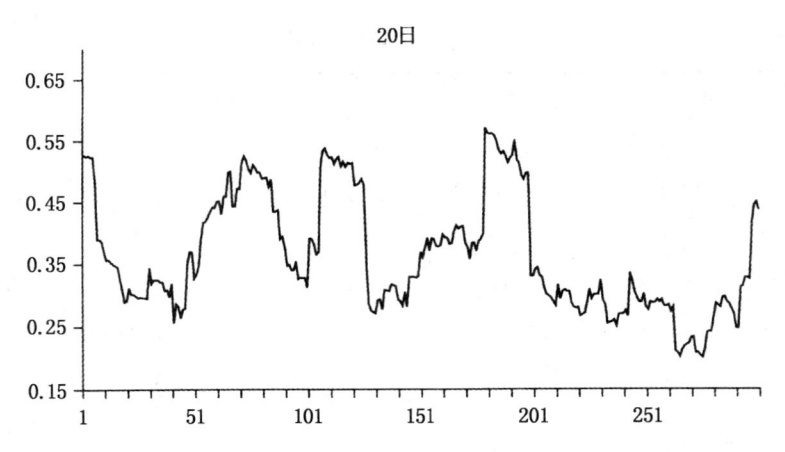

20日

图 3.4　苹果电脑公司股价波动率:20 日滑动时窗(2005 年 11 月 2 日～2007 年 1 月 12 日)

那么,90 日时窗图就能提供帮助;当股价波动可归因于特定事件或者经济周期时,更加活跃的 20 日和 10 日滑动时窗图能够提供帮助。在图 3.5 中,10 日时窗图的股价上涨高峰值迫使该图标尺扩大到 65% 以上。为了统一,这 3 张图使用了相同的标尺和日期。

最后,最简单并且常常是最精确的波动率计算方法就是确定全年(252 天)的标准差。这种计算方法显然不需要年化。一种波动率平衡观应该包括最近的长时窗和短时窗、股价的年度高位和年度低位以及覆盖全年的单一标准差(请参阅表 3.3 的波动率系列)。以上提到的统一观有可能令人吃惊。表 3.3 包含 10 个例子。

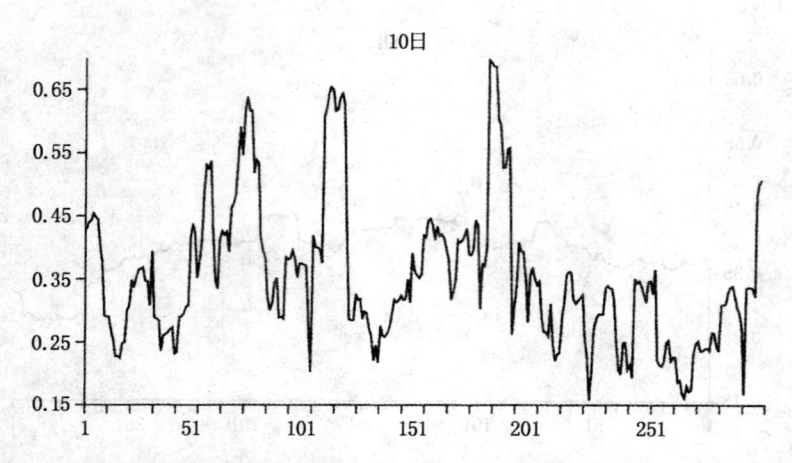

图 3.5 苹果电脑公司股价波动率：10 日滑动时窗（2005 年 11 月 2 日～2007 年 1 月 12 日）

表 3.3　　　　　　　　　10 只股票波动率统一观

交易代码	最后成交价	序列波动率	高波动率	低波动率	20 日波动率	90 日波动率
CRL	43.45	0.29	0.62	0.11	0.12	0.27
HSP	36.97	0.33	0.76	0.08	0.17	0.40
MYOG	52.24	0.65	1.84	0.29	1.36	0.76
NAFC	25.61	0.49	1.24	0.12	0.27	0.34
BCSI	21.97	0.72	1.97	0.20	0.42	0.54
BSTE	47.27	0.40	0.86	0.15	0.28	0.35
PLT	20.44	0.53	1.28	0.16	0.48	0.55
AVID	36.17	0.41	0.69	0.14	0.38	0.45
ADRX	24.54	0.29	0.77	0.03	0.05	0.09
CECO	21.05	0.48	1.26	0.13	0.29	0.70

在数个时窗相同的情况下，就很容易估计波动率。举例而言，宾特力公司（交易代码：PLT）90 日和 20 日波动率估计值序列相当接近。不过，投资者应该牢记，在过去的一年里，宾特力公司股价的波动率曾涨到过 128% 的高位，而且也曾跌到过 16% 的低位。短期内，期权按 50% 的波动率定价是合理的。不过，打算从事较长期限交易的投资者必须明白波动率有可能急剧上涨。最明智的方法就是检讨既往的金融和商业信息，以便弄明白波动率如此显著波动的原因，并

且在做出交易决策以后利用这些信息。

外部经济因素常会影响某个板块股票的波动率。在导致 VIX 指数从 2006 年 6 月的 23 点下降到 8 月中旬的 11 点的股市趋稳期间,由外部经济因素引发的波动率变化显而易见。这次长达 2 个月的波动率下跌形成了卖出裸露期权的绝好氛围,因为裸露期权合约损失了时间和波动率。比较 VIX 指数与历史波动率图表非常有益,因为这种比较能够揭示现实大规模市场力量对个股表现的影响。比较相关商品和指数以及受它们影响的股票——原油价格和石油公司股票、铜价和铜矿开采公司股票、利率变动和抵押贷款公司股票等——的波动率也十分重要。

如何表现价格波动特性

正如我们刚才所看到的那样,波动率往往在短如几个月的时间框架里表现出令人吃惊的易变性。表 3.3 所列示的股票虽然是随机挑选的,但也显示了这种易变的特性。股票的易变性很多是由股价大幅波动导致的,股价大幅波动的幅度和频度导致波动率上涨。相反,当股价波动的幅度和频度降低时,波动率必然会下降。而且,波动率常常是反映股价波动表现的一个蹩脚指标。如果价格波动幅度和分布服从正态分布,那么,波动率高的股票就可能有相对"较好的表现";相反,如果股价波动分布曲线拖着一条细长尾,并且带有数目惊人的高波动峰值,那么,波动率低的股票有可能"表现平平"。因此,采取历史波动率平衡观并且从波动幅度和频度的角度去理解股价变动特性都非常重要。

期权交易者必须从幅度和频度的角度去考虑股价波动,而且必须抵制简单地采用百分比来表示价格波动的诱惑。例如,我们来考察 IBM 公司的股票表现。2001 年该公司股票的期权以 33% 的隐含波动率交易,而 2004 年仅仅以 16% 的隐含波动率交易。10% 的股价波动对于结构良好的该公司股票期权头寸的影响 2001 年远远小于 2004 年。期权交易者其实就是买卖股价波动的标准差,因此无法通过百分比思维来正确评估交易头寸的风险。期权交易者从事交易的主要目的就是通过建仓来利用隐含波动率和合理波动率之间的微妙差异,进而利用波动率差异来进行套利。无论构建多么复杂的头寸,都不可能利用定价完美的期权来赢利。标的证券必然以大于或者小于交易头寸某个部位期权价格所反映的幅度上涨或者下跌,因此,在任何交易的计划阶段,都必须同时考虑波动率和价格。

读者应该记得,我们可以通过求 1 年内时间框架数的平方根来细分股票价格的年度波动率,这样就能确定单个时间框架的波动率。假设 1 年包含 252 个交易日,一只年波动率为 30％的股票的日波动率是：$30\%/\sqrt{252}=1.89\%$。一只日波动率为 1.89％、价格为 90 美元的股票,单日 1 个标准差的价格波动就是：1.89％×90 美元＝1.70 美元。我们可以利用这个简单的关系式来表达一只股票在任何 1 天用标准差表示的价格波动幅度。对这个方法进行拓展,我们就能重做一张完整的股票图表,用反映股价波动幅度的上直方和下直方来表示股票每天的收盘价。图 3.6 采用这种格式显示了塞法隆(Cephalon)公司股票(交易代码：CEPH) 1 年的价格波动状况。

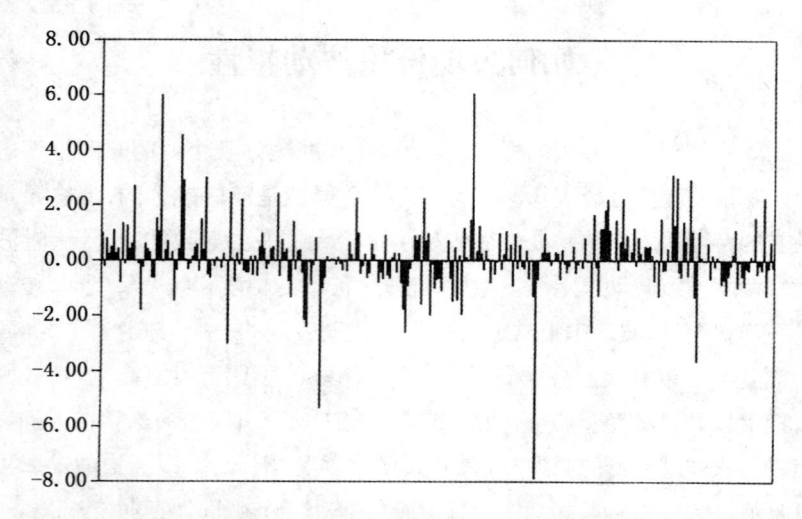

图 3.6 用标准差表示的塞法隆公司(CEPH) 1 年股价波动状况。每天的股价波动幅度根据最近 20 日波动率滑动时窗——前 21 个收盘价或者 20 天的股价波动峰值——计算。

有必要指出,每次价格波动是根据一个紧挨着前一次波动结束的时窗来测度的。也就是说,被测度的那次价格波动不会影响计算。如果被测度的价格波动是计算的构成部分,那么计算结果就会被扭曲,而且扭曲程度相对于短时窗来说就很大。例如,2007 年 5 月 30 日,苹果电脑公司股票的价格从 114.35 美元上涨到了 118.77 美元——上涨了 3.03 个按前 20 日时窗计算的标准差。如果我们把出现价格峰值的那天作为时窗的最后一天,那么涨幅就会下降到 2.6 个标准差,而 5 日时窗的相应数值分别是 2.18 和 1.60 个标准差——扭曲程度几乎达到了 1 倍。

通过观察图 3.6,我们立刻就能确定 1 年之内塞法隆公司的股票经历了 5 个很大的价格波动峰值,它们分别有－7.89、6.06、5.99、－5.35 和 4.55 个标准差。当今各种基于正态分布的期权定价模型在将近 300 万个交易日里仅仅预测到 1 次 5 个标准差的波动峰值——几乎就是从未预测到 5 个标准差的波动峰值。此外,塞法隆公司股票经历了 25 个大于 2 个标准差的价格波动峰值——几乎是预期的 2 倍。这个信息在隐含波动率有可能如价格波动预期那样上涨时,对于期权交易者在某个计划事件发生之前评估期权合约价格是非常有用的。

表 3.4 显示了采用图 3.6 出现第一高价格波动峰值的时间框架来计算图中每个点的过程(2005 年 12 月 9 日,塞法隆公司股票)。

表 3.4 图示价格波动峰值的计算

收盘价	价格波动	对数波动幅度	对数波动标准差	1 个标准差	当期波动峰值	计算结果
47.58						
47.78	0.20	0.0042				
48.09	0.31	0.0065				
47.52	－0.57	－0.0119				
48.47	0.95	0.0198				
48.38	－0.09	－0.0019				
49.30	0.92	0.0188				
49.61	0.31	0.0063				
50.03	0.42	0.0084				
51.65	1.62	0.0319				
51.65	0.00	0.0000				
51.57	－0.08	－0.0016				
50.60	－0.97	－0.0190				
50.45	－0.15	－0.0030				
50.83	0.38	0.0075				
51.08	0.25	0.0049				
51.26	0.18	0.0035				
50.89	－0.37	－0.0072				
50.51	－0.38	－0.0075				
51.42	0.91	0.0179				
52.09	0.67	0.0129	0.0120	0.625		
55.83	3.74	0.0693	0.0188	1.050	**5.98**	3.74/0.625

续表

收盘价	价格波动	对数波动幅度	对数波动标准差	1个标准差	当期波动峰值	计算结果
55.79	−0.04	−0.0007	0.0189	1.054	**−0.04**	−0.04/1.050
56.20	0.41	0.0073	0.0183	1.028	**0.39**	0.41/1.054

如前所述,我们基于一个含有20日价格波动的时间窗口来进行计算。因此,第1个计算结果就是根据第1到第21天的记录数据来计算第22天记录的价格波动幅度。计算第1个数值(5.98)要求完成如下步骤:

1. 计算紧挨着前一个峰值的20日(从第1天到第21天)价格波动峰值的标准差,求得第1个20日价格波动时窗结束时的单日波动率值0.0120。
2. 拿这个数值乘以第21日的收盘价(52.09美元),以确定该时窗结束时1个标准差价格波动的数值0.625美元。
3. 拿第22天的价格波动峰值(3.74美元)除以这个数值,以确定用标准差表示的价格波动峰值5.98。

每完成一次计算,时间窗口就向前推进1天,而下一日价格波动则按新的时间窗口计算。表3.4列示了三次计算的结果(黑体字表示的数值最终被标示在价格波动峰值图上)。为清楚起见,表中最右一栏列示了每次计算的最后结果。读者应该注意的是,需要22天的相关数据才能生成一个20日价格波动率时窗的第一个数值。

重要的是要识别用标准差测度单日价格波动的图表与显示标的证券价格标准差的较传统方法之间的重要区别,两者在规模和意义两方面大相径庭。就如我们在第2章里所看到的那样,期权定价理论基于价格波动分布。因此,对于期权交易者来说,制作能够用这方面的术语反映标的证券价格波动特性的图表是有意义的。我们将在本书中全部采用如图3.6所示的这种格式的图表,因为它们采用了与期权合约定价相同的术语来显示标的证券的价格波动。不过,股票交易者常常采用不同的图表,一种颇受欢迎的制图技术——布林通道——采用固定长度的滑动时间窗口来计算股票价格的标准差。通过围绕选定时间框架的简单移动均线对称地设置两条布林线来选择交易区间。虽然滑动时间窗口的长度以及布林通道三线之间的距离两者都可变化,但最常用的方法是把布林通道的上频线设在距离简单移动均线以上2个标准差的地方,而把下频线设在距离简单移动均线以下2个标准差的地方;而最常用的时间窗口包括20个收盘价。

很多投资者错误地认为,布林通道可用来计算股价波动率,因为股价波动率被反映在了期权合约价格中。然而,由于期权定价取决于股票价格波动的对数标准差,因此两者的区别是相当大的。表 3.5 列示了采用这两种不同方法计算同一组股票价格得出的不同结果。表的左边是采用每次股价变动的对数计算的股价波动标准差和年波动率,而右边是收盘价的标准差。

表 3.5　　　　　　　　　股价波动对数标准差与收盘价标准差

股价(美元)	股价波动		布林通道法	
	对数波动率	平方差	收盘价	平方差
93.87			93.87	
93.96	0.000958	0.00000849	93.96	0.74534444
93.52	−0.00469	0.00000750	93.52	0.17921111
95.85	0.024609	0.00070567	95.85	7.58084444
95.46	−0.00408	0.00000450	95.46	5.58534444
93.24	−0.02353	0.00046549	93.24	0.02054444
93.75	0.005455	0.00005491	93.75	0.42684444
92.91	−0.009	0.00004963	92.91	0.03484444
93.65	0.007933	0.00009778	93.65	0.30617778
94.50	0.009035	0.00012080	94.50	1.96934444
94.27	−0.00244	0.00000023	94.27	1.37671111
94.68	0.00434	0.00003963	94.68	2.50694444
93.65	−0.01094	0.00008070	93.65	0.30617778
94.25	0.006386	0.00006958	94.25	1.33017778
92.59	−0.01777	0.00025010	92.59	0.25671111
92.19	−0.00433	0.00000564	92.19	0.82204444
90.24	−0.02138	0.00037728	90.24	8.16054444
91.43	0.013101	0.00022669	91.43	2.77777778
90.35	−0.01188	0.00009855	90.35	7.54417778
90.40	0.000553	0.00000629	90.40	7.27201111
90.27	−0.00144	0.00000027	90.27	7.99004444
平均对数波动率	−0.0019553		平均价格	93.10
方差和	0.00266972		方差和	57.19182222
对数标准差	0.01185375		价格标准差	$1.73

续表

股价(美元)	股价波动		布林通道法	
	对数波动率	平方差	收盘价	平方差
标准差×$90.27	$1.07			
年波动率			年波动率	
0.01185×16	0.19		1.73/90.27×16	0.31

1个标准差的价格波动按如前所说的1年252个交易日(乘以16)进行年化后,价格扭曲就变得非常明显。请注意,该股价系列的实际波动率是19%(表的左边),而采用收盘价计算的波动率值是31%(右边)。采用价格波动数据正确地计算波动率,得到了1个标准差的单日价格波动是1.07美元。采用布林通道法的计算结果(1.73美元)有可能误导期权交易者试图采用标的证券价格波动历史特性来调整期权价格。此外,用收盘价取代价格波动幅度求得的高数值是造成上、下频带4个标准差的默认间距(距离简单移动均线上下各2个标准差)的主要原因。2个标准差的实际价格波动可望以小于5%的频度出现,而大多数证券1年只有12~15次机会触到其中的一个频带。实际中,这种扭曲导致大多数证券发出大大多于布林通道建议的交易信号。布林通道是一种上佳的股票交易工具,很多研究描述了标的证券生成信号的随机表现特点。但是,它不应该被作为平行期权定价理论的一种替代计算方法来使用。

差 动 波 动 率

波动率常常有一个可用价格波动峰值图来形象化表示的差动分量。差动分量的影响效应已经很方便地在图3.7中得到了图示,该图采用了苹果电脑公司股票(AAPL)310日价格波动数据。图中,上涨峰值始终大于下跌峰值,上涨幅度令人吃惊地大于4个标准差;而图中的下跌部分相当不错地服从正态分布,没有超过3个标准差的峰值出现,只有6个大于2个标准差的下跌峰值。

毫不奇怪,苹果电脑公司的股票在考察期内一路上扬,而且有规律地屡创新高。然而,股票一路上扬并不能保证股价上涨的幅度始终大于下跌的幅度。例如,一只股票可以上涨,但上涨幅度小于下跌幅度,而上涨频度大于下跌频度。也许,股价上涨与下跌的幅度和频度相似,但一侧出现了为数不多但很大的例外。以上各种情形都可以轻而易举地在价格波动峰值图中得到清楚的表示。

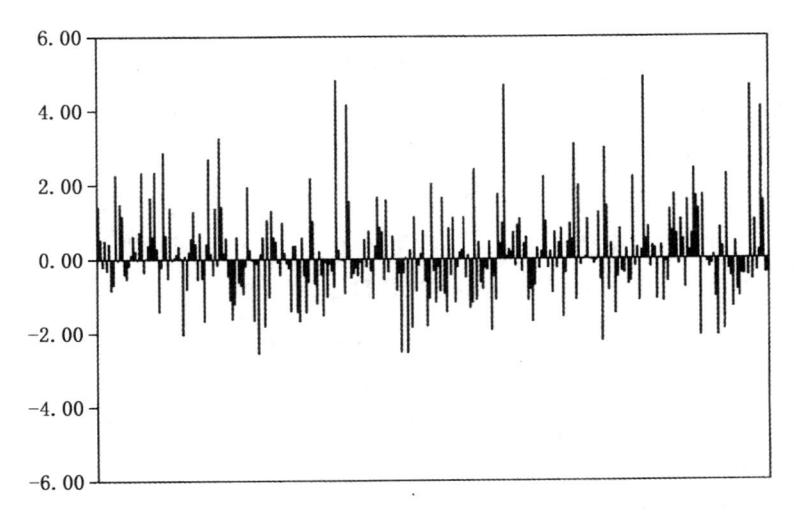

图 3.7　2005 年 10 月 19 日～2007 年 1 月 12 日用标准差（10 日时窗）表示的苹果电脑公司股价波动峰值

在制作图 3.7 时，苹果电脑公司股票的看涨期权以 48% 的隐含波动率交易，而看跌期权则以 41% 的隐含波动率买卖。图 3.7 显示，苹果电脑公司股票的看跌期权定价过高，因为 7% 的隐含波动率不足以解释图中的差异。因此，一笔出色的交易可能是卖出定价过高的看跌期权以买入看涨期权。灵巧的交易者在出现第一个高上涨峰值以后平仓重新开始。如果这波行情结束，而且价格波动峰值分布开始趋于均等，那么，这些变动将在更新后的价格波动峰值图中清晰可见，历史波动率的巨大涨跌落差通常不能适当反映在实际期权价格中。苹果电脑公司股票定价适当的看跌期权和看涨期权可能代表着套利机会。职业投资者会抓住机会买入看涨期权、卖出看跌期权并且投资于股票和债券组合差价套利（卖出股票/买入债券）。这样，套利机会很快就会消失。这种自纠效应实际上阻止了苹果电脑公司股票的看跌期权被正确定价，并且创造了结构单一的交易机会。从统计学的角度讲，在这样的条件下卖出虚值裸露看跌期权是有意义的，因为它们定价过高，并能带来稳定的盈利。以上分析在 2007 年 1 月 28 日得到了验证。那天，苹果电脑公司股票在前天晚上公布了令人失望的财务报告后开盘下跌 2.88 美元。1 个标准差的股价波动是 3.11 美元。因此，用标准差来表示，苹果电脑公司那天的股价下跌峰值只有 0.93 个标准差。在利空消息下小得令人惊讶的股价下跌峰值验证了图 3.7 的预测力，一个在前晚收盘前以季报公告前上涨了 92% 的波动率卖出看跌期权的交易者就有可能实现巨大利润，因为苹果电脑公司股票看跌期权的价格从收盘时的 1.00 美元下跌到了第二天开盘时的 0.40 美元。苹果电脑公司的股票期权距离到期日还剩 2 个交易日,而我们的投资者想通过敞开头寸来赚取全部 1.00 美元的利润。这种策略是一种几乎始终会赔钱的纯粹赌博。初始想法是利用上涨了的波动率来交易赢利,只要波动率下降,所持期权定价合理,这种交易就成为一种方向性赌博。结果,苹果电脑公司股票在剩下的 2 个交易日里又下跌了 3.00 美元,而期权到期时具有实值。

同样重要的是应该知道,股价下跌高峰值的全部风险可能要比读者想象的有限,因为裸卖看跌期权有点像买入标的股票。如果投资者不愿出售看跌期权,就应该重新考虑与股票多头头寸相关的风险。然而,期权提供了杠杆比率,因此必须记住不要持仓过大。如果股票变得深度实值,那么,每 10 份期权合约就变为 1 000 股股票。我们将在第 5 章"如何管理基本期权头寸"里详细讨论与裸露空头头寸相关的数理逻辑和风险问题。

如何根据波动率周期交易

结构化头寸以可预测的方式来回应波动率的上涨或者下跌,因此,预测波动率上涨、下跌和保持不变的能力能够提供重要的优势。有些股票呈现出颇有特点的由高波动率期和低波动率期构成的波动率周期。不像其他类型的周期性特点,重复性波动一旦出现就不容易消失。市场缺乏波动率消除机制,因为它们无法赋予标的股票某一特定的变动方向。

由于很多原因,波动率会出现周期性涨跌。例如,石油公司股票因为炼油厂季节性的燃料油生产而变得波动不定,还因为飓风季节墨西哥湾钻探设备停止生产而变得更加波动不定;汽车的汽油消耗量也常会因季节转换而起伏不定;最后,石油公司股票价格的波动率还会因为美国能源部的石油库存报告而每周涨落不定。在如图 3.8 所示的埃克森美孚公司股票 1 年波动率图中出现了明显的有规律的重复性周期序列。一般而言,股价波动本身是一个围绕固定值上下波动的随机过程——具有均值回归性。如果当期波动率处于低位,那么就趋向于上涨;如果当期波动率处于高位,那么就趋向于下跌。均值回归是图 3.8 显示的周期序列背后的驱动因素。

虽然图中的周期并不完美,但峰值和波谷还是比较容易辨识的。对于期权交易者来说,这个信息非常重要,因为它能方便比较精确地评估期权合约的价值。隐含波动率不能反映如图 3.8 所示的周期系列,就会创造可用来赢利的统计意义上的套利机会。如图所示,埃克森美孚公司的股票期权全年按照 22%~

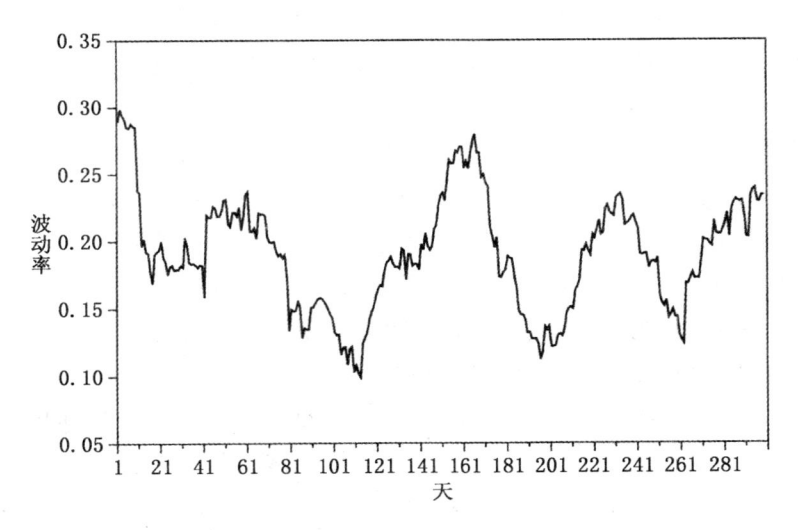

图 3.8 采用 20 日滑动时窗计算的埃克森美孚公司(交易代码:XOM)股价 300 日波动率

23%的隐含波动率定价,因此在峰值上价格并不高,而在波谷上则价格被定高了。该图还显示了每个大周期的近似长度。建仓决策应该考虑隐含波动率和合理波动率之间的相对差异以及交易时界。在峰值上买入的价格被定低的期权合约会受到标的股票稳定性不断增长的影响;而在波谷卖出的价格被定高的期权合约会受到标的股票不稳定性不断增强的影响。因此,确保建仓时界不跟标的股票高波动率与低波动率过渡期重叠是很重要的。就这一点而言,最好在标的股票的波动率跌破期权隐含波动率时就平掉长仓,而在标的股票波动率上涨时回补建立短仓。不过,如果隐含波动率开始反映标的股票的表现,那么应该在隐含波动率从波谷上涨到峰值时持有长仓,并且在隐含波动率从峰值跌到波谷时持有短仓。在这样的情形下,长仓可得益于隐含和实际波动率的上涨,而短仓则能得益于波动率的波动和期权的因时减值效应。

偏斜波动率:波动率微笑曲线

就如我们已经看到的那样,标准期权定价模型常常不能适用于偶然出现的股价大幅波动通过突然拉开实值期权的履约价格而造成严重损失的极端情形。应对这个问题的一个方法就是把布莱克-斯科尔斯式定价与所谓的"波动率微笑"结构整合在一起。构建这样的混合模型是为了把标的股票或指数的未来概率分布不服从对数正态分布的情形纳入模型。微笑曲线有一种不同的形态,因此能用一种把隐含波动率作为固定到期日期权履约价格函数的曲线图来形象地表示。区分微笑曲线与测度时间的隐含波动率效应的期限结构十分重要,期限结构可用到期月的平值期权隐含波动率曲线图来表示。随着到期日的临近,期限结构的特性倾向于压缩微笑曲线的形状。如果我们绘制一组月度波动率微笑曲线,那么就会发现微笑曲线的形状随着时间的推移会变得不那么明显。有时,经验丰富的交易者会利用这一信息制表反映针对每个到期日和履约价格的精确隐含波动率。

1987年10月股市崩盘(其间虚值看跌期权的价值稳步攀升)后,波动率微笑曲线变得更加明显。自那以来,股票和指数期权的隐含波动率分布明显负偏,即隐含波动率往往随着履约价格的下降而上涨。这一效应会导致虚值看跌期权的价格高于布莱克-斯科尔斯理论所预测的价格。此外,由于看涨期权与看跌期权的平价决定这两种期权履约价格与隐含波动率之间的关系相同,因此,实值看涨期权应该价格较高。图3.9是采用2007年1月19日市场收盘时(苹果电脑公司的股票报收于88.68美元)的期权合约价格绘制的2007年2月苹果电脑公司股票期权波动率微笑曲线。

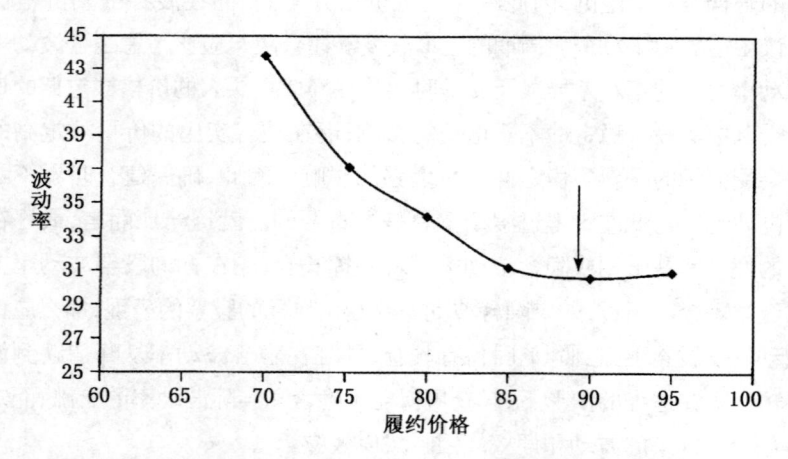

图3.9 苹果电脑公司股票期权2007年2月的波动率微笑曲线。数据取自2007年1月19日市场收盘时。苹果电脑公司股票收盘价在图中用垂直箭头标注。

图中的微笑曲线显示了布莱克-斯科尔斯定价模型的一个重要扭曲。如图3.9所示,随着期权履约价格的上涨,期权价值会相对于平坦的微笑曲线下降。在图右边附近,期权的价值远低于根据未经调整的布莱克-斯科尔斯模型预测的价值,因此,虚值看涨期权的价值被严重低估。从交易的角度看,这一扭曲可被解释为:如果股票(或价格)上涨,波动率就会下跌。相反,低履约价格上的高价值说明,如果股票下跌,波动率就有望上涨。对于大部分股票、股票指数和受到密切关注的 VIX 指数来说,这个特性显而易见。这条微笑曲线在形状上不同于其他金融工具的微笑曲线。例如,外汇期权根据以平值为中心的对称的波动率上涨来定价,无论期权是具有实值还是虚值,波动率都会上涨。

偏度与峰度

偏度和峰度是两个量化实际频度分布与真正的正态分布之间差异的参数。偏度可用来量化曲线相对于对称轴的偏斜方向和程度。如果曲线尖顶左移、右尾较长,那么就是正偏态分布;相反,如果曲线尖顶右移、左尾较长,那么就是负偏态分布。用交易术语来说,正偏态分布曲线表明高正峰值过多,从而拉长了正偏尾,而负偏态分布曲线则说明高负峰值过多;完全正态分布的偏度为 0。

峰度是一种度量曲线峰态——峰顶高窄或矮平程度——的指标。峰顶高窄的分布峰度为正峰度,而峰态矮平的分布则为负峰度。用交易术语来说,正峰度是由很小和很大幅度的价格波动次数的增加以及中间水平价格波动次数的减少造成的。大多数市场呈正峰度:大量的价格波动峰值小于 1 个标准差,并且伴随着数目惊人的大于 3 个标准差的价格波动峰值。只有很少的股票呈负峰度——只有很少的价格小幅和大幅波动,而有大量的中幅波动。目前的股票指数没有一个呈现负峰度。图 3.10 显示了高峰度与中性峰度之间的区别。

区分高峰度与低标准差分布,具有重要的意义。虽然一个以过多的价格小幅波动为特点的分布有可能呈现出夸张的峰值,但会因大峰值数量减少而呈现较小的两尾。在期权合约价格中反映较小的波动率并不一定合适,因为波动率分布仍不正确(非对数正态)。在发生重大金融事件(如收购公告)后,有时股票会呈现这种特性。在价格发生大幅波动以后,股票往往在一个由收购条件限定的很窄的价格区间内交易。这些股票的期权交易是很难做的,因为无法知道它们的适当分布曲线,而价格几乎总是呈现偏态分布。

我们常用四个参数或者矩来描述分布形态。第一个矩定义均值(通常为 0),第二个是方差。偏度采用第一和第三个矩来描述,而峰度则用第三和第四个矩来描述。我们对这四个矩定义如下:

$$m_1 = 1/n \sum_{i=1}^{n} (x_i - X)$$

$$m_2 = 1/n \sum_{i=1}^{n} (x_i - X)^2$$

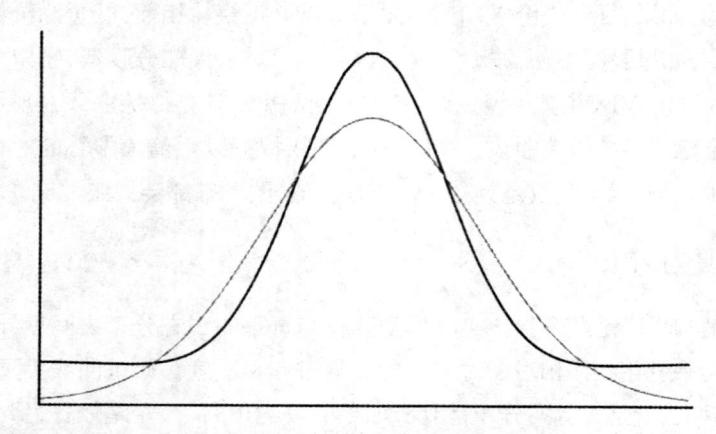

图 3.10 高峰度与中峰度比较。细线表示正态峰度分布曲线，粗线表示正峰度分布曲线。

$$m_3 = 1/n \sum_{i=1}^{n}(x_i - X)^3$$

$$m_4 = 1/n \sum_{i=1}^{n}(x_i - X)^4$$

式中，X 表示价格波动平均幅度。

一个分布的偏度和峰度采用以上四个矩以下列方式来定义：

$$偏度 = \frac{m_3}{m_2\sqrt{m_2}}$$

$$峰度 = \frac{m_4}{(m_2)^2} - 3$$

请注意，在最后一个方程式里，我们从 $\frac{m_4}{(m_2)^2}$ 的计算值中减去 3。中性峰度的值是 3，减去 3 后就剩下了通常所谓的"超峰度"。为方便起见，我们设中性峰度为 0，并且计算超峰度。

结束语

除了波动率外，用来给期权定价的每个参数都有确切的已知值。由于期权合约的价值直接取决于波动率，因此，精确估算波动率是期权交易者必须掌握的一种关键技能。此外，波动率变化会在期权合约价格中被显著放大；波动率翻番能导致期权价格上涨数倍。

第 3 章 波动率

波动率被定义为股票在 1 个交易年度内发生 1 个标准差的价格波动。波动率有隐含和历史两种基本形式,历史波动率源自有期权交易的股票、指数或期货的价格波动历史,而隐含波动率则可采用布莱克－斯科尔斯期权定价模型直接由期权合约价格推导而来。隐含波动率与历史波动率之间的差异常常表示能通过交易赢利的统计意义上的套利机会。

波动率可用固定长度的滑动时窗来计算。覆盖较长时间框架的较大时窗往往能够平滑高峰值,较短的时窗允许做"较细"的观察,但能方便短期分析。根据历史波动率度量的价格波动系列可用标准差来表示,并在图中被表示为价格波动峰值系列。这种图表对于图示和研究价格波动特性很有用处。

历史波动率常有周期性特点。如果隐含波动率按相同的周期波动,那么,在波动率处于波谷时构建长仓并且在波动率处于峰值时构建短仓,通常是说得通的;相反,如果隐含波动率相对保持不变,那么,在标的证券波动率接近低点时卖出价格被定高的期权合约并在标的证券价格比期权合约更加波动不定的峰值上买入期权,通常就能盈利。在以上两种情况下,当长仓被判定定价过高或者短仓定价过低时就应该平仓了结交易。

我们常用波动率微笑曲线来修正布莱克－斯科尔斯定价模型,波动率微笑曲线一般会导致虚值看跌期权和实值看涨期权相对于布莱克－斯科尔斯定价理论显得定价过高,并导致高履约价格(高于期权价值)的期权合约定价过低。1987 年股市崩盘后,波动率微笑曲线的作用因与看跌期权短仓相关的风险认知而变得更加明显。从交易者的角度看,市场通常把价格上涨视为一种稳定指示器,因此会降低高履约价格期权的未来价值;相反,与下跌行情相关的不稳定会使低履约价格期权合约溢价。

偏度和峰度是另外两个度量分布形态的指标。正偏态分布峰顶左移,拉长正尾;负偏态分布正好相反,峰顶右移,拉长负尾。峰度可描述分布的"峰态"。正峰度表示高尖的峰顶和大尾;而负峰度具有中间峰值多、大峰值和小峰值少的特点,分布曲线的峰顶矮而宽,而尾巴则小。

在深入动态分析特定结构化头寸前,下一章简要论述某些影响很多不同类型期权交易的最重要问题,旨在补充我们对期权定价理论的概述,并且作为本书以后各章的基础。

补充读物:

Gatheral, J., *The Volatility Surface: A Practitioner's Guide*: John Wiley and Sons, 2006.

McMillan, L.G., *McMillan on Options*, New York-Singapore: John Wiley and Sons, 1996.

Natenberg, S., *Option Volatility and Pricing*, Revised Edition, New York: McGraw-Hill/Irwin Professional Publishing, 1994.

Rubinstein, M., "Implied Binomial Trees," *Journal of Finance* 69, no 3 (July 1994), pp. 771—818.

第4章 总 论

本书要论述动态管理结构化期权头寸的不同策略,"结构化"一词在这一背景下具有重要的意义。凡是期权头寸,无论复杂程度如何,都有一个规定其随标的证券价格的波动和期权到期日的临近如何表现的结构,由多头和空头部位构成的复杂期权头寸有可能导致管理混乱。譬如说,看涨期权可能因其在交易头寸中的占比而在某天呈现净多头,而第二天因标的证券价格快速上涨而出现了净空头,即使是简单交易也可能经历惊人的性质变化。

理解期权头寸关于因时减值和标的证券价格波动的特性,仅仅只是个开始。在开建新仓时和在交易的整个生命周期中,我们必须考虑很多其他因素。以下就是一些期权交易中经常会遇到的最难处理的问题:

- 买卖价差:买卖价差比大多数交易者认为的更加易变,并且受到很多参数的影响,这里仅举几例,如到期月份、流动性、标的证券的表现、新的意外事件、即将到来的周末和节假日等。对于虚值期权,买卖价差可能要占潜在利润的很大比例,它们的影响效应因交易复杂性的提升而增大。由看跌期权和看涨期权多头和空头部位构成的期权头寸,虽然预期回报还不到 2 美元,但其合并买卖价差有可能超过 60 美分。必要的头寸调整有可能产生双倍的影响,在期权到期前平仓至少还能使每个部位再增加 5 美分。

- 波动率涨落:波动率看似很小的波动有可能显著影响期权价格。波动率往往随着季报公告或其他计划事件的临近而上涨。当整个市场变得不稳定或者标的证券价格急剧下跌时,波动率也会上涨。相反,波动率可能在某个交易日的最后几分钟里、随着周末的到来、在股价上涨或在市场变得更加稳定时、发生新的事件以后、交易量小或者在到期周期里下跌。

- 买权和卖权平价关系背离:当市场认为出现上涨行情的几率不同于出现下跌行情的几率时,通常会以看跌期权和看涨期权差别化定价方式做出回应。有时,差别是由关于利好消息会产生不同于利空消息的影响效应的预期造成的。

譬如说，市场或许认为上涨行情可能较小，而下跌幅度则会很大。当分析人士做出很高的收益预期，且相关股票表现又很好时，情况就会如此。令人失望的预期可能会引发过度的惩罚，看跌期权的价格就倾向于被定高。此外，随着空头头寸的减少，出现扩展下跌峰值的几率就会增加(空头回补通常能使快速下跌的价格企稳)，期权头寸会因为它们对这种平价关系的扭曲的敏感性而发生很大的变化。然而，买卖价差和佣金通常会导致难以利用这种平价关系扭曲来套利，即使买权和卖权平价关系出现很大的背离，也可能难以利用。在很多情况下，这样的平价关系破裂有可能提供关于股票可能走向的线索。

● 流动性：大额期权交易要比小额交易难做得多。二级期权交易队列常常显示，某一特定价格的合约卖盘或供给量很小。当一级期权交易队列不能完全满足一份订单时，这样的流动性不足就会改变实际买卖价差。奇怪的是，当标的股票交易清淡时，这个问题能影响即便是很小的头寸，而且还会导致在一个快速变化的市场上无法平仓。散户投资者在这方面常常拥有一定的优势，因为他们能够在线交易；而买卖合约数以千计的机构投资者必须进行交易谈判，并且缺乏快速调整的灵活性。

读者应该学会识别以上因素之间的直接关系。例如，低水平的流动性以及买权和卖权平价关系背离两者都会扩大买卖价差。不同的交易参数相互影响是说得通的，因为它们在每个方面都有数学关系。这一章旨在根据这些关系来构建一个可用来论述不同结构化头寸动态演化问题的框架。

买卖价差套利

买卖价差套利提出了一个与头寸复杂性相称的严重挑战，我们将用一种非常流行的所谓"鹰式交易"的四部位交易来加以说明。这种交易由一笔空头跨式套利或者宽跨式套利[1]交易与按较高履约价格买入的期权多头构成，并且可形象地图示为牛市垂直信用套利与熊市垂直信用套利的组合。我们来考察 2007 年 1 月 25 日下午围绕西尔斯公司交易价为 175.55 美元的股票、距离到期日还有 23 天的期权构建的鹰式交易头寸。表 4.1 列示了这笔交易的数据。

表 4.1　适合做鹰式交易的西尔斯公司股票(交易代码：SHLD)期权(2007 年 1 月 25 日)

	看涨期权($)			看跌期权($)	
履约价	买入价	卖出价	履约价	买入价	卖出价
175	5.00	5.20	155	0.25	0.35

续表

看涨期权($)			看跌期权($)		
履约价	买入价	卖出价	履约价	买入价	卖出价
180	2.70	2.85	160	0.50	0.65
185	1.30	1.45	165	1.05	1.15
190	0.60	0.70	170	2.05	2.15
195	0.25	0.35	175	3.90	4.00

多个可能的履约价格组合可用来执行这笔交易。假定我们买入履约价格为190美元的看涨期权和履约价格为160美元的看跌期权，并且卖出履约价格为185美元的看涨期权和履约价格为165美元的看跌期权。以买入价买入并以卖出价卖出，就能构建一个净空头1美元的头寸。如果一切顺利的话，空头部位的期权可能以虚值到期，并且过23天就能赢利1美元。

然而，如果立刻了结这笔交易，那么就得花费1.5美元(即以买入价回购空头部位的期权，并以卖出价卖出多头部位的期权)。因此，这笔交易意味着直接损失，而在股价不发生重大波动的情况下，这笔交易需要10天稳定的因时减值才能不赚不赔打个平手。更糟糕的是，损失巨大——50%。实际上，50美分成了交易成本——每10份期权合约的交易成本是500美元。而且，如果西尔斯公司的股票在等待期内价格大幅波动，那么，我们必须调整手中的头寸。除了交易失败造成的更大亏损外，这些变化还会导致与有待完全做成的买卖价差套利相关的账面亏损。这个问题常会导致经验丰富的交易者构建复杂的头寸：先做相对较小的交易，然后在每次调整时扩大交易规模。第一次调整必须把交易规模扩大到足以补偿两轮买卖价差套利的损失，包括交易失败的初始亏损和交易费用。请记住，随着期权到期日的临近，风险—回报比率趋于上升。譬如说，如果距离到期日还剩4天，空头部位的期权每份只值10美分，即卖出价0.05美元，买入价0.10美元，那么，与其冒标的股票价格大幅波动的风险，还不如提早了结交易更有意义。不幸的是，提早了结交易又会实际增加10美分的买卖价差。如果我们一开始就采取这种风险管理策略，那么，我们的交易每份期权只值0.90美元，而买卖价差套利的成本可能要高达67%。

我们可以选择相距更大的履约价格来构建多头部位和空头部位的头寸。如果与上面一样，我们卖出履约价格为185美元的看涨期权和履约价格为165美元的看跌期权，但买入履约价格为195美元的看涨期权和履约价格为155美元的看跌期权，那么就有净空头头寸每份期权价值1.65美元，结清这笔交易的成本是每份期权2.10美元——亏损0.45美元或者27.3%。如果我们结清多头部位的交易,并且构建一个每份期权价值2.35美元的单边空头头寸,那么,结清成本仍有0.25美元或者10.6%。但是,无担保空头头寸有较高的担保要求,因此,除了风险增加外,还必须考虑担保资金的机会成本。[2]很多交易者认为,可变部位较少、比较简单的头寸在简便和成本方面远远胜过像鹰式头寸那样比较复杂的套期保值头寸;而另一些交易者则认为,应该通过构建规模尽可能大的像鹰式头寸那样的比较保守的套期保值头寸来利用其较低的担保要求。我们将在第6章"如何管理复杂头寸"里更加详细地论述复杂头寸动态构建问题。

之前,我们应该先讨论一个非常重要的当代交易问题——分步建仓(legging in)问题。交易者一般认为,自己能通过观察股票表现并且在适当的时候执行每一单部位交易来利用买卖价差进行套利。有些交易者等待消息发布,并且到股票开始波动时进行某一单部位交易,然后等待时机再进行另一单部位交易[如果股票因利空消息而下跌,他们就卖出看涨期权并(或者)买入看跌期权;相隔不久再买入看涨期权并(或)卖出看跌期权]。另一些交易者则根据不同的技术指标来安排执行单部位交易的时间。大多数交易者能够以低于50%的几率成功地"击败"买卖价差。读者不应该忽视为典型的买卖价差套利交易所需的价格波动幅度。例如,如果某一期权的Δ值是0.20,那么,10美分的价差套利就需要标的股票价格波动50美分。如果有交易者能够可靠地预测标的股票价格在短期内将出现50美分的波动,那么应该没有兴趣构建复杂的期权头寸,因为当日股票交易可能带来更高的回报。同样,如果交易者不认为自己能够通过很快的当日交易来赢利,那么就不应该预期能"击败"任何买卖价差。职业交易者通常都会提防"自信",并且把买卖价差看作是做买卖的成本。

在讨论买卖价差套利可能性问题时,区分不同种类的投资者也十分重要。买卖不超过100份期权合约的散户投资者常常比买卖动辄数百或数千份合约的对冲基金和其他大投资者做得好。对于大额交易,观察交易队列以预期交易执行时最有可能实现的买卖价差,也是重要的一环。鉴于散户投资者通常能以"较好"的买入价和卖出价进行在线交易,因此,大额交易可利用买入价较低、卖出价较高的低水平价差交易队列来完成。对冲基金通常通过清算经纪人在期权交易柜台上执行交易,与散户在线投资者相比,它们一般要经历令人可怕的交易执行过程;而大机构投资者,如投资银行,则拥有明显的优势,因为它们订立期权合约,并直接在交易所进行交易。不像大多数散户投资者,它们可以利用期权分值定价系统,这个优势在期权到期前的最后一个交易日就变得显而易见。最后一日的交易通常包含区区几美分的时间价值。结果,最后的实值期权买入交易通常由行权成本很小的大投资者完成。此时,买卖价差通常被收窄到 5 美分,但也有可能较大。

买卖价差还受到非常短期的波动率波动的影响。当标的证券高度不稳定时,买入价倾向于下跌,而卖出价则倾向于上涨。这种特性合乎情理,因为当标的证券表现飘浮不定时,买方容易多付,而卖方则可能相对于其所承担的风险没有得到应有的补偿。此外,如果不稳定持续下去,波动率就会上升。波动率趋升的看跌期权会向买方施压,并且迫使买入价下跌。

最后,买卖价差有时也会受到期权到期前剩余时间的影响。虽然买卖价差往往随着到期月的流逝而扩大,但按总价的百分比计算通常会下跌。这个影响效应会导致远期期权相对比较便宜。从买卖价差的角度看,短期深度虚值期权的价格最贵,在线经纪软件大多试图通过在确定账户总价值时按照买入价和卖出价的均值计算期权合约价值的方式来部分解决这个问题。

波动率涨跌

波动率的微妙变动会对期权价格产生巨大影响。图 4.1 对根据布莱克—斯科尔斯公式并采用以下参数计算得出的影响效应进行了图示:

股票价格:135 美元

期权履约价格:145 美元

剩余天数:30 天

无风险利率:5%

波动率变动幅度:25%~33%

波动率从 30% 下降到 27% 的变动导致期权价格从 1.50 美元下跌到 1.15 美元——下跌 23%。图中所用的参数严格反映了一个由石油服务公司组成的交易所交易基金——石油服务控股证券信托基金(Oil Service HOLDRS Trust,交易代码:OIH)的参数。该基金股票期权的买卖价差在正常情况下是 10 美分。由于计算通常会产生中点,因此要在买入价中增加 5 美分,并且从期权的实际价值中减去 5 美分。这样,波动率突然发生 3% 的波动,会使期权价格从 1.55 美元下跌到 1.10 美元——29% 的跌幅。

OIH 股票是很多隐含波动率经常发生急剧波动的股票之一。例如,2007 年 1 月 23 日,该基金股票在开市后的头 30 分钟里上涨了 1.53 美元,比前一交易日

期权交易波动率前沿

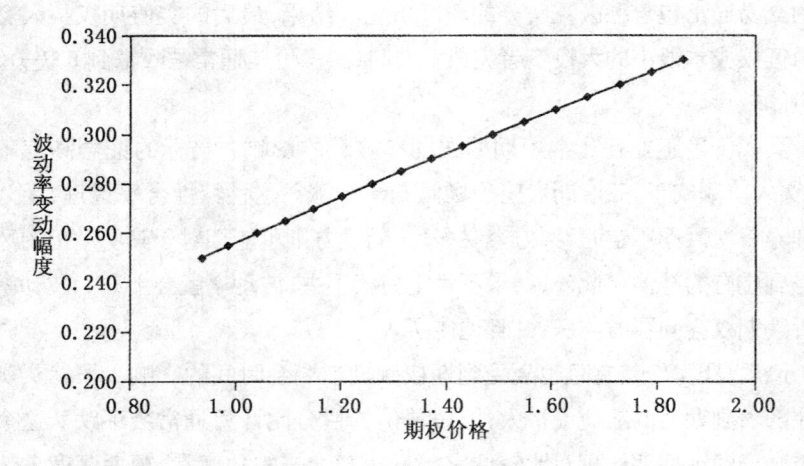

图 4.1 距离到期日还有 30 天的波动率变动幅度与期权价格

的收盘价高出了 1.13 美元。看涨期权买方应该已经实现了相当于股价涨幅 2% 的隔夜收益,但看涨期权损失了 3% 的波动率,而标的股票则在上涨。更糟糕的是,隐含波动率的变动包含显然是一夜之间发生的 2% 的下跌。在股票价格开盘 30 分钟上涨后,履约价格为 145 美元的虚值看涨期权却以低于前一交易日收盘价的价格交易。这个问题还掺杂了每天 6 美分的因时减值以及在 10～15 美分之间浮动的买卖价差。一个在前一交易日中午买入看涨期权的投资者在股票以 133.24 美元的价格交易时可能支付了每份期权 1.25 美元的价格,而在股价上涨 2% 以后可能要蒙受每份期权合约 25 美分的或有损失(按买入价计算)。表 4.2 列示了这笔交易的相关数据。

表 4.2 OIH 股票履约价格为 145 美元的看涨期权(2007 年 1 月 22～25 日)

日期	交易时间	股价	隐含波动率	买入价	卖出价
01/22/2007	12:00:00p.m.	$133.24	0.33	$1.15	$1.25
01/22/2007	4:00:00p.m.	$132.49	0.33	$1.00	$1.10
01/23/2007	9:30:00a.m.	$133.62	0.31	$0.95	$1.05
01/23/2007	10:00:00a.m.	$135.15	0.28	$0.95	$1.05
01/24/2007	4:00:00p.m.	$136.25	0.25	$0.80	$0.90
01/25/2007	4:00:00p.m.	$133.25	0.30	$0.70	$0.80

曲线用波动幅度百分比表示,随着偏离履约价格的距离的增大而变得陡峭。如果我们买卖履约价格为 150 美元的期权,那么,期权价格就会从 1 月 22 日中

午的0.65美元下跌到1月23日10：00时的0.35美元,尽管标的股票价格上涨了20％。我们需要股价上涨接近4.00美元才能抵消这笔损失(期权的Δ从0.09上涨到了0.12)。由于OIH股票在1月22日上涨1个标准差相当于上涨2.35美元左右,因此上涨4.00美元是相当大的涨幅。[3]请不要忘记,我们试图抵消的波动率下降幅度是由只相当于这个金额一半的涨幅促成的。此外,在以后的24小时里,OIH股票的交易价格继续上涨,而隐含波动率则在最终稳定在略高于25％的水平之前又下跌了2％。在这个时间框架里,该股票的看跌期权和看涨期权价值都有所减少。在1月24日收盘时,OIH股票按136.25美元的价格交易,比我们开始考察时的价格上涨了2.3％,而履约价格为145美元的看涨期权价格下跌到了0.85美元。第二天,股价从136美元跌到了略高于130美元的水平上,而隐含波动率重又回到了30％,因而部分减少了看涨期权的价值。2天的因时减值、买卖价差以及3％的波动率下跌导致看涨期权的初始价格1.25美元跌掉了0.55美元,即下降了44％。相反,在股价上涨时,看跌期权的波动率则基本维持在36％的水平上。在股价从136美元跌到133美元期间,买入看跌期权就能同时得益于股价下跌和波动率上涨。这一非对称特性对于进行跨式套利的投资者来说意义重大,因为交易业绩趋降。我们将在第5章"如何管理基本期权头寸"里详细论述如何动态分析跨式套利和宽跨式套利的问题。

就如我们在上一章里所看到的那样,隐含波动率也能在从几天到几个月较长的时间框架里上涨和下跌。波动幅度通常很大,因此,波动率涨跌的期权价格效应同样引人注目。最著名的一个例子就是几乎总伴随着季报公告的扭曲。期权价格一般与某个具有一定规模波动峰值的认知风险成比例上涨,而隐含波动率本身是价格的一个表征。例如,如果一只价格为100美元的股票具有每次季报公告都会迅速波动10％的历史,那么,期权卖方会赋予履约价格100美元的看涨期权和履约价格为90美元的看跌期权以高风险。先前波动峰值的易变性往往会提升认知风险,甚至驱使期权价格走高。表4.3列示了西尔斯公司5次季报公告后股价波动的数据。

表4.3　　　　西尔斯公司5次季报公告后的股价波动数据

日期	股价波动幅度(％)	股价变动幅度(标准差)
2006年11月16日	−5.5	−3.600
2006年8月17日	−5.8	−3.100
2006年5月18日	13.0	9.700

续表

日期	股价波动幅度(%)	股价变动幅度(标准差)
2006年3月15日	12.8	11.600
2005年12月6日	5.4	2.900

价格波动峰值大约位于5%到13%之间(2.9～11.6个标准差)。[4] 由于掌握这些数据的卖空者没有可靠的方法来预测下次季报公告能引发的价格波动峰值，因此往往行动谨慎。但是，即使最谨慎的卖空者也仍有可能在2006年3月遭受严重的亏损。相反，在8月或11月季报公告时构建长仓的期权买方会因每次季报公告后波动率大跌而明显多付，并且实际损失其全部投资。

我们可以计算对应于2006年3月股价波动峰值的期权波动率。就在季报公告前的3月14日股市收盘时，西尔斯公司的股票以117.27美元交易，期权还剩4天——于3月18日星期六下午5:00——到期。我们知道，季报公告后15.02美元的股价波动幅度把履约价格为120美元的实值看涨期权的价格设定在12.29美元上。采用以下参数，我们就能算出看涨期权的公允价格：

股票价格：117.27美元

期权履约价格：120.00美元

期权到期前剩余天数：4.042(1.1%)

无风险利率：4.5%

履约价格为120美元的看涨期权的价格：12.29美元

毫不奇怪，隐含波动率非常高——274%。随着期权履约价格的上涨，价格扭曲的程度下降。履约价格为125美元的看涨期权要有211%的隐含波动率涨幅才能出现公允价格，而手握"水晶球"(指掌握预测未来的手段)的卖空者有可能在132%的隐含波动率涨幅上守住履约价格为130美元的看涨期权的公允价格(2.29美元)。履约价格为130美元的看涨期权在买入价为0.00美元、卖出价为0.05美元时仍然是虚值，并且才能被公允定价。

考虑到2006年3月的价格波动峰值，我们就不会为卖方随着5月季报公告的临近变得极其谨慎而感到奇怪，同样也不会为期待股价出现另一波动峰值的买方愿意在波动率很高时买入期权感到奇怪。买方是正确的：西尔斯公司股票确实出现了另一个巨大的价格波动峰值——9.7个标准差。市场价格通常总是保持在很低的水平上，不足以适当补偿卖方所承担的风险。结果，当股价波动幅度只有3个标准差时，期权价格因8月份的季报公告而被抬得更高。8月份，卖方取得了成功。

像很多公司一样，西尔斯公司仅仅在期权到期前几天才发布其季报公告。期权到期前最后几天的快速因时减值效应往往会加剧价格扭曲。随着到期日的临近，期权的隐含波动率倾向于急剧上涨，并且通过抵消因时减值效应来保持期权价格近似于固定不变。实际上，买卖双方都是根据绝对价格波动峰值，而不是标的证券价格的波动率进行交易。每一笔交易代表对股价波动预期的认同。一种值得注意的交易策略涉及构建能得益于波动率上涨的多头头寸，并且就在季报公告前了结交易。交易量大的股票是最佳候选对象，因为它们的期权往往会出现与隐含波动率不成比例的大幅上涨。表 4.4 列示了 5 只不同股票在期权到期周季报公告临近时出现的波动率。

表 4.4　　5 只股票在期权到期周季报公告临近时出现的波动率

交易代码	基准波动率	到期前 3 日波动率	前 2 日波动率	前 1 日波动率	到期日波动率
GOOG	0.28	0.64	0.73	0.91	1.30
SLB	0.41	0.56	0.64	0.66	0.68
AAPL	0.37	0.59	0.66	0.88	0.96
YHOO	0.31	0.45	0.54	0.72	0.81
EBAY	0.43	0.57	0.68	0.90	0.99

"基准波动率"一栏列示了反映在到期前一月平值期权价格中的平均隐含波动率；从"到期前 3 日波动率"到"到期日波动率"4 栏列示了到期前 3 天和到期日当天的隐含波动率。"到期日波动率"一栏中的数值是季报公告发布前最后几分钟交易的隐含波动率。价格扭曲很严重，因为这五家公司都在期权到期周（2006 年 7 月的数据）发布季报公告。

虽然季报公告效应具有累积性，但是，越是临近期权到期日，季报公告的期权价格效应就越明显，这一点在图 4.2 中显而易见。图 4.2 显示了谷歌公司股票期权在 2 个不同到期周期——一个包含季报公告，另一个不包括季报公告——中的隐含波动率数据。

在图的右边，我们看到谷歌公司的股票看涨期权就在季报公告前还按 130% 的隐含波动率定价。更加具体地说，履约价格 390 美元的看涨期权以 13.70 美元的价格交易。由于谷歌公司的股票报收于 387.12 美元，因此，我们可以说，期权市场预期 16.58 美元的看涨期权价格波动峰值——反映在履约价格为 390 美元的看涨期权价格中的确切数额。谷歌公司股票在第二天——季报公告后——以

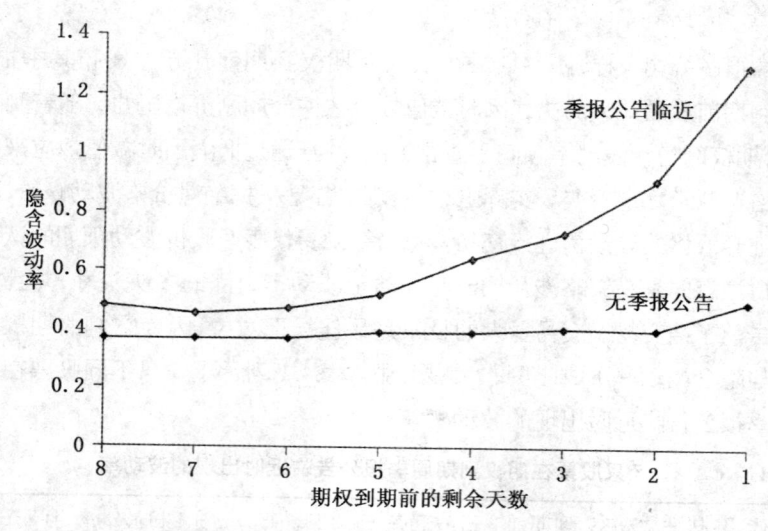

图 4.2 谷歌公司股票期权在两个不同到期周期最后几天的隐含波动率。在两个不同的到期周期中，最终数据点表示按到期周期最后一个交易日(星期五)前的星期四收盘价计算的平值看涨期权隐含波动率。在前一周期中(上线)，季报公告于 2006 年 7 月 20 日星期四股市收盘时发布；下线表示 2006 年 8 月到期周期最后几天的隐含波动率。

386.14 美元的价格开盘。在前一交易日还能卖 13.00 美元以上的履约价格为 390 美元的看涨期权最终只值几美分。因此,这回卖方赢了,买方输了。最后要提请读者注意的一点是,我们可以把每条曲线延长 1 天,以显示反映在星期五收盘价中的波动率。然而,由于在以上两个不同的例子中,星期五是期权到期周期的最后一个交易日,因此,隐含波动率会跌近 0。我们将在第 8 章"如何根据到期周期交易"里进一步探讨如何按照到期周期来设计交易策略的问题。

买权和卖权平价关系背离

买权和卖权平价关系背离是一种常见现象,但由于各种不同的原因,公众客户实际上不可能在交易中利用这种背离现象。在大多数情况下,买卖价差套利会通过提高买入价和降低卖出价来缩小套利空间。在笔者撰写本书时,履约价格为 143 美元的标准普尔存托凭证(SPDR)信托基金(一只由标准普尔指数成分股构成的交易所交易基金)看涨期权以 11.6％的隐含波动率交易,而看跌期权仅以 7.6％的隐含波动率交易。遗憾的是,两种期权每边只有 10 美分的价差。在看涨期权这边,10美分相当于其1美元价格的10%,而对于看跌期权,10美分只相当于其价格的7%。扣除交易成本和与包括期权和标的基金单位多头和空头部位在内的复杂套利交易以及债券交易相关的交易费用以后,对于公众投资者来说,潜在盈利就丧失殆尽。

与普通股和某些特定指数相比,SPDR对买权和卖权平价关系的背离只能算是"小巫见大巫"。举例而言,VIX指数看涨期权有时以接近200%的隐含波动率交易,而看跌期权则以低于50%的隐含波动率交易。这些极端差异出现在VIX指数围绕其实际下限10徘徊时,并且在2006年下半年里保持不变。聪明的交易者明白,VIX指数不可能跌得很低,因此,他们赋予VIX指数看跌期权很低的隐含波动率。不过,由于任何的市场不稳定性都可能导致VIX指数看跌期权的隐含波动率值迅速跌破其历史低位,因此,看涨期权的定价具有更大的竞争性。而且VIX指数涨破20点是完全合理的。在市场突然出现大幅调整时,这个指数很容易涨到八九十点甚至更高。由于这些原因,VIX指数看涨期权和看跌期权的价格是完全分离的。套利交易者无法从这样的聚合价差中获利,因为这种期权的标的物不能买卖——它只是一个人为计算出来的指数。

VIX指数是一个极端例子,但又是一个很能说明问题的例子,因为买权和卖权平价关系背离有可能持续很久,并且阻止很多类型的期权交易。举例而言,一个交易者觉得某只股票肯定会上涨,于是就买入看涨期权并卖出看跌期权以补偿因时减值效应。在VIX指数处于非常低的水平时,这笔交易会由于VIX指数而失败,因为看跌期权实际上没有任何时间价值。这个交易者会被迫卖出完全随VIX指数值涨跌的实值看跌期权。买权和卖权平价差大多比较微妙,但对复杂交易更具破坏力。

高盛公司股票(交易代码:GS)期权的价格可作为例子来说明这个问题。2006年12月底,高盛公司股票的看跌期权和看涨期权以平价——在24%的隐含波动率附近——交易。然而,一次出人意料的季报公告和高盛公司股票价格的快速上涨导致平值看涨期权的隐含波动率在1月底略高于29%,而看跌期权继续以24%的隐含波动率交易,因为市场对高盛公司的股票持非常乐观的态度。交易者卖出看跌期权并买入看涨期权,就能在不受标的股票价格波动影响的情况下获得相当于看涨期权价格20%的盈利。然而,如果买权和卖权平价背离的现象不复存在,那么,这笔交易就会变得非常冒险。高盛公司股票的突然下跌会意外抹去看涨期权5%的隐含波动率,但会相应抬高看跌期权的隐含波动率。假定看涨期权的隐含波动率下降5%,而看跌期权的隐含波动率上涨5%,

这样的隐含波动率变化会导致看涨期权的价格下跌20%,同时导致看跌期权的价格上涨几乎相同的百分率——相当于交易头寸总值40%的变动幅度。加上标的股票下跌导致的损失,这笔在错误的时间里完成的不成功交易显然有可能导致100%甚或更大的损失。

交易者在利用两权平价差构建股价上涨或者下跌的股票期权头寸时应该谨慎行事。如果交易是为了从期权价格朝着预期方向的持续变动中获利,那么,由价格逆转导致的损失会因平价的恢复而扩大,导致两权平价朝着另一方向背离的价格逆转具有非常大的破坏力。令人惊讶的是,通过卖出价格可能被定高的虚值期权来利用两权平价背离现象,通常比较安全。

流动性

标的证券及其期权的流动性是决定组织一笔交易是否有意义的一个关键因素。期权持仓量(或者未平仓量),即某一特定系列发行在外的期权合约数量,是一个影响流动性的关键分量。然而,未平仓量有可能引起误导,因为某天如果发生影响力很大的事件,总交易量有可能超过未平仓量。当一只股票的交易价格非常接近期权到期周期最后一天的履约价格时,就常会出现这个量级的交易量。有些股票会有规律地出现这样的表现,即在每个到期周期最后一个交易日往往以接近期权履约价格的价格交易,而平值期权显示出很高水平的流动性。

在标的股票及其期权交易量都很大,而股价波动幅度很小时,期权的买卖价差趋向于收窄,交易会快速执行。这些条件显然有利于交易者,某些流动性水平为支持不同交易规模所必需,如果目的是要买入或者卖出少量的合约,那么,低流动性几乎不是问题。然而,机构交易者很少能够找到为顺利完成标准股票期权交易所需的足够合约。因此,对冲基金和其他大投资者就会关注交易量很大的指数和股票。另一种方法就是通过主要清算经纪人的期权交易柜台来执行个性化的议价交易。遗憾的是,这种交易的灵活性不及散户交易者在线交易的灵活性。表4.5列示了反映期权合约流动性高易变特点的参数,包括若干股票2007年1月29日收盘时的期权交易量和未平仓量。

表4.5 2007年1月29日收盘时若干家公司股票的流动性参数

交易代码	收盘价	交易量(百万股)	当月平值看涨期权交易量	当月平值看涨期权未平仓量
DELL	$23.85	18	3 530	66 690
OIH	$131.71	8.7	3 687	26 591

续表

交易代码	收盘价	交易量(百万股)	当月平值看涨期权交易量	当月平值看涨期权未平仓量
IBM	$98.54	7.3	4 200	21 769
DIA	$124.82	6.7	2 973	12 788
SHLD	$176.54	1.5	607	5 830
ISRG	$97.52	0.59	281	2 426
BSC	$162.05	1.54	477	959
BOT	$171.03	0.202	262	407
BLK	$168.58	0.198	3	65
FFH	$179.70	0.194	0	21

读者应该注意到,股票价格与期权未平仓量并无相关性,期权未平仓量不会驱动交易量。戴尔公司价格为23美元的股票的期权未平仓量远多于价格几乎是前者9倍的西尔斯公司股票期权的未平仓量。费尔法克斯金融控股公司(Fairfax Financial Holdings,交易代码:FFH)的股票以略低于180美元的价格交易,但几乎没有期权交易量或者未平仓量。该公司趋向于0的低期权合约流动性与相对较小的股票交易量(19.4万股)并行不悖。虽然读者可能希望期权未平仓量与期权交易量能成比例,但实际情况常常并非如此。贝尔斯登公司(Bear Sterns,交易代码:BSC)、石油服务控股证券信托交易所交易基金(Oil Service HOLDRS Trust,交易代码:OIH)、IBM公司和戴尔公司的股票期权未平仓量与期权交易量差异十分明显。表4.5所示的这一天,表中每家公司都显示了看涨期权交易量与未平仓量明显不同的比率。如前所述,散户投资者能够成功地组织表中除黑石公司(交易代码:BLK)和费尔法克斯金融控股公司外所有其他公司的交易,大投资者则应该回避除前四家外所有其他公司的交易,而机构投资者则会发现做这几家公司的交易都有局限性。令人惊讶的是,即使是道富钻石信托基金(DIAMONDS Trust,交易代码:DIA)——一只基于道琼斯工业平均指数的交易所交易基金,对于很大的投资者来说也具有交易局限性。一笔1 000份合约的交易就相当于表中所示特定系列日交易量的1/3。

有时,观察二级交易队列更有助于理解用某一特定系列所包括的买入和卖出合约数量来表示的交易深度。表4.6列示了苹果电脑公司股票围绕期权价值状况的看涨期权交易量、未平仓量以及买入和卖出数据(2007年1月29日收盘时收集的数据,苹果电脑公司股票的收盘价是85.94美元)。

表 4.6　苹果电脑公司股票围绕期权价值状况的看涨期权(本到期周期)二级交易队列

履约价格	未平仓量	日交易量	买入价	买单数量	卖出价	卖单数量
80	10 949	2 142	$6.60	190	$6.70	144
			$6.50	354	$6.80	1 041
85	32 373	9 308	$3.00	3 360	$3.10	291
					$3.20	45
90	63 672	16 821	$1.05	2 811	$1.10	1 009
					$1.15	87

从二级交易队列中可收集到很多信息。例如,与 90 美元履约价格相关的未平仓量和日交易量大是说得通的,因为苹果电脑公司股票先以低于这个价格的价格交易,后又以显著高于这个价格的价格交易,最终在这个时点前的 3 个星期里又低于这个价格交易。与这个履约价格相关的大数量不只是未平仓量的一个反映。我们知道之所以会这样,是因为看跌期权部位的未平仓量明显更大(54 682 份合约),但日交易量却很小。表 4.7 列示了看跌期权的二级交易队列。

表 4.7　苹果电脑公司围绕期权价值状况的(本到期周期)股票看跌期权二级交易队列

履约价格	未平仓量	日交易量	买入价	买单数量	卖出价	卖单数量
80	67 909	4 147	$0.50	13	$0.55	3 112
			$0.45	4 884		1 041
85	54 682	6 015	$1.90	1 293	$1.95	357
			$1.85	448	$2.00	813
90	29 167	3 935	$4.90	2 350	$5.00	263

虽然没有一套确切阐释这些数据的规则,但牛市观已经显现。譬如说,请读者注意,虚值看涨期权(履约价格为 90 美元)的日交易量几乎是虚值看跌期权(履约价为 80 美元)日交易量的 4 倍。

从中可得出的重要结论是,高水平的流动性提供了高效率的交易环境和有用的数据。很多经验丰富的交易者认为,不研究期权交易两边多个履约价格和到期日的交易队列,就不可能得出有关某只股票表现的平衡观。当日交易者常常把交易队列作为技术指标来利用,他们跟踪有关每个履约价格的交易速度、买单和卖单数量、交易队列深度和合约总量。他们还用交易队列来确定某一特定规模交易的买卖价差。在某些情况下,有必要降低一两个级别的交易队列来发现完成一笔交易所需的足够合约。每次降级通常都会导致买卖价差的显著扩大。

结束语

期权定价理论无法解决少量影响期权交易盈利率的关键问题。买卖价差、波动率快速涨跌、买权和卖权平价关系破裂以及导致不同流动性水平的各种因素都能影响期权定价和利润。对初始条件的敏感依赖性之所以会成为交易题材,是因为其中任何一个参数的小幅变动都可能对期权价值产生显著影响。

买卖价差套利交易之所以会使复杂交易复杂化,是因为它们可以通过复杂交易的每个组成部位单独执行。买卖价差超过某个头寸总值 30% 的情形并不罕见;有时,一次单向调整就能够获得几乎全部利润。买卖价差会随着头寸规模而扩大,因为它有时为执行交易队列中买入价较低、卖出价较高的低级别大额交易所必需。对于常常被迫按议定价格追加资金来执行交易的机构投资者来说,这个问题意义重大。很大的机构之所以能够得益于成本下降,是因为它们能够直接在交易所交易。通过清算经纪人交易的对冲基金必须承担全部成本,对冲基金通常试图通过把大额交易提交到某个期权交易柜台来降低与大额交易在线执行速度慢有关的风险。在线交易的散户投资者有时能够做成出色的交易,因为他们的交易全由经纪人打包成大额交易来执行。此外,非常大的交易能够影响期权定价,而小额交易一般影响不了期权定价。

在不稳定或者缺乏流动性的环境中,期权的买入价倾向于上涨,而卖出价则倾向于下跌,这也说明交易者缺乏安全感,也反映了他们的谨慎。随着周末的临近,买卖价差趋向于扩大,以适应与波动率和因时减值效应联系在一起的风险。卖方会提防某个周末事件导致标的证券大幅波动的风险,而买方则会提防在市场关闭期间多承担 2 天的因时减值效应。

波动率这个反映在期权合约价格中的唯一不确定变量也是一个高度易变的变量,它因各种不同的原因而上涨或者下跌。交易者有时会因看涨期权价格下跌、标的股票价格上涨而感到意外。这种影响效应源自随着股票持续稳步上涨而下跌的波动率。受到密切关注的 VIX 指数反映了这种特性,因而成了市场稳定性的参考基准。季报公告对波动率的影响几乎大于任何其他计划事件对波动率的影响。隐含波动率往往随着季报公告的临近而稳步上涨,而后就迅速下降。在期权到期前的最后几天里,期权价值由某个特定波动率波动峰值而非历史波动率的认知风险驱动。隐含波动率上涨,仅仅是因为期权价格上涨。当公司在期权到期前的周末发布季报公告时,季报公告效应就非常明显。利用这种情形的一种交易策略就是在季报公告前几天买入看跌期权和看涨期权,把波动率曲线控制在最高位置,并且就在季报公告前平仓。一些卖空者和买家采取一些比较传统的策略,前者冒险在季报公告前最后一天卖出波动率已经上涨的期权,而后者因为期盼标的股票发生非特性波动而以上涨后的价格买入期权。想要确定一个合理的隐含波动率区间,重要的是分析源自既往季报公告的数据。改用标准差来表述数据是数据分析的关键,因为它能在股票价格和/或波动率不同时超越时间来平整"竞技场"。

买权和卖权平价关系破裂的情形经常出现在市场对某只股票或者某个行业持牛市或熊市观时。交易成本和买卖价差通常会导致不可能通过套利来赢利。但是,如果两权平价关系破裂的情形消失,而且波动率趋于均等或者逆转,那么就有可能赢利或者亏损,具体取决于构建怎样的交易头寸。

流动性之所以重要,是因为它会影响其他参数,并且最后决定交易是否能够顺利执行。跟踪流动性的最好方法就是观察包括未平仓量和日交易量以及每次交易和每个履约价格买单和卖单数量信息在内的期权二级交易队列。很多交易者注重观察交易队列,而不是有关牛市或者熊市情绪的线索;而当日交易者有时把二级交易队列作为一种技术指标,并且常常把市场流转速度添加到交易队列深度以及不同价位的买单和卖单规模这样的其他参数中。情况复杂,需要经验才能解释清楚。

第 5 章开始分析特定的结构化头寸,先集中论述基本的看跌期权和看涨期权买入和卖出交易、跨式套利和宽跨式套利以及担保交易。我们的分析将以理解期权定价、波动率和这一章进行的有关特殊交易的论述为基础,目的是要构建一个动态管理简单和复杂期权头寸的可扩展框架。

补充读物:

Chicago Board Options Exchange, "Hedge Funds and Listed Options: Portfolio Management Strategies,"*CBOE Investor Series*, paper no 5, 2001.

Cohen, G., *The Bible of Options Strategies: The Definitive Guide for Practical Trading Strategies*, Australia-Malaysia: Pearson Education Publishing as Financial Times-Prentice Hall, 2005.

Thomsett, M., *Getting Started in Options*, New York: John Wiley & Sons, 1993.

Thomsett, M., *Options Trading for the Conservative Investor*, Australia-Malaysia: Pearson Education Publishing as Financial Times-Prentice Hall, 2005.

尾注：

1. 一个跨式套利组合由履约价格相同的看跌期权和看涨期权的空头或多头部位构成；而宽跨式套利组合则可利用不同履约价格的看跌期权和看涨期权来构成不同部位的交易头寸。

2. 担保要求是价值较大部位的合约所代表的标的股票价值的25%加期权合约价值。当同一笔交易涉及期权空头和多头交易合约时，担保要求可根据期权不同履约价格之间的价差来计算。如果多头部位的履约价格和到期日与空头部位相同，或者好于后者的话，那么就没有必要进行担保交易。

3. 2007年1月计算的OIH波动率是28.8%，而1个标准差的波动幅度是2.35美元。

4. 每个波动峰值用最近20日波动视窗来测算。

第 5 章　如何管理基本期权头寸

这一章集中考察基本期权头寸——看涨期权或看跌期权多头头寸、看涨期权或看跌期权空头头寸、跨式套利多头头寸、有担保看涨期权或看跌期权头寸以及各种不同的股票和期权简单组合变体。"基本"和"简单"两词有可能导致误解。波动率波动、买卖价差、季报公告、到期周期、流动性以及其他各种不同的问题都会影响所谓的简单交易，就如同它们影响复杂交易那样。每笔交易无论大小、简单还是复杂，都要求交易者选择期权的履约价格和到期月份。履约价格选择要受到很多变量的影响，而时间和标的证券波动率则是其中最重要的两个变量。有时，看似简单的交易有可能变成非常复杂的交易，因为它们涉及如何看待标的证券价格的波动方向和合理波动率问题。

根据到期回报率来考虑交易的做法已经变得越来越普遍，如果一种看涨期权以 3.00 美元的价格买入，那么，这笔交易只有当标的股票的价格在期权到期时至少比期权的履约价格高出 3.00 美元才能赢利。虽然这个观点是肯定正确的，但没有动态地看待期权头寸问题。由于期权往往会放大其标的证券的价格波动幅度，因此，大多数期权交易在其生命周期内要经历显著的价值涨跌。看涨期权或者看跌期权若非严重偏离履约价格并到期时最终分文不值，价格翻番或者上涨 2 倍并非罕见。在很多情况下，期权合约要经历剧烈的价格波动，但又从未具有实值。

期权头寸无论是简单还是复杂，总要受到时间和波动率效应的影响。在市场平静时期，波动率倾向于下降，并且对多头头寸产生因时减值的破坏效应；而空头头寸则能从这样的环境中获益。本章的以下讨论将放弃专注于头寸到期时价值、颇受欢迎但过于简单的观点。很多论述这个主题的专著就失之于把期权头寸作为到期时具有一定价值的静态实体。在现实中，交易者为了回应非预期的价格波动、波动率波动、世界金融新闻、市场行情乃至因时减值效应而必须做出日常管理决策。我们的论述将聚焦于期权头寸动态变化，因为期权头寸的动态变化会作用于几乎每一笔交易。正如我们将看到的那样，建仓并一直持有到期权到期，几乎不可能是最佳策略。为了利用因时减值效应赢利（空头跨式套利）而构建跨式套利空头头寸以及建立含有多头和空头两部位的套期保值复杂头寸都是一些例外情况，我们将讨论这两种情况。

单边看跌期权头寸和单边看涨期权头寸

经常会出现这样的情况：在期权生命周期的某个时点，买入看跌期权或者看涨期权非常有利。作为交易对手的卖空者有时会意外地发现自己亏了很多钱，并且被迫采取措施调整仍为虚值的期权头寸。必须注意，标的股票的价格曲线与期权的履约价格曲线是否相交并不重要，唯一重要的是期权的价值。

我们来考察如图5.1所示的历史价格数据。图中是履约价格为80美元、2006年3月18日到期的看涨期权，在还有100个日历日到期时以4.25美元买入看涨期权，看涨期权在第26个交易日价格达到了9.20美元的最高点。[1]买方可通过在这个价位上平仓来实现超过100%的盈利，而等到股票价格跌破期权履约价格的到期日再平仓就要蒙受100%的亏损。相反，被迫在最高价位上回购其空头头寸的卖方就要亏损5美元——每10份期权合约亏损5000美元。一般来说，尽早止损避亏才更有道理。不过，很多期权交易者会保留相对较小的头寸，规避杠杆比率，并且有较大的亏损容忍灵活性。这样的策略通常有助于卖空者，如果他们限制自己的持仓量，就常能发现均值回归效应允许他们弥补损失。在图5.1所示的时间框架内，标的股票遭抛售，而看涨期权到期时已一文不值。有必要指出，即使股票能保持在85美元的价位上，期权仍会损失近一半的价值，到到期日已经跌到了5美元。此外，股价下跌5美元可能会使期权头寸价值增长100%——9.20美元。通过利用某些期权的杠杆比率并注意控制未平仓量来平衡与杠杆比率有关的风险，通常是一个不错的主意。在我们的例子中，一个出售履行价格为80美元的看涨期权的卖空者最初以0.42的Δ值进行交易（10份期权合约相当于420股标的股）。在最高价位上，期权还有65天到期，且有5美元的实值，但Δ值已上涨到了0.71。这时，10份期权合约相当于710股标的股。如果这样一次变动发生在离到期日只剩2天时，那么，Δ值就会涨到0.99。这样，每卖出10份期权合约就相当于卖出1 000股标的股。因此，坚持Δ值及其潜在变动区间和期权交易所代表的股票数量的平衡观非常重要。在任何时候,卖空者必须自问对于卖出期权所代表的标的股数量是否放心。此外,方案规划也很重要,因为一次突如其来的变化能够通过增大 Δ 值来严重影响交易格局。

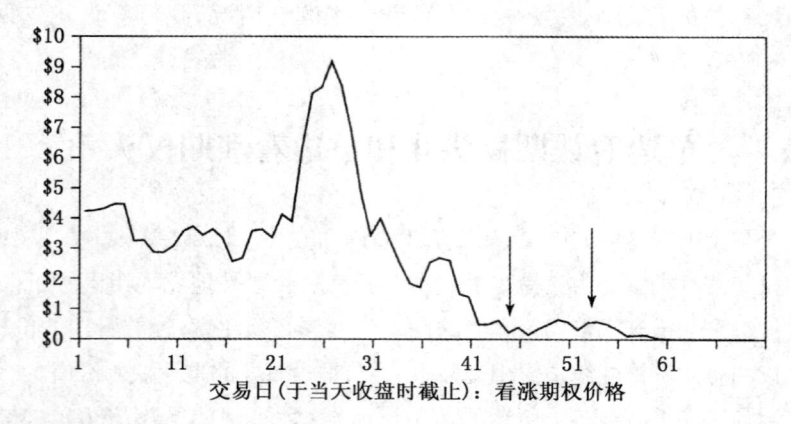

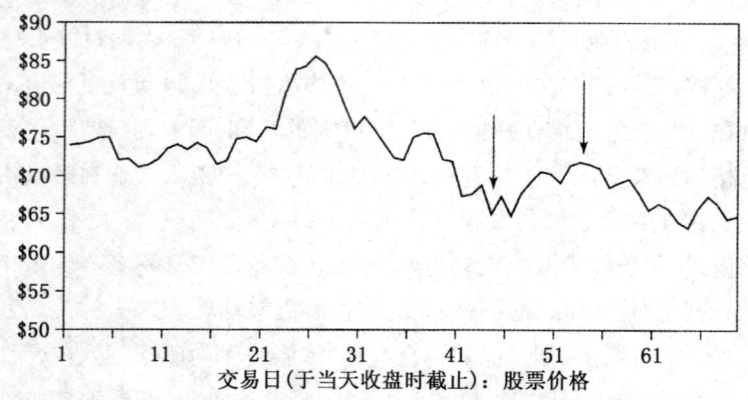

图 5.1 苹果电脑公司履约价格为 80 美元的股票看涨期权价格(上图)与股票价格(下图)比较。在头寸敞口的 100 个日历日内,股票按 63.39～85.59 美元的价格交易。第 26 个交易日(即 2006 年 1 月 13 日),当期权价格为 9.20 美元(买入价的 2 倍多)时,买入期权可获得最多的盈利。箭头表示股价上涨 6.80 美元、看涨期权价格由 20 美分上涨到 55 美分的 10 个交易日(尽管股价从未接近期权的履约价格)。峰值出现在第 53 个交易日(即 2006 年 2 月 23 日)。对于本例,合理的期权价值可用该时间框架内的平均波动率(40%)来计算。

请注意,出现在第 44 个交易日和第 53 个交易日(如图中箭头所示)之间的 6.80 美元的股价上涨对期权产生了较小的影响,但期权还是几乎丧失了全部价值。尽管如此,仍必须明白,与期权的原始买入价(4.25美元)相比,影响并不大。但如果期权就在价格波动(从0.20美元上涨到0.55美元)前刚刚买入,那么影响就会很大。假定期权有5美分的买卖价差,并且在第44个交易日以0.25美元买入,并在第53个交易日以0.50美元卖出,那么就能赢利100%,即便期权从未有过实值。

有时,期权卖方会因期权就其履约价格而言深度虚值而错误地沾沾自喜。就如我们所看到的那样,即使股价从未接近过期权的履约价格,我们同样能够赢很多钱或者赔很多钱。在这方面,重要的是识别期权提供的杠杆比率,并且专注于期权交易而不是标的股票交易。如果卖空者因认为股票价格在期权到期前绝不会涨到履约价格的水平而忽视期权价格大幅上涨,那么就是选择冒险。在多头部位,交易者可能把期权价格大幅波动视为一波行情的开始,并且保留敞口头寸,这一决策同样也代表着冒险。在不同情况下,其他因素有可能扩大这种决策的影响。在我们的例子中,期权合约在到期前还有23个日历日(17个交易日),股价涨到了仅比期权履约价格低10美元的价位上。如果股价上涨与某个利好消息有关,而交易者相信股价还会继续上涨。那么,交易者就可能保留敞口多头头寸。然而,因时减值效应会使这些价格55美分的期权每天下跌4美分。股票交易者也可能决定利用这波上涨行情,尤其是因为股价从其新高下跌了17%。持有价格已经在下跌的股票的快速减值的深度虚值看涨期权多头头寸,通常是糟糕的决策。在空头部位,保留敞口头寸就要承担股价上涨没有快到足以使看涨期权在到期前具有实值的预期风险。

如果读者认为市场是有效的,那么就必须考虑两种多少存在一些缺陷的观点。在期权价格大幅波动后保留多头或空头敞口头寸的决策,反映了一种认为期权价格被定错的观点。例如,如果标的股票每年经历少于3次的价格波动;如果在剩下的短时间里不会发生另一次大幅波动的情况下,标的股票的股价不可能涨到使期权具有实值的程度;如果股价波动的历史数据显示,每次股价大幅波动后就会出现一个平静期甚或发生逆转,那么,情况就是如此。这类信息反映了一种认为期权定价不当但较前有所改善的观点。实际上,期权价格已被扭曲,而聪明的交易者能够利用这种价格扭曲——在本例中,通过保留敞口空头头寸来利用期权价格扭曲。

在多头部位,不利用价格扭曲的决策必然代表一种认为期权价格被定低,并且将因波动率上涨或者标的股票出现足以抵消期权合约因时减值效应的涨幅而上涨的观点。此外,买卖期权而不是股票的重要性再次变得显而易见,因为股票价格能够显著上涨,并且仍使期权只有虚值,且毫无价值。关注期权及其剩余到期时间、波动率以及股价距离履约价格的差幅,会随着期权到期日的临近而变得愈发关键。如果交易量较小,且有风险,空头或多头部位的潜在损失可被认为无关紧要,并且可以冒一定的风险。如果交易量很大,潜在损失无法承受,那么,空头部位应该止损离场,而多头部位则应立即套现获利。这个特殊的问题对期权交易者的影响大于对任何其他品种资产交易者的影响。遗憾的是,期权交易者常常构建足以扭曲自己判断的大头寸——尤其是空头头寸。对于空头部位或头寸,Δ值的上涨可能非常有害。

图 5.2 显示了有关苹果电脑公司价格波动特性的细节。图中的箭头标示了波动峰值——于第 26 个交易日(2006 年 1 月 13 日)结束的大峰值和于第 53 个交易日(2006 年 1 月 13 日)结束的小峰值——的顶点。

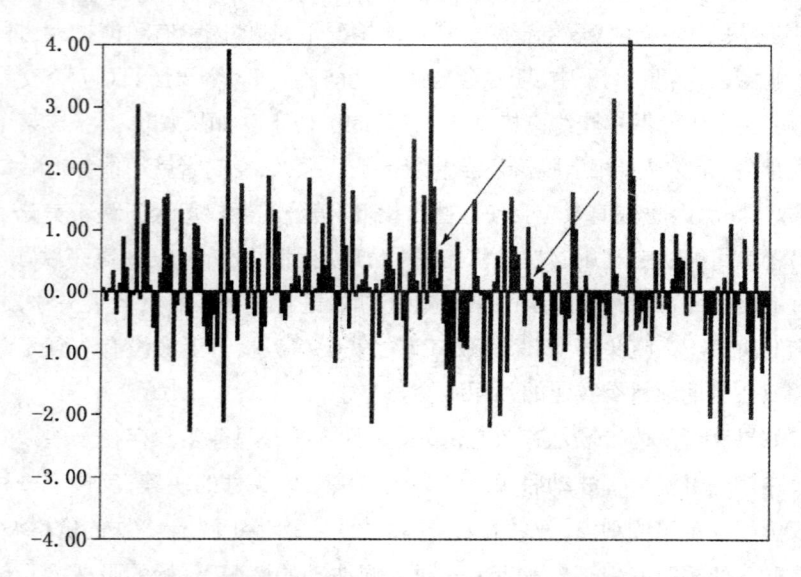

图 5.2 苹果电脑公司期权履约价格图。图中反映的数据包括 200 个交易日(2005 年 8 月 22 日～2006 年 6 月 7 日)。波动峰值均用按当期波动率计算的标准差表示。图中的两个箭头标示了第 26 个交易日和第 53 个交易日的波动峰值。

快速浏览图 5.2 就能发现,持有苹果电脑公司股票看涨期权空头头寸比较危险。上涨峰值除了大很多外,还远多于下跌峰值。该图的上半部分有 8 个大于 2 个标准差的上涨峰值,其中 6 个大于 3 个标准差,2 个接近 4 个标准差。根据出现频度,在出现第一个大幅上涨峰值时仍持有空头头寸的投资者如果愿意为另一 3 个标准差的大幅上涨峰值(大约 6.45 美元)冒险,那么就做对了,因为这个上涨期在这个时间框架内略有延长。与股价耦合的第 2 个峰值出现的时间——期权还有 17 个交易日到期,并且有 9 美元的虚值——有可能导致卖空者产生安全感。可惜,事实并非如此。根据价格波动数据来判断,有一个大幅上涨峰值已经过大。我们知道,3 个标准差的上涨峰值比较常见;在出现第 2 个峰值时一次这样的价格上涨(接近 5.25 美元)有可能把履约价格为 80 美元的期权的价格从 0.55 美元提高到 2.05 美元。出现一次 4 个标准差的价格上涨——对于苹果电脑公司股票来说肯定也不是不可能,可使期权价格上涨到 2.80 美元——410% 的涨幅。如果我们沿着该图再往下看几天,就能看到只相隔 5 天的 3 个标准差和 4 个标准差的上涨峰值。看涨期权的卖空者在这个时间框架内有可能赔很多钱。

通常的情况是,多头和空头部位在期权到期周期的不同时点均有输有赢。一个由履约价格为 80 美元、2005 年 12 月推出的看涨期权构成的多头头寸,在 2006 年 1 月 13 日上涨峰值的顶点有可能获利 100% 以上;而在这个上涨峰值上做空则有可能在期权到期日获利 9.20 美元。尽管如此,仍有必要指出,卖空者大多已经试图利用 1 月 10 日导致看涨期权价格上涨到 6.30 美元的 3.6 个标准差的涨幅。做这笔交易可能是一个错误,因为第二天 1.7 个标准差的涨幅进一步把看涨期权价格推高到了 8.15 美元;而且 2 天以后在峰值的顶点,看涨期权的价格已经攀升到了 9.20 美元——因此,做这笔交易少赚了 46% 的盈利。大多数卖空者在等到出现峰值之前就已经被迫平仓。忽视波动幅度并把峰值的绝对顶点作为卖出点,这几乎是不可能做到的,因为这个峰值的顶点是一个只有 0.66 个标准差的很小涨幅——基本上就是一个不能算作事件的事件。后来图中出现了一个类似的情形:有 10 美元虚值的期权价格在迅速跌到 0 之前从 25 美分上涨到了 50 美分。但这回,以任何接近最高点的价格卖出期权都可能赢利,因为快速的因时减值效应在随后的 2 天里很快就耗尽了期权价值。区分以上两个例子十分重要,卖出临近到期的深度虚值期权通常能够赢利,但期权的低价值迫使较大的交易构建对标的股票小幅波动敏感的头寸。任何时候,小风险总是与小回报联系在一起的;而且,如果头寸与回报成比例增加,那么,风险就会相应加大。因此,认为临近到期时卖出深度虚值期权是一种安全的赢利方式的观点并不必然正确。

价格波动峰值图上、下部分之间的差异很大。由于苹果电脑公司股票在有关时间框架内有规律地呈现出 3 个或 4 个标准差的上涨峰值,因此,做空看涨期权具有内在危险性。对于苹果电脑公司股票的看涨期权,几乎不可能按相当高的波动率来确定其价格,因此,卖方不可能因为要承担股价随机发生3个和4个标准差涨幅的风险而得到补偿。举例而言,我们拿1月13日达到的9.20美元最高价作为12月7日的起始价格,这样就可能把看涨期权的隐含波动率从40%提高到72%。一种比较合理的方法可能是选择一个有可能把最大价格涨幅缩小到最大价格跌幅的波动率——接近2个标准差。要使这个调整具有意义,看涨期权的波动率就必须从40%上升到60%以上。对于交易量大的股票,看跌期权和看涨期权之间如此大的波动率差异几乎是闻所未闻的,因为套利机会很快就会抹去波动率差异。苹果电脑公司是一个例外,它的股票看跌期权和看涨期权正好是按照平价定价的。换句话说,看涨期权的卖方要比看跌期权的卖方承担更大的风险。

如图5.3所示,苹果电脑公司期权履约价格涨跌差幅贯穿于显著的股价波动走势。上图显示的是苹果电脑公司股价走势,而下图显示的则是该公司股票价格波动的历史数据。前文考察的时间框架用两条虚线标示。

尽管股价上涨和下跌走势漫长,但下图只包含一个很大的股价下跌峰值。做空看涨期权的风险往往大于做空看跌期权,因为上涨走势的特点就是不服从正态分布的异常大的价格波动幅度;而价格下跌可被认为比较有序,因为价格下跌的特性更加接近正态分布。从统计学的角度看,看涨期权定价一直偏低,而看跌期权则定价合理。看涨期权的卖方相对于需要承担的风险而言补偿不足。即使股票下跌,看跌期权的卖方仍能得到合理的补偿。

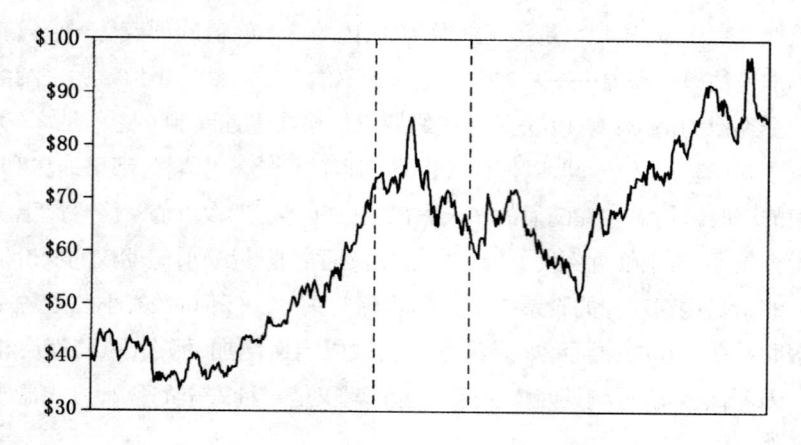

第 5 章　如何管理基本期权头寸

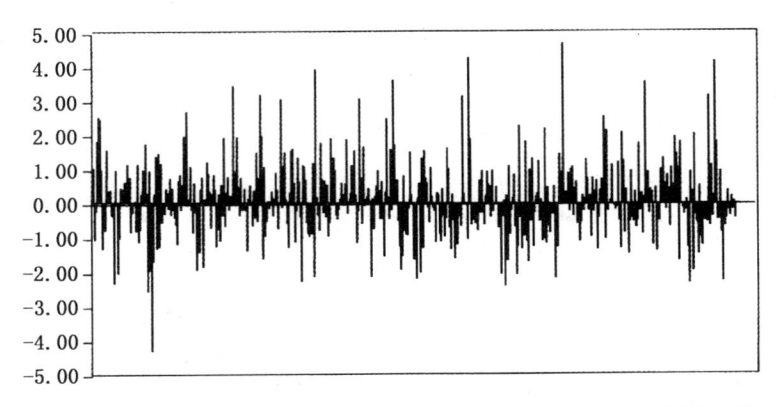

图 5.3　用标准差表示的苹果电脑公司(500 个交易日)股票价格走势(上图)和股票价格波动历史数据(下图)示意图。上图中的虚线表示文中讨论的时间框架以及图 5.1 和图 5.2 中的时间框架。本图的时间框架为 2005 年 2 月 8 日～2007 年 2 月 2 日。

表 5.1 展示了一个更加全面地考察看涨期权价格波动时间框架的视角,每行数据包含苹果公司虚值看涨期权从到期前 100 日开始的价格表现信息。该表列示了图 5.3 中 2 年考察期所包含的每个到期日。为统一起见,我们挑选了 Δ 值在 0.3 上下的虚值期权履约价格。

在 21 个到期日中有 20 个到期日的最高期权价格高于入市价格,其中有 16 个最高价格超过入市价格 1 倍多。不愿止损离场的卖空者就有可能遭遇如第 13 行数据所示的灾难性损失。尽管这是一些特别的统计数据,但是,期权价格在一半的到期周期里最终跌到了 0,其中的某些逆转具有相当的戏剧性。在 2006 年 2 月这个到期周期里,履约价格为 70 美元的看涨期权价格在几乎回落到 0 之前从 1.75 美元上涨到了 16.05 美元。

表 5.1　苹果电脑公司(21 个到期周期每个周期)横跨 100 天的虚值看涨期权价格

起始日	到期日	履约价	Δ 值	起始日股价	到期日股价	起始日看涨期权价格	最高看涨期权价格	到期日看涨期权价格
02/09/2005	5 月 5 日	45	0.33	39.37	37.55	1.70	4.10	0.00
03/09/2005	6 月 5 日	45	0.34	39.35	38.31	1.75	3.35	0.00
04/06/2005	7 月 5 日	50	0.29	42.33	41.55	1.55	1.95	0.00
05/11/2005	8 月 5 日	40	0.33	35.61	45.83	1.30	7.70	5.85
06/08/2005	9 月 5 日	40	0.38	36.92	51.21	1.55	11.45	11.20
07/13/2005	10 月 5 日	45	0.23	38.35	55.66	0.80	11.15	10.65
08/10/2005	11 月 5 日	50	0.29	43.38	64.56	1.40	14.95	14.55
09/07/2005	12 月 5 日	55	0.32	48.68	71.11	1.80	20.00	16.10

续表

起始日	到期日	履约价	Δ值	起始日股价	到期日股价	起始日看涨期权价格	最高看涨期权价格	到期日看涨期权价格
10/12/2005	1月6日	55	0.35	49.25	76.09	2.10	30.65	21.10
11/09/2005	2月6日	70	0.27	60.11	70.29	1.75	16.05	0.30
12/07/2005	3月6日	85	0.31	73.95	64.66	2.80	6.35	0.00
01/11/2006	4月6日	100	0.28	83.90	67.04	3.00	3.45	0.00
02/08/2006	5月6日	80	0.31	68.81	64.51	2.80	3.30	0.00
03/08/2006	6月6日	75	0.32	65.66	57.56	2.50	3.65	0.00
04/12/2006	7月6日	75	0.34	66.71	60.72	2.85	4.15	0.00
05/10/2006	8月6日	80	0.34	70.60	67.91	2.95	2.95	0.00
06/07/2006	9月6日	65	0.37	58.57	74.10	2.85	9.20	9.10
07/12/2006	10月6日	60	0.32	52.96	79.95	1.90	19.95	19.95
08/09/2006	11月6日	70	0.34	63.59	85.85	2.10	15.85	15.85
09/06/2006	12月6日	75	0.38	70.03	87.72	2.40	17.00	12.70
10/11/2006	1月7日	80	0.32	73.23	88.50	1.90	17.15	8.50

奇怪的是，看涨期权的起始日价格只有一次（2006年8月）等于最高价格。在这个特殊的到期周期里，苹果电脑公司股票价格在回升到略低于70美元前，从5月10日的70.60美元下跌到了50.67美元。在这个到期周期的任何时点都可以安全构建履约价格为80美元的看涨期权空头头寸。苹果电脑公司股票一路下跌，直到2006年7月19日季报公告后才最终蓄势反弹。不过，最初的股价急剧下跌导致履约价格为80美元的看涨期权在前两周里价格暴跌，随着到期日的临近而不断加速的因时减值效应阻止了苹果电脑公司的股票看涨期权大幅收复失去的价值。在第1周，看涨期权的价格大约下跌了2美元，使得做空的时间窗口变得非常狭小。

很多投资者错误地认为，看涨期权空头与看跌期权多头（或者看涨期权多头与看跌期权空头）风险相似。事实并非如此，多头的风险被限制在买入价上，而空头在潜在损失方面没有任何的实际限制。反之亦然，空头在卖出期权时只能收回期权的价值，遗憾的是，潜在亏损基本上没有限制。

此外，看跌期权与看涨期权的风险并不相同。利空消息打压股票价格的速度要比利好消息推高股票价格快得多。就实际情况而言，市场不会猛涨。利空消息常常比利好消息（收购除外）引发更大的反应。想避开潜在收购对象的看涨期权卖方需冒的风险小于消息风险暴露面很广的看跌期权卖方。市场情绪可用赋予虚值看跌期权高值的波动率微笑曲线来表征，不过，波动率微笑曲线无法解释大于3个标准差的价格大幅波动，这么严重的价格扭曲有可能导致期权交易无法执行。

日内波动率

日内波动率是一个不应被忽视的因素,高日内波动率股票期权的简单无担保交易——买入或者卖出看跌期权或看涨期权——是很难做的。复杂的期权交易常常是为了吸纳特定区间内的价格波动,但简单期权交易的目的并非如此。日内波动率问题有许多维度,有些分析师用股票收盘价的百分比来计算股价的高点和低点,并且用它们来制作图表观察不稳定时期的股票走势。最常见的方法就是计算某个时期(如20天)的平均数,并且采用滑动时间窗口来滚动进行前滑计算。更加先进的计算方法采用加权平均数来强调最新的变化。不过,这种方法不适合我们的用途,因为我们主要关心的问题是日内波动率可能大大高于作为期权定价基础的收盘至收盘波动率。更加具体地说,我们关心的是,高水平的日内波动率可能导致反映在期权交易价格中的标的股票价格大幅波动。我们需要一种能够精确比较日内波动率和收盘价波动率的方法。

我们可以采用与计算日波动率相同的方法来计算日内波动率。由于1个交易日只有6.5小时的交易时间,这个时间框架的长度大约是一个正常的收盘至收盘周期的1/4。也就是说,1个交易年有3.7×252个这样的时间框架。[2]我们可以方便地通过把20日标准差乘以1个交易年6.5小时时间框架数的平方根——932——来调整我们的波动率计算方法。通过比较日内波动率和日波动率,就能发现有关单只股票或者单个指数表现的重要线索。如果日内波动率与日波动率的比率处于高位,那么,隔夜价差波动幅度往往就小于日内波动率。当这个比率数值很小时,出现意外隔夜大幅波动的风险就大于出现意外日内大幅波动的风险。不过,收盘至收盘股价波动幅度已经采用标准的波动率计算方法来计算。

日内价格大幅波动能够对单一的期权买入或卖出交易产生很大的破坏力。图5.4显示了日内波动率大大高于收盘至收盘股价波动率时期益赛瑞普(Express Scripts,交易代码:ESRX)公司股票看涨期权价格日高点与日低点之间的差幅。该图包括从2006年10月26日起到12月15日结束的50个日历日(36个交易日)。第1天,益赛瑞普公司的股票价格报收于66.15美元,我们选择70美元的履约价格来进行分析。该股票价格在这个时间框架内经历了适度的波动,先下跌了6美元,后又上涨了8美元,最终在12月份这个到期周期的最后一个交易日报收于68.66美元。

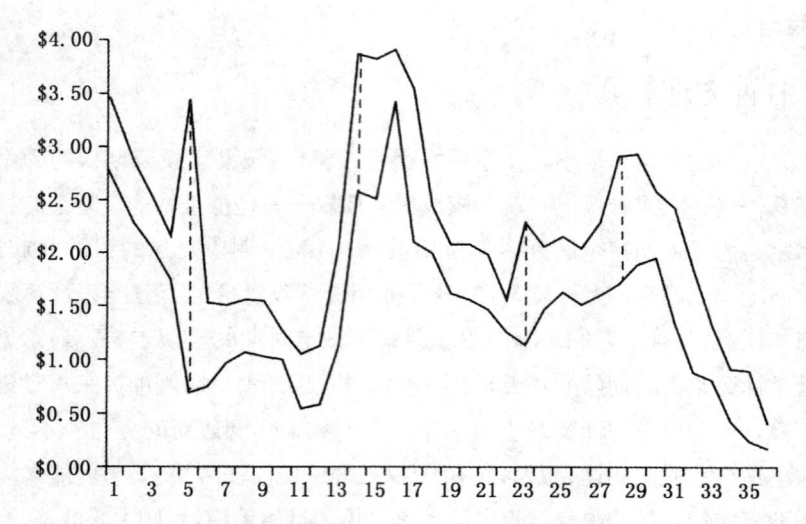

图 5.4 益赛瑞普公司股票履约价格为 70 美元的看涨期权价格波动日高点和日低点示意图。上线表示期权价格的日高点，下线表示期权价格的日低点。Y 轴表示价格，X 轴表示交易日。虚线表示看涨期权价格高点和低点之间的一些最大差幅。

在这个交易时间框架内，日内波动率平均为 68%，而收盘至收盘股价日波动率只有 44%。任何单边买入和卖出交易都可能无法通过随机间距大幅日内波动来进行管理。例如，我们来考察第 5 个交易日把履约价格为 70 美元的看涨期权价格推高到 3.45 美元、然后又打压到 70 美分的巨幅波动。这是一种高日内波动率股票的典型表现。10 月 31 日，益赛瑞普公司的股票价格报收于 63.72 美元。次日，该股以高出收盘价 4.00 美元的 67.30 美元开盘，然后攀升到 67.89 美元，接着又跌破了上一交易日的收盘价，也就是跌到了 58.79 美元，并最后报收于 59.99 美元。这一戏剧性的高点和低点转换完全覆盖了上一交易日股价的高点和低点。虽然收盘至收盘股价波动幅度只有 2 个标准差，但日内波动幅度超过了 5 个标准差（正态分布要求大约每月一次的 2 个标准差波动，绝不应该发生 5 个标准差的波动幅度；而且，任何期权定价方法都不可能考虑这么大的波动幅度）。此外，在这个时间框架里，没有发生任何计划事件，下一次季报公告也要过 2 周才会发布。

虽然高水平的日内波动率能对单一的多头或空头头寸产生破坏力，但某些类型的交易往往能从中获利，因为它们本来就被定价过低，最明显的是多头跨式套利交易。在这种交易中，买方寻求的就是不论方向的价格大幅波动。当日内波动率很高,而期权合约的隐含波动率反映的是更加传统的收盘至收盘计算结果时,这样的交易头寸可被视为价格被定低。我们将在下一节里更加详细地介绍多头和空头跨式套利和宽跨式套利交易。

把价格波动峰值作为交易触发点

对于价格偶尔大幅波动,紧接着出现平静期或者走势逆转的股票,把价格波动峰值作为卖出(或买入)点通常是说得通的。图 5.5 显示了高盛公司股票(交易代码:GS)从 2006 年 10 月 24 日起始的 75 个交易日价格波动峰值和价格数据。卖出看跌期权或者买入看涨期权的乐观投资者可能会通过利用偶然出现的价格下跌峰值来最大限度地获取利润。一种绝好的策略可能就是把大于 2 个标准差的价格峰值作为构建新仓的触发点。对于图中标注的每一笔交易,与股价持续上涨的走势相耦合的均值回归有可能产生值得注意的正回报。

一个把自己的交易阈值设定在 3 个标准差上的保守投资者有可能通过构建与 11 月 27 日(第 42 个交易日)的价格波动峰值匹配的仓位来实现大量盈利。图 5.6 显示了买入看涨期权和卖出看跌期权两种交易的详情。上图表示履约价格为 195 美元的看涨期权的价格走势,而下图则表示履约价格为 190 美元的看跌期权的价格走势。图中的箭头表示 11 月 27 日的入市点——图 5.5 中明显可见的 3 个标准差的价格下跌峰值。

请注意两笔交易之间的巨大差异。在股票报收于 205 美元这个价格峰值后的 7 天里,两笔交易都达到了最大价值。原先以 3.70 美元交易的看涨期权上涨到了 10.70 美元;看跌期权只值 10 美分——卖空者可获利 2.70 美元。然而,如果买方一直持仓至到期日,那么就会损失大部分盈利。空头交易必须按照标的股票价格的 25%加期权价值的水平进行担保。读者可以通过购买履约价格不那么有利的期权来降低对于高价股票来说相当重要的担保要求。如果卖出履约价格为 100 美元的看涨期权并买入履约价格为 120 美元的看涨期权,担保要求应该根据 20 美元的潜在损失而不是股票全价来计算。买入到期日和履约价格比较有利的期权,就没有担保要求。

如果标的股票价格急剧下跌,隐含波动率上涨,那么,卖出看跌期权也可能受到不利影响。同样,如果标的股票的一波上涨行情导致隐含波动率下跌,那么,买入看涨期权也可能蒙受损失,而且有可能损失很多。在 2006 年下半年,IBM 公司股价 20%的涨幅导致隐含波动率下跌了 25%。

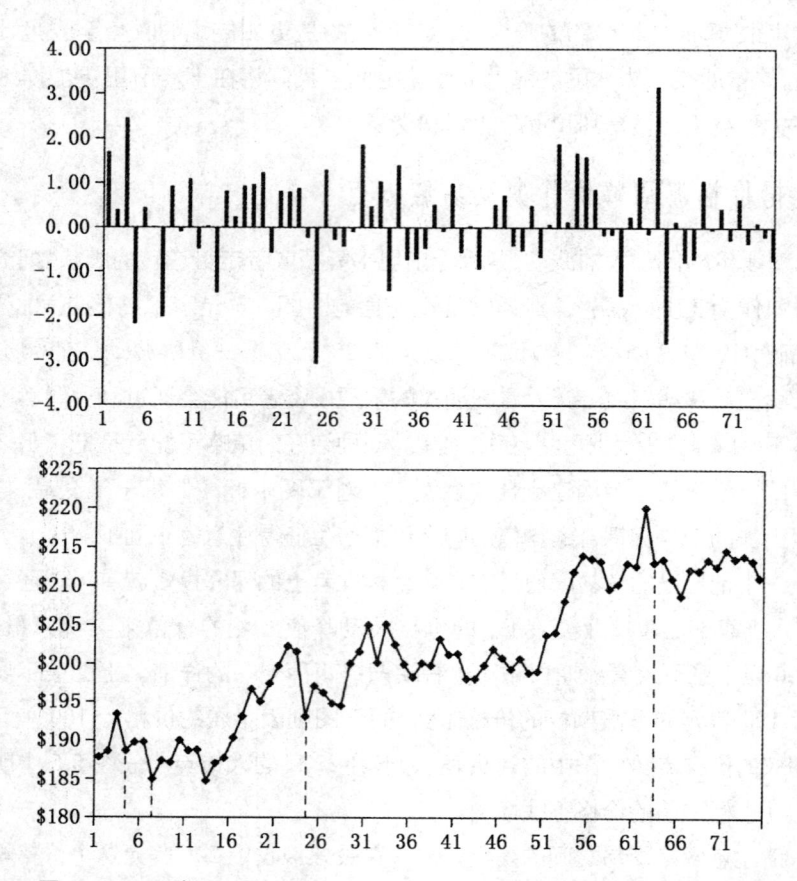

图 5.5 2006 年 10 月 24 日～2007 年 2 月 12 日 (75 个交易日) 高盛公司股票价格波动峰值和股票价格。上图 X 轴表示每天股价波动的标准差,下图则表示股票价格。下图中的垂直虚线表示大于 2 个标准差的价格下跌峰值。

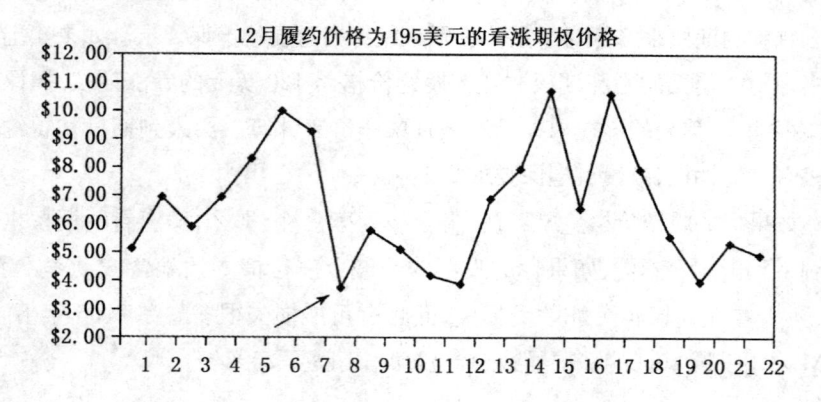

12月履约价格为190美元的看跌期权价格

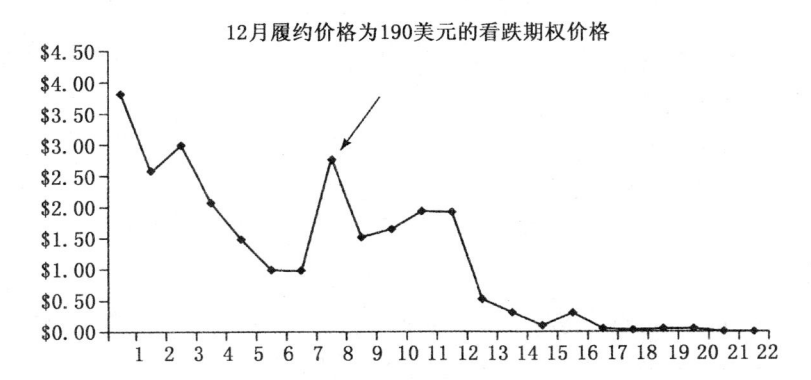

图5.6 高盛公司(2006年11月15日～2006年12月15日)股票履约价格为195美元的看涨期权价格和履约价格为190美元的看跌期权价格。箭头表示图5.5中3个标准差的价格下跌峰值。本例采用考察期内的平均波动率(25%)来计算期权的公允价格。

关于期权到期日和履约价格的其他思考

投资者通常会认为,买入还有几个月才到期的期权并卖出当月到期的期权比较好。总的来说,定价机制充分有效,足以消除因时减值效应的任何特定利弊。此外,均值回归趋势往往导致卖出远期深度虚值期权略为有利,因为它们较少受到具有某种逆转趋势的短期价格波动的影响。例如,2007年2月中旬,谷歌公司股票以470美元的价格交易;2008年1月,履约价格为750美元的看涨期权价值2.75美元,而履约价格为290美元的看跌期权以2.95美元的价格交易。均值回归趋势通常会导致这样极端的价格扭曲。有些投资者专门分析这样的价格扭曲,并且利用它们来进行交易。我们将在讨论跨式套利空头交易时讨论这个问题。

如何进行深度实值期权交易

另一个重要但常被忽略的可能性就是进行 Δ 值为1的深度实值期权交易。这样的期权交易类似于股票合成头寸交易。在笔者撰写本书时,IBM公司的股票以99美元的价格交易,而该公司股票履约价格为70美元的看涨期权则以29.10美元的价格交易(距离到期日还有29天),这个价格中只包括10美分的时间价值。期权交易者可以实际购买3倍于股票交易者以相同价款购买的股票。由于 Δ 值为1,因此,期权价格与股票价格以一比一的比例波动。但如果股票朝着期权的履约价格(不适当的方向)波动,那么,Δ值就会缩小,并且还会放慢损失的速度。同样,最大的损失等于初始头寸的价值——买入期权相对于买入股票的另一优势。直到前不久,如果目的是要卖出一只快速下跌的股票,提价交易规则仍会阻止交易直到股票止跌企稳为止。投资者常以买入看跌期权来取代卖出股票,在当日交易者就重大消息做出反应时通常就有这样的问题。提价交易规则于2007年7月废止,因此,现在可以直接卖出股票,而不必顾及前一交易日的股价。有了如今的尖端工具,就能比较容易地构建一个在有消息导致交易量波动或者价格急剧波动时触发交易的软件链接。尽管买卖价差较大,但期权当日交易常能带来丰厚的盈利——尤其是在被买卖股票是高日内波动率股票时。

有一点必须注意,卖出深度实值看跌期权并不是买入深度实值看涨期权的反向交易。随着股价的上涨,看跌期权的Δ值趋向于下降,而看涨期权的Δ值则保持不变。如果股价下跌,情况正好相反:看跌期权的Δ值保持不变,而看涨期权的Δ值则会下降。看跌期权的空头交易会抑制上涨潜力,但不会抑制下跌潜力。因此,作为股票交易的替代,看涨期权多头交易的业绩会好于看跌期权的空头交易。然而,如果期权的履约价格与标的股票的价格相差甚远,那么,即使标的股票经历很大的价格波动,期权的Δ值仍可能保持不变。虽然这个动态效应会影响期权交易的多头和空头部位,但空头部位的担保要求可能很高,应该加以考虑。

在某些场合,深度实值看跌期权的空头头寸具有一种无法用看涨期权多头来复制的功能。举例来说,我们来考察芝加哥期权交易所波动率指数(VIX)交易。在股市下跌时,VIX指数倾向于快速上涨。由于没有直接的途径买入这个指数产品,因此,很多希望做多的交易者就买入虚值看涨期权。如果目的是要利用便宜的期权为资产组合进行套期保值,以防范市场下行的风险,那么,这种交易是有道理的:期权通常被视为一种经营成本——相当于一种保单。遗憾的是,这样的期权交易管理起来很复杂,因为VIX指数波动率高度易变,因时减值效应也因此而变成一个值得关注的问题。不过,如果目的是因预期VIX指数会上涨而要投资于该指数,那么,深度实值看跌期权空头就是较好的选择,因为它们的价格是在不考虑任何波动率的情况下确定的。由这样的期权构成的空头头寸几乎就完全像该指数一样表现,但这样的头寸在一个非常重要的方面有所不同:虚值期权有相对较大的γ值,并且倾向于放大标的股票的大幅波动;深度实值期权的γ值基本就等于0,它们的Δ值在标的股票价格波动的宽阔区间内几乎仍然保持1.00不变。由于有效的套期保值应该成本较低,并且迅速增值,因此,买入虚值期权是一种比较好的选择(买入看涨期权)。当目的是要持有标的股票,并且从小幅价格波动中获利时,买入虚值期权是更胜一筹的选择。VIX指数是一种特例,因为在大多数情况下并不存在深度实值看涨期权。

跨式套利和宽跨式套利

跨式套利交易由数量相等、履约价格和到期日相同的看跌期权和看涨期权构成;而宽跨式套利交易则由数量相等的同一日到期但履约价格不同的看跌期权和看涨期权构成。"组合"一词有时被用来描述一种包含看跌期权和看涨期权但不是跨式套利的头寸,而宽跨式套利是许许多多可能组合中的一种。

当标的证券大幅波动导致两边的Δ值失衡,而且一边的价格上涨快于另一边的价格下跌时,多头跨式套利就能获利。如果标的证券价格波动幅度充分大,那么,一边的Δ值就会跌到0,而另一边的Δ值则趋近于1.00。标的股票朝着同一方向的持续波动能反映期权合约所代表的标的股数量的股票多头或空头头寸的回报率——具体取决于波动方向。因此,如果标的股票充分上涨,足以使看涨期权的Δ值上涨到1.00,那么,一笔50份期权合约的多头跨式套利交易就会以与5 000股标的股票一样的方式表现。当波动率急剧上涨,从而增加交易两部位的价值时,多头跨式套利和宽跨式套利交易也能获利。

跨式套利和宽跨式套利空头交易通过利用因时减值效应或波动率下跌,或者同时利用两者来获利。跨式套利/宽跨式套利交易的卖方希望标的股票或者指数在到期前根本不发生波动。当标的证券实际发生了充分大的波动足以导致亏损时,卖方必然会采取纠偏行动。有些卖方会对亏损部位平仓以阻止损失,并且继续保留空头部位;其他卖方会回购单边或者双边期权,构建更大的能够产生足够利润以弥补首笔亏损的新头寸。由于期权头寸的显著扩大常常是必需的,因此,很多跨式套利或者宽跨式套利交易的卖方坚持开始时构建小仓,以期在必要时,至少可采取调整措施。持有任何空头头寸,基本上都有亏损的潜在可能性,但也有很多方法可用来降低这个风险。有些方法牵涉到交易的时间安排,以规避已知的经济事件和季报公告;而另一些方法涉及采用其他金融工具或期权来套期保值。

隔夜敞口始终是期权空头头寸的最大风险。在期权市场不向公众客户开放时扰乱市场的消息能够导致灾难性后果,问题在于这种股票的市前和市后交易,而不是期权交易。期权卖空者有时必须等待、观望,眼看着某只股票大涨或者大跌,就是没有机会采取纠偏行动。一种解决方法就是限制空仓规模;如果必要的话,就通过市前或市后股票交易来进行紧急调整。遗憾的是,这种策略有可能非常危险,因为这样的股票交易是出了名的缺乏流动性,而价格波动又难以预测。股价常常在展时交易期间大起大落,开市前出现反向逆转,并继续反向走势。因此,重要的是必须认真判断市场消息,并且确定用股票来进行纠偏是不是一种正确的应对措施。凭借适当的风险管理,持有空仓常能带来丰厚的利润。

多头跨式套利和宽跨式套利

投资于多头跨式套利的策略必须包含选择标的股票、建仓规则以及一整套管理和了结尚未结束的交易的指导方针等在内的方法论。在波动率上涨有助于抵消因时减值效应的环境中,多头跨式套利/宽跨式套利一般能带来非常好的业绩。即使在标的股票没有经历显著价格波动的情况下,一些特殊的情况有时也能驱使波动率拉平跨式套利或者宽跨式套利两边的利润。

从某种意义上说,跨式套利和宽跨式套利都是一些对称性交易。当股票价格上涨时,波动率常常会下跌;而当股价下跌时,波动率则倾向于上涨。因此,多头跨式套利/宽跨式套利在股价下跌时能产生最佳业绩。这种特性在某种程度上与我们在第3章"波动率"里论述的波动率微笑曲线有关。在意外消息的影响下,价格下跌往往快于上涨。因此,在看跌期权这边的隐含波动率被判定低估的情况下,进行多头跨式套利或者宽跨式套利交易比较有利。通常,经历了价格持续上涨的股票就符合以上描述的情形。股价最终会停止上涨,图中的曲线趋向于平稳,而投资者会对利空消息变得极度敏感。在这种情形下,股价下跌幅度开始扩大,而股价上涨幅度则开始缩小。当套利交易两部位的隐含波动率被判定为合理时,符合上述情形的股票通常是多头跨式套利/宽跨式套利的上佳候选对象。不过,如果标的股票继续走高,那么,看涨期权这边有可能赢利。奇怪的是,经历了长期走低的股票是做这类交易出了名的平庸候选对象。实际上,在遭遇大量抛售之后,价格暴跌或者暴涨的潜在可能性受到投资者兴趣的限制。2006年末,住房建设股票价格在连续好几个月受利空消息——收益减少、各相关公司负面的前瞻性警报以及包括取消购地合同在内的各种业务调整——的影响下下挫50%以后就出现过这样的表现。在这个时间框架内,整个住房建设板块的股票抛盘稳步增加。到了2006年7月,住房建设股票在对利空消息变得多少有一点免疫力后止跌企稳。有几只住房建设股票开始随正在经历大面积回升的大盘上涨。不过,在经历了长时间的下跌后,隐含波动率仍保持在高位,而投资者的投资兴趣则仍处在低位。在这个时间框架内表现良好的股票经历了有序的上涨,但没有出现能为多头跨式套利和宽跨式套利带来盈利的意外急剧上涨。图5.7 采用瑞兰德集团公司(Ryland Group,交易代码:RYL)从 2006 年 3 月 1 日起到 7 月 31 日结束的 5 个月的收盘价对这一概念进行了说明。在图的右边附近,瑞兰德集团公司股票在下跌了近 40% 后就成了多头跨式套利/宽跨式套利的平庸候选对象,因为该公司的股票期权往往价格被定高,而股价进一步下跌的潜在可能性比较有限。在以后的几个月里,这只股票几乎没动;到了 11 月中旬,股价仍在 45 美元附近徘徊。多头看涨期权—看跌期权头寸在这个时间框架里可能是一些很糟糕的投资。

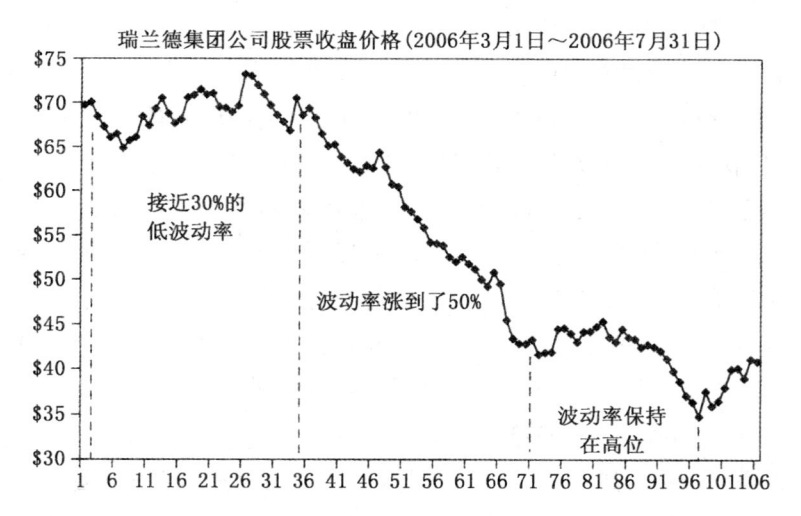

图 5.7 2006 年 3 月 1 日～2006 年 7 月 31 日瑞兰德集团公司股票收盘价。在图的右边附近,该公司股票在经历了价格大幅下跌后成了多头跨式套利/宽跨式套利的平庸候选对象。

在合适的场合,标准普尔 500 指数和道琼斯 30 工业指数等指数同样可能是多头跨式套利/宽跨式套利的绝好候选对象。就在本章刚写完时,斯匹德斯(Spyders)——一只跟踪标准普尔 500 指数的交易所交易基金——的股票期权只按 10% 的隐含波动率定价。这个价格虽然完全合理,但无法补偿卖方要承担的即便是由最小的意外事件引发的风险。2007 年 2 月 27 日,标准普尔 500 指数下跌了 3% 以上,而斯匹德斯股票期权的隐含波动率则上涨到了 19% 以上。这样的波动率上涨并非罕见。2 月 27 日的涨幅仅仅是 8 个月前标准普尔 500 指数期权隐含波动率在短短几周的时间里上涨到了 23% 的一个反映。在这个时间框架内,基于大盘指数的多头跨式套利和宽跨式套利都是很好的投资机会。2月27日的上涨情况就不同,因为它是在几小时内出现的。多头跨式套利/宽跨式套利持仓者如果再持有一些经历过500%以上涨幅的头寸,那么还能获得更多的盈利。

在构建多头看跌期权一看涨期权仓位前,先根据投资目的来选择可行的交易策略十分重要。在一种极端情况下,我们可以选择一些具有价格剧烈波动间隔时间较长的历史的股票。如果我们预期标的股票过一段时间有可能经历价格大幅波动,那么就可以买入远期虚值期权。在另一种极端情况下,我们可以选择间隔时间较短、股价波动幅度较小的股票。在这两种极端情况下,我们可以构建由期限很短的平值期权构成的头寸,并且过几天就平仓。本书的作者偶尔也会在交易结束、隐含波动率往往有所下跌时构建多头跨式套利头寸,并且在次日早市一开盘就平仓。这种特殊交易的对象包括历史上开盘跳空、日内波动率高、买卖价差相对较小和空仓量大的股票。空仓量大这一点十分重要,因为空仓量大有可能提高空头回补反弹的概率。这样就能依托利好消息创造惊人的价格上涨峰值。开市前的利好消息能够导致这样的股票经历一波持续反弹,而持续反弹能够帮助卖空方快速出清亏损盘。其中的一个最佳例子就是2006年3月15日上午西尔斯公司季报公告后其股票随即出现惊人的反弹:西尔斯公司股票出现了其交易史上最大的价格峰值。根据当时(18%)隐含波动率计算,这个峰值有11.6个标准差(比前市收盘价高出12.8%)。在出现这个峰值之前,西尔斯公司股票的空仓量在占其流通股14%的水平上下徘徊——约为900万股。毫不奇怪,这次早市反弹的最快速部分在换手1 000万股后随即结束——约持续40分钟。此后,这只价格比上一交易日收盘价高出16美元还多的股票从133美元下跌到了129美元。

西尔斯公司股票是很多显示很大峰值、峰值间散布着一些平静期的股票之一。该股票的隐含波动率在各峰值内时间框架里是合理的,但在股票对消息做出反应时就显得太低。图5.8显示了一只有类似表现的股票——美国国家植物园"健康科学"(交易代码:USNA)——250个交易日日价格波动峰值的数据。

"健康科学"股票在这1年的交易中出现过多次价格大幅波动。更确切地说,在250个交易日(2006年2月21日—2007年2月16日)中,该股票经历了8次幅度大于3个标准差的波动——是50美元价位股票平均数的2倍。请回忆一下,正态分布只要求0.2%的3个标准差。当您记得标准期权定价模型并没有考虑这种股票表现时,一只股票平均每年出现4个这样的价格波动峰值本身就

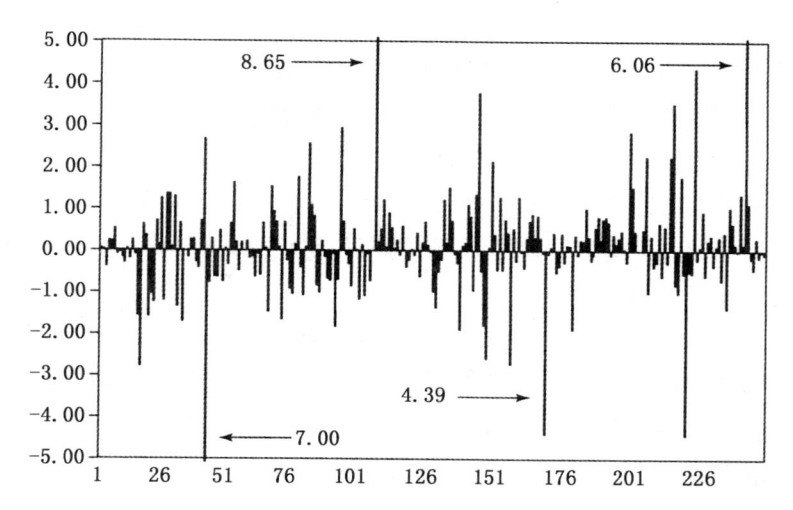

图 5.8 "健康科学"股 1 年股价波动峰值(2006 年 2 月 21 日—2007 年 2 月 16 日)。Y 轴表示根据 20 日波动率时窗计算的标准差,X 轴表示交易日。季报公告用箭头标示。其中有 3 个峰值超出了图中被设定为正负 5 个标准差的标尺(请参阅表 5.2)。

有点令人震惊。更加令人吃惊的是,"健康科学"在这一年里出现了 3 个大于 5 个标准差的价格波动峰值,这么大的波动峰值是这个价位股票平均数的 5 倍。表 5.2 列示了具体数据。

表 5.2　　　　　　　　图 5.8 的价格波动峰值数据一览表

标准差	出现次数
1～2	43
2～3	10
3～4	2
4～5	3
5～6	0
6～7	1
7～8	1
>8	1

虽然小于 2 个标准差的价格波动峰值(233/250)分布合理地近似于正态分布,但曲线的双尾有点夸张(峰度值为正)。尽管出现了大量的危险的大幅波动,

但"健康科学"股票期权的隐含波动率通常较低。2007年2月16日,在连续出现6个、4个和3个标准差的价格波动峰值(请参阅图5.8的右侧)后的短暂时间里,3月份的期权隐含波动率只有28%。这个数值明显低于根据20日波动率时窗计算的隐含波动率(37%),并且远远低于75%的日内波动率值。导致这种情形的最重要原因是2月7日的季报公告,它造成了在图的右侧明显可见的6个标准差的价格波动峰值。随着季报公告的临近,隐含波动率为回应风险而上涨,然后迅速下降。不过,图中最后35个交易日包含2个大于4个标准差的波动峰值和1个大于3.5个标准差的波动峰值。这些峰值的出现没有一个与季报公告直接有关,但却形成以下这个模式:在季报公告前的几周里,价格波动峰值的出现频度和规模往往会提升。期权的隐含波动率也倾向于遵循这个模式,在季报公告前的最后几个交易日里急剧上涨。

值得一提的是,即使我们去除4个由季报公告导致的价格波动峰值,28%的隐含波动率并不能合理地反映风险,因为剩下的大峰值分布并不服从正态分布。不过,就像以上提到的那样,这个价位的一般股票每年都出现了4个大于3个标准差的价格波动峰值。具体而言,我们可以看到最显著的其他差异是在2月7日季报公告前的几周里出现的一对4个标准差的波动峰值。

有几种可行的交易策略允许杠杆化利用图中明显的价格波动特性,其中的一种策略就是等到季报公告后隐含波动率下降以后再进行多头跨式套利或者宽跨式套利。认为下一个(大于3个标准差的)大波动峰值可能要过2个月才会出现也许是明智的。由于这只股票价格的1个标准差在3月16日是1.44美元,因此我们知道下一个股价波动峰值(3×1.44美元)很可能只影响期权相邻的履约价格。这样,我们必须认真选择与股价相差不是太多的履约价格。一种合理的交易策略可以包括买入距离到期日还有3个月、履约价格高于和低于股价的看跌期权和看涨期权。

另一种潜在的交易策略直接涉及季报公告。在图5.8所示的1年时间框架里出现的四次季报公告导致了4个标准差分别是6.06、4.33、8.65和7.00的价格波动峰值。由于市场预期到了这些大幅波动峰值,隐含波动率也随着季报公告的临近而上升,因此,在这个时间框架里持有一个跨式套利或者宽跨式套利头寸是明智之举:波动率上升有助于抵消因时减值效应。如果价格波动峰值出现在季报公告前的时间框架里,就像经常发生的那样,那么,多头就能从标的股票价格波动和波动率上升中获益。本书作者有时利用这些事件来进行交易,具体方法是买入具有季报公告相关型价格大幅波动历史的股票的跨式套利头寸,并且一直持有到隐含波动率达到最高点(季报公告前)。对于"健康科学"股来说,季报公告前的几周显然是买入跨式套利或宽跨式套利头寸的最佳机会。

"健康科学"公司从其展现了活力增强和巨大价格波动峰值数量很少这些轮廓清晰的时期这一意义上讲是一个极端案例。该公司股票的某些表现被市场预期到了,而另一些表现则没有被市场预期到。详细了解该公司股票的表现能为我们带来可用于组织可盈利交易的优势。很多股票属于另一种极端,因为它们的价格波动历史具有大量随机间隔的中等波动峰值的特点。图5.9显示了一只符合以上后一种描述的股票——美可保健公司(MedcoHealth Solutions;交易代码:MHS)——的价格波动状况。该图采用了与图5.8相同的参数——用20日滑动时窗波动率计算的标准差表示的250个交易日(2006年2月21日~2007年2月16日)价格波动峰值。

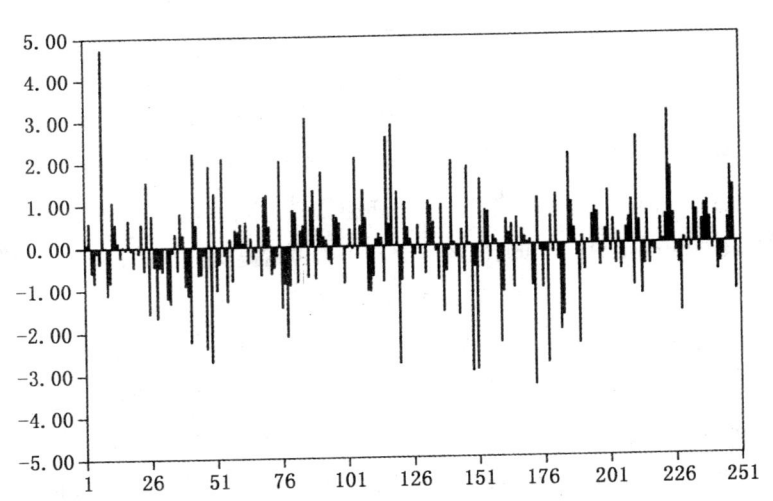

图5.9 美可保健公司(2006年2月21日~2007年2月16日)一年价格波动峰值示意图。Y轴表示按20日滑动时窗波动率计算的标准差,而X轴表示交易日。

与健康科学公司的股票不同,美可保健公司的股票没有以可预见的价格大幅波动峰值对季报公告做出回应。在上图所示的时间框架里,季报公告催生了分别有4.74、2.09、2.58和0.52个标准差的股价波动峰值。在这份股价波动峰值清单中唯一值得关注的是与2006年3月1日季报公告相关且在图的左侧清晰可见的那个股价大幅上涨峰值。该图没有显示任何可用来确定构建长仓的特定模式或者信息。不过,有意义的股价波动峰值的高出现频度使得确定入市时间成了一个次要问题。

在如图5.9所示的交易年度里,美可保健公司股票经历了24个大于2个标准差的股价波动峰值,但只有4个大于4个标准差的股价波动峰值。进行旨在根据多日股价波动峰值规模和出现频度排序的分析也是有利无弊。为此,我们可以计算1个由一定固定数量的交易日构成的复合交易日。假定在美可保健公司的例子中,我们采用一种"三合一"的复合交易日。每个"三合一"复合交易日从第1个交易日的开盘开始并于第3个交易日的收盘结束。隐含波动率应该按每年84个"三合一"复合交易日来计算。多日股价波动峰值意义非常重大,因为股价朝着一个方向的持续走势会严重影响期权价格。根据我们的选择标准计列多交易日股价波动峰值,有助于我们选择那些有可能经历多交易日股价大幅波动峰值的股票。美可保健公司的股票在被考察交易年度里经历了8个大于2个标准差的多交易日("三合一"复合交易日)股价波动峰值。

总结这个数据可帮助我们得出结论:我们能够预期大于2个标准差的股价波动峰值每月出现2次,而3个标准差的股价波动峰值每季度只出现1次。我们还应该预期全年出现8次"三合一"交易日2个标准差的股价波动峰值。对于这样一种股票,最佳交易策略就是买入短期跨式套利组合。买入美可保健公司的短期股票期权是有道理的,因为该公司股票价格波动峰值的出现频度很高,并且峰值大小适中、时间分布均匀。我们不可能在较长的时间内保留敞口头寸,等待股价波动峰值的出现。选择跨式套利优于选择宽跨式套利,因为我们只关心从股票相对较小的波动行情中获利。由于美可保健公司的股票是以接近30%的波动率和60美元的价格进行交易的,因此1个标准差的价格波动约等于1.15美元。我们预期的股价波动峰值有可能落入2.30～3.45美元的区间内,即有2到3个标准差。如果建仓时股票的交易价格位于期权2个履约价格之间,那么,比较接近的履约价格是上好的选择。与往常一样,一开始应该建立Δ中性的仓位,因为我们预测了价格波动幅度,但没有预测波动方向。

我们还必须考虑一些有关头寸管理的选择。选择应该局限在两大范畴,在中度波动峰值出现之后,我们可以选择通过卖出部分获利盘并且根据Δ值进行重新平衡。重要的是只卖出仅够使Δ值重新恢复平衡的头寸。严格地讲,由于交易两边在规模上不再相配,手中持有的头寸并不被视为跨式套利或者宽跨式套利头寸。我们可以让手中的头寸敞口一段时间,并且继续根据两个方向的股价波动峰值来卖出两边的合约。

一种比较简单的交易策略就是,无论股价是否大幅波动,都设定交易期限,并且按期平仓。这种交易策略就相当于下止损单，不过是基于时间的止损点。最后，我们可以简单地让手中持有的头寸敞口到出现第一个股价大幅波动的峰值为止。或者，我们也可以选择让手中的头寸一直敞口到期权到期。后一种选择在以波动率上涨为特点、交易活跃的市场上效果最好。

表 5.3 列示了利用美可保健公司股票期权进行短期交易的样本数据。如上所述，该股的交易历史呈现出大量中等规模的价格波动峰值。表中列示的交易是在 10 月 27 日接近收盘时开始的，当时看跌期权和看涨期权 Δ 值相等（表中的第一对 Δ 值）。由于这笔交易旨在速战速决，因此采用了在 22 个交易日后的 11 月 18 日到期的期权。美可保健公司股票当时在非常接近 Δ 中性的点上收盘，并且第二天就开始波动（−1.03 个标准差），3 个交易日后平仓可获利 42%。

表 5.3 美可保健公司样本短期多头跨式套利。在这个例子中，期权公允价值根据所考察时间框架内 30% 的典型波动率计算。

期权	交易日期	股价（$）	期权价格（$）	Δ 值	20 份合约价值（$）	总计（$）	峰值标准差
履约价 55 美元的看涨期权	10/27/2006	54.67	1.55	0.50	3 100		
履约价 55 美元的看跌期权	10/27/2006	54.67	1.70	−0.50	3 400	6 500	
履约价 55 美元的看涨期权	10/27/2006	54.75	1.55	0.51	3 100		
履约价 55 美元的看跌期权	10/27/2006	54.75	1.65	−0.49	3 300	6 400	
履约价 55 美元的看涨期权	10/30/2006	53.68	0.95	0.39	1 900		
履约价 55 美元的看跌期权	10/30/2006	53.68	2.15	−0.61	4 300	6 200	−1.03
履约价 55 美元的看涨期权	10/31/2006	53.50	0.85	0.37	1 700		
履约价 55 美元的看跌期权	10/31/2006	53.50	2.25	−0.63	4 500	6 200	−0.18
履约价 55 美元的看涨期权	11/01/2006	50.67	0.20	0.12	400		
履约价 55 美元的看跌期权	11/01/2006	50.67	4.40	−0.88	8 800	9 200	−2.79

与其在 11 月 1 日平仓了结交易，还不如通过卖出除三组看跌期权合约外的全部期权合约来调整看跌期权和看涨期权的 Δ 值。这笔交易也可能产生盈利，因为股票价格在以后的 3 个交易日里上涨了 3 美元。列一张 Δ 中性、在几个交易日内有可能盈利的交易的长表，还是比较简单的。不过，要注意一个限制因素，那就是在开始交易时 Δ 必须严格中性。当股票价格在相关交易日内没有与某一特定跨式套利或者虚值或实值宽跨式套利的 Δ 严格中性点相交时，情况通常就是如此。一种可能的解决方法是在同一交易中对股票和期权进行组合——买入股票/买入看跌期权或者卖出股票/买入看涨期权。

这种策略可保证在任何时间通过使股份数量与期权的 Δ 值相匹配来构建中性仓位。当然，这种策略也是利弊兼有。杠杆比率有所降低是它的最大弊端，由于该股票已经有值为 1 的 Δ，因此只能按一个稳定的速率上涨或者下跌。譬如说,假定我们买入 200 股股票和 10 份 Δ 值为 0.2 的看跌期权。如果股票价格充分下跌,而看跌期权的 Δ 值上涨到了 1.00,那么,看跌期权部位的增值超过股票部位的减值 5 倍;相反,如果股票价格充分上涨,而看跌期权失去了其全部价值,那么,股价会以 1.00 的 Δ 值上涨。遗憾的是,这样,我们就得放弃由看涨期权提供的杠杆效应:看涨期权在由 Δ 值下跌导致的下行趋势中显示出损失有限的特点,但能在由 Δ 值上涨导致的上行趋势中加快盈利速度。从积极方面看,通常买卖价差微不足道但流动性比期权大得多的股票可以在市前和市后交易,并且绝不会遭受因时减值效应。

最后,买入股票/买入看跌期权较之于卖出股票/买入看涨期权只有很小的优势,原因在于隐含波动率具有随标的股票涨跌而跌涨的倾向。因此,买入股票与买入看跌期权组合可从由看跌期权隐含波动率上涨导致的股价下跌中获利,并且不会蒙受由看涨期权隐含波动率下跌导致的股价上涨带来的损失。这个优势不应被忽视,因为它能对整个交易头寸价值产生显著的影响。

空头跨式套利与宽跨式套利

空头跨式套利与宽跨式套利可通过因时减值效应来获利。正像读者可能希望的那样,在波动率下跌的环境中,空头跨式套利与宽跨式套利会有最佳的表现。当波动率下跌并非必要条件时,它的效应就不会被夸大。在一个波动率上涨的环境中,通过空头跨式套利与宽跨式套利来赢利几乎是不可能的。遗憾的是,因时减值是一个缓慢的过程,通常每天只能产生几美分的盈利。

由于股价朝着任一方向的大幅波动都会对空头跨式套利和宽跨式套利产生破坏力,因此,隔夜敞口风险对于空头跨式套利和宽跨式套利头寸来说是一个必须注意的威胁。面向公众客户的期权市场一天开市 6.5 个小时,闭市 17.5 个小时。这个动态特点导致风险管理成了影响看跌期权—看涨期权空头交易能否成功的最重要因素。由于在开市期间总可停止交易,因此,对于守规矩的交易者来说,隔夜价格波动基本上代表着 100% 的风险。这种风险状况有两个显著的特征:

● 某个资产组合"成员"的价格显著波动常会导致大到足以抹去所有其他交易赚到的盈利的损失;

● 在遭遇大额亏损之前常能长时间赚取大额盈利。

解决方法是控制持仓量,避免触碰那些有开盘跳空历史的股票,在季报公告

第 5 章　如何管理基本期权头寸

周期的最后几个交易日里不要保留敞口头寸,在市场不稳定加剧时期决不开建空仓。这些规则具有一定程度的复杂性。例如,在 2004 年 12 月初和 2005 年 11 月底期间,市场几乎没有波动。在这个时间框架里,道琼斯工业平均指数缓慢攀升到了 10 900 点,后又下跌到了 10 100 点,但最后在 10 400 点附近稳定了下来。道琼斯工业平均指数在这个时间框架内变动非常缓慢;而且几乎在所有情况下大多数股票和指数的当月期权都沿着可预测的路径变动。不过,VIX 指数常在短至 1 到 2 周的时间框架内,在低至 10 点与高至 18 点之间波动。由于 VIX 指数是一个反映标准普尔 500 指数期权价格的复合波动率,因此,我们可以认为,期权价格在这个时间框架内经历了大幅波动。对于卖空者来说,在他们的交易策略中反映这一信息是一件重要的事,因为 VIX 指数的波动必然会反映在个股价格中。

话又得说回来,如能做好空头跨式套利和宽跨式套利,就有可能带来可观的盈利。但是,几乎每个交易头寸都得在某个时点进行调整。因此,限制每个交易头寸的初始规模以便根据变化加仓,这一点非常重要。表 5.4 大致列示了一笔样本交易的情况。我们的样本交易从距离到期日还有 51 个交易日开始,当时标的股票在 Δ 中性点上交易(在我们选定的履约价格上,看跌期权和看涨期权的 Δ 值正好相等)。每对录入数据表示 1 个交易日。表中,每对录入数据提供了每日交易两部位的信息,包括旨在保持看跌期权和看涨期权 Δ 值平衡的调整、未平仓合约量、期权的 Δ 值和交易头寸价值。阴影部分的录入数据表示为保持看跌期权和看涨期权 Δ 值平衡必须进行的头寸调整。每次头寸调整会导致期权履约价格变化。第一次调整增加了 75% 的未平仓合约量。

表 5.4　　　　　　　　样本交易空头组合动态分析表

期权	日期	股价	履约价	交易日	期权价格($)	Δ 值	合约数	期权价值	交易头寸价值($)
看涨	03/30/2006	98.90	105.00	51	1.07	0.25	20	2 140	
看跌	03/30/2006	98.90	95.00	51	1.16	−0.25	20	2 320	4 460
看涨	03/31/2006	96.50	105.00	50	0.56	0.16	20	1 120	
看跌	03/31/2006	96.50	95.00	50	1.87	−0.37	20	3 740	4 860
看涨	04/03/2006	94.50	105.00	47	0.27	0.09	20	540	
看跌	04/03/2006	94.50	95.00	47	2.56	−0.48	20	5 120	5 660
看涨	04/03/2006	94.50	100.00	47	1.00	0.25	35	3 500	
看跌	04/03/2006	94.50	90.00	47	0.84	−0.21	35	2 940	6 440
看涨	04/04/2006	95.10	100.00	46	1.13	0.28	35	3 955	
看跌	04/04/2006	95.10	90.00	46	0.70	−0.18	35	2 450	6 405
看涨	04/05/2006	94.60	100.00	45	0.97	0.25	35	3 395	
看跌	04/05/2006	94.60	90.00	45	0.78	−0.20	35	2 730	6 125

期权交易波动率前沿

续表

期权	日期	股价	履约价	交易日	期权价格($)	Δ值	合约数	期权价值	交易头寸价值($)
看涨	04/06/2006	93.30	100.00	44	0.66	0.19	35	2 310	
看跌	04/06/2006	93.30	90.00	44	1.06	−0.26	35	3 710	6 020
看涨	04/07/2006	92.50	100.00	43	0.50	0.16	35	1 750	
看跌	04/07/2006	92.50	90.00	43	1.27	−0.30	35	4 445	6 195
看涨	05/12/2006	92.50	100.00	8	0.00	0.01	35	0	
看跌	05/12/2006	92.50	90.00	8	0.24	−0.16	35	840	840
看涨	05/12/2006	92.50	95.00	8	0.30	0.20	35	1 050	
看跌	05/12/2006	92.50	90.00	8	0.24	−0.16	35	840	1 890
看涨	05/15/2006	91.75	95.00	5	0.07	0.07	35	245	
看跌	05/15/2006	91.75	90.00	5	0.24	−0.19	35	840	1 085
看涨	05/16/2006	90.80	95.00	4	0.01	0.02	35	35	
看跌	05/16/2006	90.80	90.00	4	0.41	−0.32	35	1 435	1 470
看涨	05/17/2006	91.25	95.00	3	0.00	0.01	35	35	
看跌	05/17/2006	91.25	90.00	3	0.21	−0.22	35	735	770
看涨	05/18/2006	92.30	95.00	2	0.02	0.03	35	70	
看跌	05/18/2006	92.30	90.00	2	0.02	−0.04	35	70	140
看涨	05/19/2006	92.45	95.00	1	0.00	0.01	35	0	
看跌	05/19/2006	92.45	90.00	1	0.00	−0.01	35	0	0

  2006年4月3日进行的第一次调整是必需的,因为股价下跌导致看跌期权的Δ值跌到了−0.48,看涨期权的Δ值下跌到了+0.09(请注意,看跌期权的Δ值是负数)。平衡的Δ值对于减少股价波动至关重要。不调整持仓量就可能相当于平掉看涨期权的仓位,并仍保留看跌期权短仓——一种明显不同的交易。读者很快就会注意到,我们可以通过回购履约价格为105美元的看涨期权和卖出相同数量的履约价格为100美元的看涨期权来缩小持仓量。虽然这次调整肯定会使看跌期权和看涨期权两者的Δ值趋近,但也会增加风险——尤其是因为看跌期权部位已有实值,股价在下跌,而期权距离到期还有47个交易日。通过调整履约价格和扩大持仓量,我们就能拉近看跌期权和看涨期权两者的Δ值(+0.25/−0.21),保持两者的履约价格有10美元的价差,抵补初始损失绰绰有余。初始交易头寸价值4 460美元,在调整前攀升到了5 660美元(27%的损失);调整后,我们仍持有价值6 440美元的空头头寸。

  我们持有的空头头寸其价值继续因时间而减少,股票价格也继续在下跌。为了节约篇幅,表5.5没有包含4月7日到5月12日这段时间的相关数据。在期权还剩8天到期的时点上,交易头寸价值减少了840美元,而我们的交易盈利在85%以上。不过,看跌期权和看涨期权的Δ值再次失衡(看跌期权的Δ值是−0.16,而看涨期权的Δ值则是+0.01)。我们被迫在平仓与再次调整持仓量之间做出选择。随着我们来到期权到期前的最后一周,因时减值效应曲线明显变得越来越陡峭。此外,5月12日是星期五,而下星期六是到期日。由于期权在星期六下午5:00到期,因此,在剩下的8天里有3天闭市——2个星期六和1个星期日。这些非交易日占合约到期剩余天数的3/8或者37.5%。而且,每次闭市与下一交易日开市之间损失的时间用百分比计,随着最后一个交易日的临近而变得越来越多,到期前的星期四晚上达到了极度,因为平值期权在市场闭市时必然要损失其1/3以上的剩余价值。[3]市场通常会以波动率下跌和上涨的方式,为这个问题做出补偿。就如读者所希望的那样,越临近到期日,日涨跌幅就越明显。这样的扭曲具有很多意蕴,并且会给卖空者带来好处。在本书的第8章"如何根据到期周期交易"中,我们将详细论述这种现象。

如果我们决定继续交易,那么,最好通过回购履约价格为100美元的看涨期权和卖出等量的履约价格为95美元的看涨期权来缩小履约价格价差。这次买卖使得看涨期权和看跌期权的Δ值变得相对比较平衡,而履约价格也只有5.00美元的价差。由于我们没有因调整而遭受损失,因此没有道理加仓扩大交易规模。

2天以后,当股价下跌到90.80美元时,看跌期权和看涨期权的Δ值再次失去平衡。我们必须权衡是把看涨期权的履约价格压低到90美元,还是依托维持或了结当期交易来进行跨式套利。遗憾的是,履约价格为90美元的跨式套利会使持仓量增值近3倍,并且导致两种期权的Δ值相对失衡(看涨期权0.68,看跌期权−0.32)。此外,履约价格为90美元的跨式套利对标的股票的任何价格波动都非常敏感。因此,重要的是要认识到波动率为20%的90美元股价的1个标准差只相当于1.15美元。结果,我们可能被迫就在第二天股价出现轻微波动时就以轻微的损失割肉离场。如果我们继续持仓,那么,手中持仓量的价值就能从调整时的5 833美元攀升到5月18日股价上涨到92.30美元(不到1个标准差的涨幅)时的8 310美元。只有当我们了结大部分合约并持有一个风险较小的仓量时,把交易缩小到跨式套利的规模才有意义。相反,保留Δ值失衡的仓量可能就相当于持有空头看跌期权。因此,5月16日以90.80美元的履约价格了结合约可能是最保守的交易策略,尽管执行这个策略仍得回购1 470美元的看跌期权和看涨期权。为了调整,我们卖出了价值6 290美元的期权,因此可获利4 820美元或者实现76％的盈利。如果我们冒险保留看跌期权短仓,虽然期权最终到期时仍为虚值,但可带来100％的盈利。可见,有时冒险是值得的。

如上所见,保持Δ值平衡对于看跌期权—看涨期权空头头寸管理策略至关重要。当两权的Δ值差异变得值得注意时,交易就有可能解体,并且可被作为单一多头或者空头头寸来表述。举列来说,如果50份合约的跨式套利看涨期权的Δ值是0.90,而看跌期权的Δ值则是-0.05,这笔交易实际上就是买入4 250股标的股(0.85×5 000)。虽然没有道理假设两权的Δ值能够严格保持相等,但跨式套利/宽跨式套利组合卖空者应该根据持仓量和标的股票的表现设定一个限值。譬如说,如果股价下跌幅度趋向于大于上涨幅度很多,那么,净空头应该被认为风险大于净多头。

波动率与风险

有时,我们会冒险卖出按相对较高的波动率定价的期权,因为较高的价格可带来履约价格选择方面的灵活性。遗憾的是,发生价格大幅波动的风险会与标的股票波动率不成比例地增大,两者的差距值得注意。距离到期日还有30天、隐含波动率为10％、履约价格为60美元的Δ中性跨式套利(平值期权)组合每份期权的价格接近1.40美元(股价在59.73美元时Δ中性);当期权的隐含波动率为40％时,更大的Δ中性持仓量(股价66.33美元,履约价格为75美元的看涨期权/履约价格为60美元的看跌期权)总价值相同。遗憾的是,看跌期权和看涨期权履约价格相差很大的高波动率宽跨式套利,并不必然比低波动率平值跨式套利安全。表5.5列示了每个波动率间距价格大幅波动峰值的平均数信息。表中所列示的数据是所有股价在20美元以上、有期权交易的股票(1 817只股票)252个交易日的数据。该表显示了波动率跌破20％后大于3个标准差的股价波动峰值平均数稳定下降的趋势。相反,波动率大于60％的股票经历了为数不相称的价格大幅波动。波动率在20％和60％之间的股票呈现出一条相对平坦的曲线。对这些数据的比较是有根据的,因为价格波动峰值大小可用股票的价格和波动率来确定。股价100美元、波动率为40％的股票3个标准差的价格波动峰值相当于7.56美元,而价格30美元、波动率20％的股票相同规模的价格波动峰值只相当于1.13美元。如上所见,改用标准差来表示价格波动,就能进行直接比较。

表 5.5　按波动率分组的大于 3 个标准差的股价波动峰值数量(252 个交易日)

年波动率(%)	大于 3 个标准差的股价波动峰值平均数
小于 10	3.24
10~19.9	3.38
20~29.9	4.94
30~39.9	4.97
40~49.9	5.11
50~59.9	5.53
60~69.9	6.50
大于 70	7.57

从统计学的角度看,卖出低波动率股票的平值跨式套利组合,要比卖出高波动率的非常宽的宽跨式套利组合安全。

有担保看涨期权与看跌期权

如果交易还包括一个由等量标的证券构成的反向头寸,那么,空头头寸被认为是"有担保"的。也就是说,对于每份空头合约,交易账户必须还有一个由 100 股标的股票构成的反向头寸。"反向头寸"一词是特意选择的,因为在这个背景下,"多头"和"空头"可能引起混淆。看涨期权空头是针对标的股票多头而进行的平衡,而看跌期权多头则是针对标的股票空头而进行的平衡。如果交易账户有等量的条件更有利——到期期限相同或更长、履约价格相同或更接近——的期权合约多头头寸,那么,期权空头头寸也被认为是有担保的。

有担保空头头寸并没有特别的担保要求,因为它们不是裸露头寸,而且潜在损失有限。表 5.6 列示了利用履约价格和到期月不同的看涨期权来进行担保的概念。

表 5.6　只用期权担保的看涨期权头寸

日期	收盘价($)	履约价格($)	到期日	剩余天数	期权价格($)	波动率值	Δ值
01/15/2007	73.00	75	03/17/2007	61	多头部位3.91	0.38	0.48
01/15/2007	73.00	80	02/17/2007	33	空头部位0.92	0.35	0.22
02/16/2007	80.00	75	03/17/2007	29	多头部位6.61	0.38	0.76
02/16/2007	80.00	80	02/17/2007	1	空头部位0.02	0.01	0.61

期权交易波动率前沿

表中的第 1 对数据是关于第一次开仓时交易两部位的相关数据。多头部位（上面一行）距离到期日还剩 61 天,而空头部位则还剩 33 天。第 2 对录入数据是关于星期五到期的交易两部位的相关数据,股价比交易开始时上涨了 7 点。请注意,空头部位的波动率在星期五下午 4:00 到期时几乎为 0。

在这个例子中,交易之所以进展顺利,是因为多头部位价值增加,而空头部位价值则减少。在这种情况下,用期权担保期权的盈利较之于比较传统的用股票担保期权交易的盈利要大得多。最初,多头部位期权的价格是 3.91 美元,而空头部位期权的价格则是 0.92 美元。也就是多头部位期权价格净高 2.99 美元,到了期权到期日就净高 6.59 美元——121% 的盈利,买卖价差套利略为减少了盈利。开仓时多部位期权价格净高 3.05 美元,到期时已经价值 6.50 美元,总共盈利 113%。

保守的交易策略可能就是平仓,并且获取全额利润。不过,我们还可以卖出另一批看涨期权,并且保留有担保头寸。卖出履约价格为 80 美元的 3 月期看涨期权是一种超保守交易策略——期权价格为 3.57 美元,Δ 值为 0.54。如果该股票继续上涨,那么,看跌和看涨期权的 Δ 值最终可能会达到 1.00。交易两部位的最大价差是 5.00 美元,从而能多产生 1.96 美元的盈利(初始价差是 6.61 美元－3.57 美元)。不过,3.57 美元的下跌保护令人失望,因为初始 Δ 值多头部位较大(0.76 对 0.54)。如果该股票下跌,我们可能就得被迫止损离场,而手中持有头寸的价值可能低于 2 月份到期时的价值。损失额由 Δ 值决定,最初多头部位的 Δ 值净大 0.22。

一种较不保守的交易策略可能是卖出履约价格较高——大概是 90 美元——的期权。这些看涨期权的价格可能是 1.67 美元,在这笔交易中最高能上涨到 4.94 美元,而空头部位的 Δ 值是 0.32,我们通过显著限制下跌保护来补偿额外的上涨。

在权衡了各种前滚方案以后,最好的选择就是了结交易、实现利润,尤其是因为股票最近上涨了 9.5%。如果非常看好市场,那么,最佳的选择就是利用提供较高杠杆比率的不同履约价格期权来构建新仓。根据 2 月份到期时标的股票 80 美元的股价,一个极好的建仓方案是买入 4 月份到期、履约价格为 80 美元的看涨期权,再卖出 3 月份到期、履约价格为 85 美元的看涨期权,这基本上是第一笔交易的重复。采取这种方法了结赢钱交易套现获利,而不是进行前滚的观点十分重要。如果新建的仓位具有相似的动力,而且市场前景也没有变,那么,采用这种交易前滚策略是有道理的。在我们的例子中,情况并非如此。标的股票急剧上涨,导致多头部位有 5 美元的实值,而且 Δ 值又高。任何留有上涨空间的看涨期权空头选择都几乎不能保护业已存在的利润。

简单地说,带着期权新仓前滚是没有道理的。表 5.6 概述的交易在启动时多头部位的 Δ 值是 0.26,也就是说,标的股票价格每下跌 1 美元,期权多头部位就要损失 26 美分。无论持仓量有多大,重要的是设定止损点,一旦达到止损点,就毫不犹豫地平仓离场。总的来说,这是一种结构保守的交易。表 5.7 概述了一种结构不良、风险又高、只用期权完成的有担保看涨期权交易。

表 5.7 所示的交易与表 5.6 所示的交易之间最明显的差异是时间安排。与其启动空头部位还有 1 个月到期的交易,我们选择等到到期前最后一周再出手,因此被迫进行风险较大的不同履约价格的期权组合。这种方案是特意选择的,因为很多交易者错误地认为,快速的因时减值效应能带来压倒价格波动风险的极度好处。

表 5.7　　　到期前最后几天只用期权构建的有担保看涨期权头寸

日期	收盘价($)	履约价格($)	到期日	剩余天数	期权价格($)	波动率值	Δ值
02/10/2007	73.00	75	03/17/2007	35	多头部位 2.89	0.40	0.45
02/10/2007	73.00	75	02/17/2007	7	空头部位 0.67	0.35	0.30
02/16/2007	85.00	75	03/17/2007	29	多头部位 10.86	0.40	0.89
02/16/2007	85.00	75	02/17/2007	1	空头部位 10.01	0.01	1.00

遗憾的是,在这个不幸的例子中,标的股票从 73 美元快速上涨到了 85 美元,导致空头部位的 Δ 值上升到了 1.00。在股价骤涨前,多头部位的期权价格净高 2.22 美元,而股价上涨以后,多头部位的期权价格仅净高 0.85 美元。一个 50 份期权合约仓量的价值从 11 100 美元减少到了 4 250 美元——62% 的损失。这种情形表明围绕期权构建的有担保交易及其股票—期权对应交易之间存在很大的差异。在股票价格朝着有利方向波动时,即使期权波动率上涨,股票—期权担保交易也不会赔钱。无论股价朝着哪个方向波动,纯期权担保交易有可能赔钱。因此,在牢记股价波动历史峰值的相对频度和规模的同时,还必须密切注意特定的交易结构。

由于隐含波动率也能发生足以影响交易的波动,因此,了解当期隐含波动率在历史坐标中的位置十分重要。隐含波动率的快速上涨通常伴随着股价的骤跌,因此能对纯期权担保交易产生巨大的正面影响。我们来考察表 5.8 所示的两个交易头寸。第一个头寸是有担保看跌期权头寸,各时间参数和履约价格格局与我们的第一个例子相同。第二个交易头寸代表股价突然下跌 3 美元并伴随着两部位10%的波动率上涨。在这两个例子中,上列表示多头部位。

表 5.8　　　　股价下跌前后的有担保看跌期权交易头寸变化

日期	收盘价($)	履约价格($)	到期日	剩余天数	期权价格($)	波动率值	Δ值
01/15/2007	73.00	70	03/17/2007	61	多头部位3.07	0.40	-0.35
01/15/2007	73.00	65	02/17/2007	33	空头部位0.45	0.35	-0.12
01/15/2007	70.00	70	03/17/2007	61	多头部位5.39	0.50	-0.44
01/15/2007	70.00	65	02/17/2007	33	空头部位1.58	0.45	-0.26

一个50份期权合约的交易头寸价值从股价下跌前的13 100美元增加到了股价下跌后的19 050美元。波动率单独上涨——股价不变——可使交易头寸价值增加到16 150美元。在第一个例子中,我们可获利45%,而在第二个例子中可获利23%。

波动率涨跌的影响效应非常明显,因为它们远比大多数投资者认为的更经常出现。例如,在2007年3月3日结束的这一周里,股票市场特别活跃,每种股票期权合约都经历了超过10%的波动率上涨(2月27日 VIX 指数在不到1小时的时间里就从11上涨到19)。一个对某只股票非常看空的投资者更有可能通过构建有担保的纯期权头寸,而不是比较传统的股票—期权头寸来实现高额盈利。这个效应对于看涨期权来说较不明显,因为波动率上涨大多伴随着股价下跌。此外,谨慎是必要的,因为波动率上涨有可能部分掩盖亏损。如果波动率在下跌以后回归正常,那么亏损完全有可能成真。这种情形非常突然地发生在了"行动研究"(Research in Motion)公司的股票上。2月27日,该股价格下跌了7.00美元,而其看涨期权的隐含波动率则从33%上涨到了44%,平值看涨期权已经很明显的损失在下一交易日隐含波动率恢复到33%时几乎又翻了一番。

最后,"有担保"一词可能有误导之嫌。对于与一个履约价格更加有利、到期月较近的多头配伍的期权空头来说,担保要求与无担保空头相同。严格地讲,这样的头寸不能算有担保头寸,而且它们的交易动态过程与我们刚才讨论的情形有很大的区别。如果这种交易被视为有担保交易,那么,多头部位期权的到期可能会触发担保要求。例如,多头部位的期权几乎以虚值到期,那么,期限较远的空头部位期权可能会经历股价大幅波动,足以导致无多头部位抵消的重大损失。我们将在下一章里考察包括多个履约价格和到期日的复杂交易时再讨论这些结构问题。

比较传统的观点认为,有担保看涨期权头寸由股票多头和看涨期权空头构成,而有担保看跌期权头寸则由股票空头和看跌期权多头构成。这两种有担保交易都有与我们一直在讨论的相同的期权—期权头寸动态演化过程的特点,区别仅在于股票部位就像Δ值为1.00的期权部位那样表现。实际上,我们可以买入深度实值看涨期权或者深度实值看跌期权作为多头部位以抵补相对应的空头部位虚值期权。这种交易策略的一个小优势就是多头部位的损失有所限制。此外,多头部位的Δ值在股价相对于期权履约价格大幅波动时发生的下跌可能是有益的。虽然股票多头或者空头总像Δ值为1.00的期权那样表现,但深度实值期权不会有这样的表现。标的股票价格大幅波动能够使Δ值小于1.00,并且减少多头部位的损失。

围绕股票构建的有担保头寸具有减少资产组合损失并限制其盈利的一般性质。举例来说,如果标的股票略有下跌、保持原价不变或者涨到了期权履约价格的水平,那么,有担保的看涨期权就能带来盈利。在平市,有担保的看涨期权和看跌期权能够因股票动向不明而带来巨大盈利。例如,如果您每月卖出一只价格为50美元的股票价值50美分的虚值看涨期权,那么全年的盈利就是6.00美元,或者12%的盈利。如果这只股票也略有上涨,那么盈利可能还会有所增加。

历史价格波动表现也是在构建有担保头寸时必须考虑的一个重要因素。偶尔出现价格大幅波动峰值的股票是构建有担保头寸的次级候选对象。期权空头部位会限制股价大幅波动带来的盈利,但不能有效减少股价大幅波动导致的损失。这个影响效应会被Δ值朝着盈利方向上涨或者朝着亏损方向下跌而放大。

最后,实值看跌和看涨期权空头可用来构建有担保头寸。这样的头寸,就其在股票走势逆转可能性很大,但从仍保留一定上行潜能时可用来与股票多头或者空头配伍这个意义上讲,通常被认为是防御型的。期权履约价格的选择范围很大,但选择适合特定投资策略的空头部位这一点很重要。表5.9列示了一些关于苹果电脑公司距离到期日还有22天、股价88.90美元时看跌期权的解释性数据。[4]

表5.9　　苹果电脑公司距离到期日还有22天的看跌期权数据

履约价格($)	看跌期权Δ值	买入价($)	卖出价($)
100	−1.00	10.90	11.10
95	−0.96	6.10	6.20
90	−0.58	2.50	2.55
85	−0.22	0.65	0.75

由表5.9中数据可知,针对股票空头部位,卖出履约价格为100美元或者95

美元的看跌期权,可能没有什么意义,因为股价下跌不会带来任何追加盈利(这两种履约价格的看跌期权的 Δ 值不是 -1.00 就是接近 -1.00)。如果我们针对股票空头部位卖出履约价格为 90 美元的看跌期权,那么就能获得 -0.42 的初始 Δ 净值。标的股票价格的进一步下跌可能带来盈利,最初是以股价每变动 1 美元可盈利 42 美分的比率。空头部位的 Δ 值可能也会上涨,我们可根据表 5.9 估计,苹果电脑公司股票价格每下跌 5.00 美元,就会导致看跌期权的 Δ 值接近于 -1.00。这种有限盈利的潜能会被不利方向价格波动减少 58% 而抵消。如果标的股票上涨 1.00 美元,我们只损失 42 美分。不过,随着股票价格的上涨,看跌期权的 Δ 值会一直下跌到保护功能荡然无存。因此,无论任何股票头寸是多头还是空头,下止损单是必需的。

股票合成头寸

我们可用期权来构建一个基本上与股票头寸表现相同的头寸。纯期权头寸有时因为成本低而能满足需要。有两种可能的交易策略可以运用:

- 股票多头等于看涨期权多头/看跌期权空头;
- 股票空头等于看涨期权空头/看跌期权多头。

表 5.10 显示了一个用距离到期日还剩 44 天的平值期权构建的股票合成多头头寸的表现。每对录入数据反映一对股价不同的看涨期权多头/看跌期权空头(每部位 10 份合约)。在该表底部附近,我们可以看到股价上涨到了 54 美元。最后录入的数据包括股价为 54 美元、距离到期日只剩 2 天的头寸部位对子的价值。最初多头部位净多 310 美元。如果股票立刻上涨到 54 美元,我们就能保留大约 310 美元的时间溢价,头寸价值就会沿着与 1 000 股股票持仓量——股价上涨 4.00 美元能产生 4 000 美元的盈利(表中倒数第二个对子)——相同的路径变动。表中最后录入的一对数据因期权在 42 天里经历了因时减值效应而不同。由于期权空头和多头部位都经历了时间减值效应,因此价值变化不大,看涨期权部位损失 940 美元,而看跌期权部位则盈利 650 美元。结果,盈利略为减少到了 3 700 美元,比 1 000 股股票持仓量的盈利增量少了 300 美元。

完成这笔交易的资金需要可计算如下:300 美元的建仓净成本 + 0.25 × 5 000 美元的看跌期权空头部位的担保成本 + 1 920 美元的看跌期权价值担保成本 = 14 720 美元。对担保要求的机会成本和相当于 50 000 美元的股票购买款进行比较是合理的,因为担保资金和 50 000 美元都没有损失。在这两种情况中,不论发生哪种情况,相关费用都是机会成本。无论如何,构建合成股票头寸要求筹措少得多的资金。

表 5.10　　　　　　　　　　合成股票头寸举例

股价($)	履约价($)	剩余天数	期权价格($)	波动率	Δ值	合约数	期权价值($)	总计($)
50.00	看涨 50	44	2.23	0.30	0.54	10	2 230	
50.00	看跌 50	44	1.92	0.30	−0.46	−10	−1 920	310
51.00	看涨 50	44	2.81	0.30	0.62	10	2 810	
51.00	看跌 50	44	1.51	0.30	−0.38	−10	−1 510	1 300
52.00	看涨 50	44	3.46	0.30	0.69	10	3 460	
52.00	看跌 50	44	1.16	0.30	−0.31	−10	1 160	2 300
53.00	看涨 50	44	4.18	0.30	0.75	10	4 180	
53.00	看跌 50	44	0.88	0.30	−0.25	−10	−880	3 300
54.00	看涨 50	44	4.95	0.30	0.80	10	4 950	
54.00	看跌 50	44	0.65	0.30	−0.20	−10	−650	4 300
54.00	看涨 50	2	4.01	0.30	1.00	10	4 010	
54.00	看跌 50	2	0.00	0.30	0.00	−10	0	4 010

在合成多头和空头之间存在一定的不对称性。请回忆一下,多头部位经历的因时减值效应较小(310 美元);合成空头部位的情况正好相反,因为看涨期权空头部位损失的时间价值大于看跌期权多头部位损失的时间价值——上述头寸的逆头寸在 42 天里大约可盈利 310 美元。2007 年 7 月前,合成空头部位还有一个对阻止投资者在股价下跌时构建空仓的"提价交易规则"有免疫力的优势。提价交易规则旨在阻止大投资者为了打压某只股票价格而持续做空这只股票,期权交易者具有能在出现导致股价下跌的利空消息后构建合成短仓的优势。在当今快速发展的在线交易环境中,区别是明显的。不过,提价交易规则不再有效,今天在某只股票下跌时可以做空这只股票。

有时,投资者会利用不同的履约价格来构建比单一头寸更加牛市或者熊市的合成多头或空头变体。例如,如果要开立一只预期近期会快速上涨的股票的期权合成多头头寸,期权的履约价格可能是不对称的,因此,看跌期权要比看涨期权贵许多。即使相关股票走势不明,并且看跌期权和看涨期权到期时都一文不值,空头部位的盈利仍可能大于多头部位的损失。如表 5.11 所示,这样一种合成头寸可不同于股票单一头寸。

表 5.11　　　　　　　　履约价格偏斜的合成多头头寸

股价($)	履约价($)	剩余天数	期权价格($)	波动率	Δ值	合约数	期权价值($)	总计($)
51.00	看涨 55	44	0.83	0.30	0.27	10	830	
51.00	看跌 50	44	1.51	0.30	−0.38	−10	−1 510	−680
52.00	看涨 55	44	1.13	0.30	0.33	10	1 130	
52.00	看跌 50	44	1.16	0.30	−0.31	−10	−1 160	−30
53.00	看涨 55	44	1.5	0.30	0.40	10	1 500	
53.00	看跌 50	44	0.88	0.30	−0.25	−10	−880	6.20
54.00	看涨 55	44	1.94	0.30	0.47	10	1 940	
54.00	看跌 50	44	0.65	0.30	−0.20	−10	−650	1 290
54.00	看涨 55	2	0.14	0.30	0.21	10	140	
54.00	看跌 50	2	0	0.30	0.00	−10	0	140

一个由1 000股股票构成的等价股票长仓可盈利3 000美元,但表5.11概述的偏斜合成头寸只能产生830美元的盈利。问题在于3美元的股价上涨仍使履约价格为55美元的看涨期权有1美元的虚值。随着到期日的临近,这些看涨期权的价值几乎跌至0。即使股价随即上涨(表中的最后第二对数据)产生的价值仍小于单一股票长仓,当标的股票价格涨到54美元时,合成交易只能带来1 970美元的盈利,而纯股票交易则能产生3 000美元的盈利。不过,盈利下降趋势有所缓和。股价立刻下跌4.00美元,可能只减少合成头寸2 790美元的价值——比股票长仓经历的损失少1 210美元(股价47美元,还剩44天到期时,看跌期权价格是3.64美元,而看涨期权的价格是0.17美元)。正如读者所预期的那样,期权多头部位在股票下跌时持有至到期日所蒙受的损失大于股价等量上涨时所能产生的盈利。

总的来说,这样合成交易仍有点简单。我们将在下一章里探讨更加复杂的多头和空头组合结构。

结束语

期权头寸是动态演化的,即便是最基本的头寸管理起来可能也比较复杂。很多有关这个题材的书籍错误地把期权头寸作为一种到期时具有一定价值的静态实体来处理。实际情况并非如此。现实中,交易者必须对包括履约价格、波动率涨跌、世界金融新闻、市场状况和因时减值效应但又不局限于这些影响因素的各种不同的影响因素做出回应。

重要的是进行期权交易,而不是标的证券交易,因为虚值期权在适当的条件下能够大幅度增加或者丧失价值。此外,很多交易者没有关注期权的Δ值,并且忘记了他们可以调动比其所交易的多得多的股份,这个问题会随着期权向前滚动并最终具有实值而变得更加严重。

重要的是用标准差来计算每只标的证券的价格波动峰值,并且对价格波动峰值的频度和大小形成观点,因为这个信息在进行交易时具有很大的价值。此外,通常可以把较大的价格波动峰值作为某些类型交易的触发点。在构建长仓或短仓或者进行多头或空头交易时,分别观察股价波动的历史数据有益无害。多日复合交易日也有助于分析。采用适当的年化因子能编制可直接与单日价格波动峰值示意图进行比较的多日价格波动峰值示意图。

季报公告、期权到期和其他事件具有一些期权交易者可利用的特点,因为它们会导致微妙的价格扭曲。重要的是把股价波动表现置于这些事件的背景下来解释,有些股票在期权剩余时间里与季报公告和正态分布的价格波动一起可预见地展现出价格大幅波动的峰值。这些特点在选择期权到期日和履约价格时有所帮助。

波动率涨跌能够在标的证券不发生任何价格波动的情况下导致期权头寸增加或者损失价值。有些股票易受日内波动率大幅波动的影响,我们完全可以采用根据不同年化因子计算日波动率的相同方式来计算日内波动率。日内波动率涨跌幅度大的股票其期权价格常被定低,因为大多数期权定价策略基于收盘至收盘的股价波动率变化;而日价格波动率高、日内价格波动率低的股票常会经历价格在开盘时大幅跳空。因此,持有这种股票的跨式套利期权组合头寸是危险的,因为股价大幅波动往往出现在市场闭市时。

最危险但常见的错误观念之一与远期和短期期权头寸的风险状况有关。到期日距离远、履约价格间隔大的跨式套利组合空头头寸并不必然比其短期对应头寸安全。其中的很多风险与标的证券的波动率有关。从统计学的角度看,卖出波动率低的股票的平值跨式套利组合比卖出波动率高的股票的宽跨式套利组合安全,因为波动率高的股票具有数量不对称的价格大幅波动峰值。

最后,我们可以只利用期权来构建股票合成多头或空头头寸。这些头寸会以与纯股票对应头寸相同的方式表现。通过选择不同的期权履约价格和移动交易的中心点,我们就能有偏地构建比等价股票头寸更加熊市或者牛市的头寸。

下一章就基于这些概念来探讨更加复杂的多部位交易。我们一直分析到现在的各种交易就作为更复杂头寸的基础,其中的很多复杂头寸可分解为我们刚刚分析过的基本头寸。

补充读物:

Farley, A., *The Master Swing Trader*, New York-Toronto: McGraw-Hill, 2001.

Kaufman, P., *Trading Systems and Methods*, Third Edition, New York-Toronto: John Wiley and Sons, 1998.

Luft, C.F. and R.K. Sheiner, *Listed Stock Options: The Hands-on Study Guide for Investors and Traders*, New York: McGraw-Hill, 1993.

Natenberg, S., *Option Volatility and Pricing*, Rerised Edition, New York: McGraw-Hill/Irwin Professional Publishing, 1994.

Olmstead, E., *Options for the Beginner and Beyond*, Financial Times Press (Prentice Hall), March 2006.

The Options Institute, *Options: Essential Concepts and Trading Strategies*, Third Edition, New York: McGraw-Hill, 1999. By staff and consultants of the Chicago Board Options Exchange.

尾注:

1. 从星期五收市到星期一收市两者之间有 3 个日历日。因此,100 个日历日通常包括 70~75 个交易日或者收盘价,具体取决于其间的节假日天数。
2. 如果要对日内波动率和日波动率进行比较,那么,重要的是始终不变地采用 252 天的交易年或者 365 天的交易年。相对应的 6.5 小时这个时间框架的年化因子就分别是 30.50 或者 36.71。
3. 星期四收盘时,距离到期还有 2.042 天;而星期五开盘时则距离到期还有 1.313 天。
4. 2007 年 2 月 23 日市场收市时的数据。

第6章　如何管理复杂头寸

上一章先考察了由看跌期权或看涨期权构成的单部位交易。随着交易复杂程度的提升,我们遇到了包含看跌期权和看涨期权的更加复杂的头寸。最后,我们在上一章里集中考察了由多头和空头部位——有担保看涨期权/看跌期权以及股票合成头寸——构成的交易。这一章继续按照由简单到复杂的顺序,先介绍包括不同到期日的多头和空头部位的日历套利(calendar spreads),然后介绍比率套利和日历—比率套利,最后考察包括三个或更多部位的交易。

我们之所以要选择这种表述方式,是因为它更加适合我们的动态管理主题。要管理的最简单交易由多头或者空头看跌期权或者看涨期权构成,管理同时包含看跌期权和看涨期权的交易是一种更加复杂的任务。多头部位和空头部位组合会进一步加大工作压力,因为需要对有限的盈利/无限的亏损与无限的盈利/有限的亏损进行协调平衡。在这一章里,我们还要增加时间(日历套利)和不对称性(比率套利)两个维度。最后,我们将考察一些能够包含各种多头和空头看跌期权和看涨期权组合、可能横跨不同到期月份的交易。这样的交易管理起来非常复杂,因为它们包含很多表现不同、变化不断的组成部位。从交易初始结构会对结果产生巨大影响这个意义上讲,它们还敏感地依赖于初始条件。

很多投资者认为,复杂的期权交易头寸构建以后,几乎不需要期中管理就能够风险有限地带来丰厚的收益。我们的观点截然不同:我们最后再讨论最复杂的多部位头寸,因为它们最难构建和维系。就如读者已经看到的那样,市场现实不同于基础理论,因为它们包括买卖价差、波动率变异、流动性问题、价格日内波动以及各种不同的市场意外事件。系统中每多引入一个变量,复杂性就会以指数方式提高。因此,建议持有多部位复杂交易很好理解并且具有很好的避险功能这一错误观念的初学者先从这种交易做起,显然是轻率之举。相反,投资者如果能花时间把波动率变化、因时减值效应和标的证券价格大幅波动等变量纳入模型,那么就有可能赢利。这样的投资者总有止损离场并调整头寸结构和规模的详细计划和整套准则。复杂交易需要认真规划的复杂管理计划,这一章的目的就是为构建这些管理策略奠定基础。

日历套利和对角套利

日历套利涉及买入和卖出履约价格相同、到期日不同的期权。如果空头部位也由期限较长的期权构成,那么,这种交易即被称为反向日历套利(reverse calendar spreads)。如果交易头寸采用不同的履约价格和到期日期的期权,那么就被认为是"对角化头寸"。毫不奇怪,卖出到期日期较远期权的对角套利(diagonal spread)有时被称为"反向对角套利"(reverse diagonal spread)。

上一章以只有期权的有担保看跌期权和看涨期权头寸为例介绍了对角套利。在上一章的背景下,我们构建了到期月份和履约价格比较有利的多头头寸。一个由4月份到期、履约价格为50美元的看涨期权空头以及5月份到期、履约价格为45美元的看涨期权多头构成的头寸,就是一个例子。就像上文讨论的那样,这样的头寸被认为是"有担保头寸"。

有多少种策略,就有多少种期权履约价格/到期日期组合。在一种极端情况下,投资者可以买入远期深度虚值期权并且卖出当月虚值期权来筹钱支付交易费用,空头部位每月按照取决于标的股票业绩的新履约价格更新展期。很多有关这个主题的已有文献按照高度牛市到高度熊市对这样的交易进行分类,这样的分类可能是有益的。在我们的分析中,我们常把这样的技术参数与价格波动特性联系起来,以确定某个头寸在从牛市到熊市谱系中的位置。

某些交易结构就风险而言令人失望。例如,即使标的股票价格趋近于期权的履约价格,一个履约价格比空头部位更加有利但距离到期日期较近的多头对角套利也可能遭遇很大的损失;风险随着期权到期日的临近而增大,但交易多头部位仍然是虚值。例如,假定交易账户里已有履约价格为100美元、当月到期的看涨期权多头头寸以及还有3个月到期、履约价格为120美元的空头头寸(标的股票以90美元的价格交易)。如果标的股票在期权到期前的最后几天里上涨到了98美元,期权多头部位只能有很小的增值,并且在临近到期日前已经分文不值;而期权空头部位全凭其较长的到期时间框架而可能大幅增值。这个交易头寸可能很像一个还有3个月到期的裸露看涨期权头寸那样表现。更糟糕的是,如果下月出现新的有利条件(还有3个月到期、履约价格为110美元的看涨期权多头部位),并且这种方案自动重复执行,那么损失很可能翻倍。表6.1列示了一种典型的方案。

表 6.1 看涨期权对角套利定价方案 1：标的股票价格上涨延迟，多头和空头部位的履约价格相差 10 美元。

日期	收盘价（$）	履约价格（$）	到期日期	剩余天数	期权价格（$）	波动率值	Δ 值
01/15/2007	71.00	90	05/19/2007	124.04	空头部位 1.70	0.40	0.20
01/15/2007	71.00	80	02/17/2007	33.04	多头部位 0.55	0.35	0.15
02/13/2007	75.00	90	05/19/2007	95.04	空头部位 1.89	0.40	0.23
02/13/2007	75.00	80	02/17/2007	4.04	多头部位 0.05	0.35	0.04
02/14/2007	77.00	90	05/19/2007	94.04	空头部位 2.37	0.40	0.27
02/14/2007	77.00	80	02/17/2007	3.04	多头部位 0.15	0.35	0.12
02/15/2007	79.00	90	05/19/2007	93.04	空头部位 2.93	0.40	0.32
02/15/2007	79.00	80	02/17/2007	2.04	多头部位 0.43	0.35	0.32

表中每个对子由一个到期期限较长的看涨期权空头部位(上列)和到期期限较短的看涨期权多头部位(下列)构成。每天收盘时的期权剩余时间在"剩余天数"一栏中显示。[1]虽然对角套利习惯上是买入到期月远离当期的期权，但是，这个交易头寸也被称为对角套利，因为它有到期日期和履约价格不同的多头和空头部位。

表中数据序列的第一个对子表示开仓交易，距离到期日还有 30 天，多头部位的看涨期权每份价值 0.55 美元，而空头部位的看涨期权则每份价值 1.70 美元。在期权到期前的最后几天里，标的股票涨到了 79 美元，对多头部位期权只产生有限的影响，这个部位期权的价格只有 0.43 美元，而空头部位期权则经历了大幅增值。如果我们在相同的股价上再多持有这个头寸 1 天，那么多头部位的期权价格就会由于因时减值效应而跌到 0，而空头部位的期权价格则会攀升到 2.90 美元——空头部位每份期权盈利 1.20 美元，而多头部位每份期权亏损 0.55 美元。这笔交易可能要净亏损 1.75 美元(每份期权)，或者每份合约净亏损 175 美元。当即将到期的多头部位期权被用来为到期期限较长的空头部位期权进行套期保值时，这个问题非常常见。同样需要指出的是，这笔交易的空头部位没有担保，但是空头部位的期权要在多头部位期权到期后才到期，因此，我们必须把担保的机会成本计入交易成本。担保的机会成本并非微不足道。一个由 50 份股价 70 美元的股票期权合约构成的头寸可能需要 87 500 美元的保证金和头寸构建成本——在本例中是 8 500 美元，因此，我们必须加计交易生命周期期间 96 000 美元资金的无风险利息。

保守的交易策略可能是在 2 月 13 日股价上涨到 75 美元或者次日股价上涨

到 77 美元时止损离场。同样，这样的决策因有严重取决于交易规模的预定止损限额而大有文章可做。很多投资者会保留相对较小的头寸，并依托均值回归来逆转趋势。

如果我们考虑交易的对应部分——传统的对角套利，那么，盈利可能就是每份期权 1.75 美元（假设空头部位到期日期较近的期权在股价低于履约价格时到期）。很多投资者会对他们预期长期内看涨的股票采用这种策略，如较常见的做法是在每个到期周期之初买入还有 6 个或者更多月份到期的看涨期权，同时卖出当月到期的看涨期权来抵消因时减值效应的做法。

如果股票价格在某个较早的日期上涨到了 75 美元，那么同样的交易也可能得出大相径庭的结果。表 6.2 列示了这种情形的相关数据。

表 6.2　看涨期权对角套利定价方案 2：标的股票价格快速上涨，看涨和看跌期权的履约价格相差 10 美元。

日期	收盘价（$）	履约价格（$）	到期日期	剩余天数	期权价格（$）	波动率值	Δ 值
01/15/2007	71.00	90	05/19/2007	124	空头部位 1.70	0.40	0.20
01/15/2007	71.00	80	02/17/2007	33	多头部位 0.55	0.35	0.15
01/17/2007	75.00	90	05/19/2007	122	空头部位 2.61	0.40	0.27
01/17/2007	75.00	80	02/17/2007	31	多头部位 1.35	0.35	0.29
01/18/2007	77.00	90	05/19/2007	121	空头部位 3.17	0.40	0.31
01/18/2007	77.00	80	02/17/2007	30	多头部位 1.98	0.35	0.39
01/19/2007	79.00	90	05/19/2007	120	空头部位 3.80	0.40	0.35
01/19/2007	79.00	80	02/17/2007	29	多头部位 2.79	0.35	0.48

交易开始时，空头部位期权价格净高 1.15 美元。股价上涨后，这个数值轻微缩小到略大于 1.00 美元。由于多头部位的近期期权没有丧失很多的时间，并且比较接近履约价格，因此能够获得大致与空头部位期权相当的盈利。不过，如果股票能维持在这个价格上，那么，我们的近期期权最终会丧失其全部价值——这就是表 6.1 所示的情形。在表 6.2 所示的情形中，我们可以对多头部位实施平仓获取每份期权 2.24 美元的盈利，然后以较高的履约价格建立新仓来为空头部位套期保值。这样就不会出现亏损，因为交易总头寸的价值没有发生实质性的变化（空头部位每份期权增值 2.10 美元，而多头部位则增值 2.24 美元）。空头部位增加的 2.10 美元可滚入新的头寸。我们还可以决定在股票还在上涨时让交易的多头和空头两个部位都敞口；等股票涨得足够多后就立即平仓（多头和空头两部位）获利。对方案 1 和方案 2 的比较可显示时间对期权头寸的破坏性质。

重要的是预先确定交易目标，然后调整交易头寸去实现目标。如果预定的目标是卖出虚值期权利用因时减值效应或者股价的反向大幅波动来赢利,那么,买入比较便宜的期权是最佳选择。不过,如果预定目标是利用交易多头部位升值来赢利,并且利用空头部位来弥补因时减值效应产生的某些成本,那么,买入价格较贵的"近值"(near-the-money)期权常是较好的选择。同样,如果多头部位期权到期日期离得较近,那么,交易空头部位的担保要求不变。

表 6.3 表示一种旨在利用交易多头部位来赢利并利用空头部位来弥补因时减值效应某些成本的交易策略。股票价格上涨发生在与表 6.2 股票上涨相同的时间。但是,由于我们买入了履约价格(75 美元)更加接近股票价格的期权,因此盈利颇丰。最初,交易两部位期权价格几乎相等(空头部位期权价格净高 13 美分),但等到股价上涨到 79 美元后,多头部位期权价格净高 1.85 美元——1.98 美元的盈利。在这个方案中,就应该通过对交易两部位实施平仓来套现获利并且构建新仓。

最后,如果股价开始下跌,那么,交易头寸可能会像 Δ 值为 0.14(多头部位的 Δ 值是 0.34,空头部位的 Δ 值是 0.20)的单一看涨期权多头头寸那样表现。这时的正确管理策略可能是损失一旦超过预定限额就止损离场。

表 6.3 看涨期权对角套利定价方案 3:标的股票价格快速上涨,履约价格相差 15 美元。

日期	收盘价($)	履约价格($)	到期日期	剩余天数	期权价格($)	波动率值	Δ值
01/15/2007	71.00	90	05/19/2007	124	空头部位 1.70	0.40	0.20
01/15/2007	71.00	75	02/17/2007	33	多头部位 1.57	0.35	0.34
01/17/2007	75.00	90	05/19/2007	122	空头部位 2.61	0.40	0.27
01/17/2007	75.00	75	02/17/2007	31	多头部位 3.21	0.35	0.54
01/18/2007	77.00	90	05/19/2007	121	空头部位 3.17	0.40	0.31
01/18/2007	77.00	75	02/17/2007	30	多头部位 4.33	0.35	0.64
01/19/2007	79.00	90	05/19/2007	120	空头部位 3.80	0.40	0.35
01/19/2007	79.00	75	02/17/2007	29	多头部位 5.65	0.35	0.73

利用一个初始 Δ 值差相同的股票多头和看涨期权空头组合,也能取得相似的结果。不过,这是一种不同的组合,因为股票的 Δ 值是 1.00。股票多头和看涨期权空头组合也可被视为"有担保"组合,并且没有任何担保要求。同样的动态分析也适用于围绕股票空头和看跌期权空头进行的交易。实际上,就是针对相对应的空头部位虚值期权,在多头部位买入深度实值看涨期权或者深度实值看跌期权。这种交易策略的一个小优势就是多头部位的损失有所限制。此外,在股票价格趋远于权履约价格时发生的多头部位 Δ 值下降可能是有益的。多头或者空头部位的股票总是像 Δ 值为 1.00 的期权那样表现,而深度实值期权则

不会有这样的表现。标的股票价格发生显著波动,会使股票的 Δ 值小于 1.00,并且减少交易多头部位的损失。

股价波动的历史表现也是一个在策划对角套利时应该考虑的重要因素。偶尔价格大幅波动的股票是构建对角套利头寸的低级候选对象,空头部位期权会限制利用某一方向股价大幅波动赢利的可能性,但又不能有效减少由另一方向股价波动造成的损失。这个效应会因 Δ 值的上涨而在盈利方面得到放大,而因 Δ 值的下降而在亏损方面得到放大。

日历套利也有同样的动态影响效应,但由于期权的履约价格相同,因此很难在每个到期周期对交易进行前滚。在某个到期周期末标的股票价格发生足以涨破或者跌破期权履约价格的大幅波动,从而导致难以追加另一虚值期权空头交易时就会出现这样的问题。继续交易,就得用也有高 Δ 值的多头实值期权来保护现有盈利。表 6.4 显示了一种把(表 6.1 中)交易方案 1 作为日历套利方案重塑的变体。

表 6.4　　　　派生于表 6.1 的看涨期权日历套利方案

日期	收盘价($)	履约价格($)	到期日期	剩余天数	期权价格($)	波动率值	Δ值
01/15/2007	71.00	80	05/19/2007	124	多头部位 3.77	0.40	0.37
01/15/2007	71.00	80	02/17/2007	33	空头部位 0.55	0.35	0.15
02/13/2007	75.00	80	05/19/2007	95	多头部位 4.47	0.40	0.23
02/13/2007	75.00	80	02/17/2007	4	空头部位 0.05	0.35	0.04
02/14/2007	77.00	80	05/19/2007	94	多头部位 5.37	0.40	0.49
02/14/2007	77.00	80	02/17/2007	3	空头部位 0.15	0.35	0.12
02/15/2007	79.00	80	05/19/2007	93	多头部位 6.36	0.40	0.54
02/15/2007	79.00	80	02/17/2007	2	空头部位 0.43	0.35	0.32

在本例中,多头和空头部位期权的履约价格都是 80 美元。但由于这是日历套利交易,而不是反向日历套利,交易的多头部位是到期月距离较远的期权,而空头部位是到期日期较近的期权。股价快速上涨 10%,把多头部位期权的价格从 3.77 美元提高到了 6.36 美元,而把空头部位期权的价格降低到了 43 美分。如果标的股票的价格在一个以上的交易日里持续低于期权的履约价格,那么,空头部位的期权在到期时就会分文不值。

在 2 月份到期时,这笔交易每份期权可赢利 3.14 美元(6.36 美元 - 3.77 美元 + 0.55 美元)。届时了结交易并获取全部盈利应该是明智之举。不过,如果我们想继续类似结构的交易,那么,下一步应该以 1.15 美元的价格卖出 3 月份到期、履约价格为 85 美元的看涨期权。这笔新交易是对角套利,因为期权的履约价格不同。新的看涨期权价格是在 2 月份到期时确定的,距离到期日还剩 29 天,它的 Δ 值是 0.26。请注意,在进行第一笔交易时,多头部位 Δ 值净高 0.22。新仓建立后行情发生逆转的风险可能较大,因为交易两部位的总 Δ 值是多头部位净高 0.28。这个问题是由 Δ 值为 0.54 的多头部位实值看涨期权造成的。因此,新头寸的管理更加困难,我们需要设定更加敏感的止损限额。

就如我们已经看到的那样,针对远期月份空头头寸的本月多头套期保值潜在效益可能较大,但结果严重依赖于期权的履约价格和到期日期。例如,表 6.3 和表 6.5 中的合约值得关注。在表 6.3 中,多头部位在履约价格上具有 15 美元的优势;而在表 6.5 中,每笔交易两部位采用一个履约价格。在两张表所示的两个情形中,标的股票都几乎立刻发生了 10% 的价格上涨。由于到期日较近的期权还剩 33 天到期,因此,期权增值的潜能很大。请注意,构建这个头寸的交易被称为"看涨期权反向日历套利",因为多头部位期权的到期日期离得较近。

表 6.5　　标的股票价格立刻上涨时的看涨期权反向日历套利

日期	收盘价($)	履约价格($)	到期日	剩余天数	期权价格($)	波动率值	Δ值
01/15/2007	71.00	80	05/19/2007	124	空头部位 3.77	0.40	0.37
01/15/2007	71.00	80	02/17/2007	33	多头部位 0.55	0.35	0.15
01/17/2007	75.00	80	05/19/2007	122	空头部位 5.39	0.40	0.46
01/17/2007	75.00	80	02/17/2007	31	多头部位 1.35	0.35	0.29
01/18/2007	77.00	80	05/19/2007	121	空头部位 6.33	0.40	0.51
01/18/2007	77.00	80	02/17/2007	30	多头部位 1.98	0.35	0.39
01/19/2007	79.00	80	05/19/2007	120	空头部位 7.35	0.40	0.55
01/19/2007	79.00	80	02/17/2007	29	多头部位 2.79	0.35	0.48

我们从空头部位期权价格净高 3.22 美元开始交易。在股价突然上涨以后,我们发现空头部位期权价格净高变成了 4.56 美元——1.34 美元的损失。未经套期保值的空头头寸可能要遭遇近 3 倍于此的损失——3.58 美元(7.35 美元 − 3.77 美元)。比较表 6.4 和表 6.5 中的近月看涨期权价格可以发现,近期虚值套期保值交易的效益随着到期日期的临近显著下降。在表 6.4 中,如果我们在当月做多,那么,在远期月份期权的价值大幅上涨时,交易头寸的期权价值可能发生很小的变化。就如读者可能预期的那样,近期多头部位的表现甚至比在表 6.3 中的表现还要强劲。在表 6.3 中,对角套利包括一个低于表 6.5 中履约价格(80 美元)的近期履约价格(75 美元)。

表 6.5 中的反向日历套利是一种熊市交易策略,因为初始 Δ 值是空头部位净差 −0.22。也就是说,股价的快速上涨对交易头寸具有破坏力。在本例中,γ

是一种反作用力。交易多头部位的 γ 值随着股票价格的上涨从 0.031 上涨到了 0.051,而空头部位的 γ 值则仍保持在 0.022 的水平上不变。因此,虽然交易的 Δ 值是空头部位净差,但整个交易 γ 值是多头部位较大,并且呈不断上升趋势。结果,随着 1 月 19 日股价上涨到 79 美元,交易变得不那么熊市,Δ 值净差也攀升到了－0.07。近期的套期保值也因这一动态演化产生了作用,但我们可能要在股价涨到 79 美元前止损离场。在表 6.4 中,价格大幅上涨出现在临近期权到期时。多头部位的 γ 值基本上已经跌到了 0,而 Δ 值的净差仍是＋0.22。如果标的股票价格再多 1 天低于期权的履约价格,那么空头部位的 Δ 值就可能跌到 0,从而产生＋5.04 的 Δ 值净差。也就是说,套利交易在 2 月份到期时已经变得非常牛市。

只用看涨期权做熊市交易的基本概念十分重要,读者也许有兴趣考虑采用看跌期权来做熊市交易,但实际情况表明不该如此。表 6.6 显示了把表 6.4 中的股价上涨 10% 改为下跌 10% 的结果。

表 6.6　　　　　标的股票下跌时的看涨期权反向日历套利交易

日期	收盘价($)	履约价格($)	到期日期	剩余天数	期权价格($)	波动率值	Δ值
01/15/2007	71.00	80	05/19/2007	124	空头部位 3.77	0.40	0.37
01/15/2007	71.00	80	02/17/2007	33	多头部位 0.55	0.35	0.15
02/13/2007	67.00	80	05/19/2007	95	空头部位 1.76	0.40	0.24
02/13/2007	67.00	80	02/17/2007	4	多头部位 0.00	0.35	0.00
02/14/2007	65.00	80	05/19/2007	94	空头部位 1.30	0.40	0.20
02/14/2007	65.00	80	02/17/2007	3	多头部位 0.00	0.35	0.00
02/15/2007	63.00	80	05/19/2007	93	空头部位 0.94	0.40	0.15
02/15/2007	63.00	80	02/17/2007	2	多头部位 0.00	0.35	0.00

随着交易两部位期权价格由空头部位净高 3.22 美元下跌到空头部位净高 0.94 美元,交易变得非常有利可图。Δ 值净差－0.22 的熊市性质在期权价格的这种表现中显而易见,但交易结构仍存在内在缺陷。问题在于:即使标的股票价格上涨 10%,到期日期较近的期权在到期时仍会变得分文不值。于是,这笔交易能够取得与多损失 55 美分的远期无担保看涨期权空头相同的结果。由此可见,多头部位的期权只有很小的减少空头部位损失的能力。如果就如在我们的例子中那样股价下跌,那么,多头部位期权的交易成本只会减少盈利。在 5 月份到期时,4 个月套期保值的总成本大约接近每份期权 2.20 美元,而总利润是每份期权 1.57 美元;还应该考虑担保要求的机会成本,因为担保要求的机会成本约相当于利润的 20%(假定无风险利率是 5%)。这些旨在利用因时减值效应和/

或波动率下跌来赢利的交易一般同时由看跌期权和看涨期权四个部位构成,并且要根据需要随时加以调整。我们将在本章后续部分回过头来讲述四部位复杂交易。

比率套利

宽泛地讲,比率套利(ratio spread)交易就是买入一定数量的某一履约价格的期权,同时卖出这个数量某个倍数的另一履约价格的期权。这一节集中介绍多头部位和空头部位到期日期相同的比率套利交易。比率套利是一种非常保守的交易策略,因为它们在利用宽阔的标的股票价格波动幅度来赢利的同时又采取措施减少亏损。

比率套利交易既可同时利用股票和期权也能只用期权来执行。大多数纯期权比率套利在减少交易某一部位损失的同时又能全面保护另一部位不受损失。看涨期权比率套利就是一个绝好的例子,这种交易可以由买入10份履约价格为70美元的看涨期权和卖出20份到期周期相同、履约价格为75美元的看涨期权两个部位构成。假定这两个部位价值大致相同,这笔交易在到期时如果标的股票的价格位于70美元和80美元之间就能赢利,而当股价为75美元时可获得最多的盈利。比率套利有一个非常具有吸引力的特点:如果期权到期时标的股票的价格低于两个期权履约价格,那么交易就不赚不赔。表6.7表明,西尔斯公司股票常常是一个可被选为看涨期权比率套利交易候选对象的绝好例子。

表6.7 2007年1月到期的西尔斯公司股票看涨期权比率套利。在本例中,期权价值采用考察期时间框架内的平均波动率(18%)计算。

日期	收盘价($)	履约价格($)	剩余天数	期权价格($)	Δ值	合约数	头寸价值($)
12/21/2006	167.93	175	30	1.20	0.24	10	
12/21/2006	167.93	180	30	0.45	0.11	−20	300
01/03/2007	167.28	175	17	0.45	0.14	10	
01/03/2007	167.28	180	17	0.10	0.04	−20	250
01/09/2007	166.23	175	11	0.15	0.06	10	
01/09/2007	166.23	180	11	0.01	0.01	−20	130
01/10/2007	172.09	175	10	1.00	0.31	10	
01/10/2007	172.09	180	10	0.15	0.07	−20	700

续表

日期	收盘价($)	履约价格($)	剩余天数	期权价格($)	Δ值	合约数	头寸价值($)
01/11/2007	174.48	175	9	1.85	0.48	10	
01/11/2007	174.48	180	9	0.40	0.15	−20	1 050
01/16/2007	179.07	175	4	4.35	0.89	10	
01/16/2007	179.07	180	4	1.00	0.41	−20	2 350
01/17/2007	177.41	175	3	2.80	0.81	10	
01/17/2007	177.41	180	3	0.30	0.20	−20	2 200
01/18/2007	178.03	175	2	3.20	0.90	10	
01/18/2007	178.03	180	2	0.30	0.21	−20	2 600
01/19/2007	179.52	175	1	4.50	1.00	10	
01/19/2007	179.52	180	1	0.05	0.40	−20	4 400

我们之所以选择西尔斯公司股票作为比率套利的例子,是因为这只股票的价格波动表现常常服从正态分布,而这只股票期权的价格常能合理反映风险。选择这个时间框架是为了避开季报公告,因为季报公告往往会导致股价波动。请注意,开始时,这是一笔 Δ 中性交易——多头部位的 Δ 值是 0.24,空头部位是 0.22(0.11×2)。多头部位看涨期权的买入成本是 1.20 美元,而空头部位看涨期权可卖 0.90 美元(0.45 美元×2)。这笔交易的股价下跌总风险只有每份期权 30 美分(10 份合约 300 美元)。如果股价下跌,我们可以在期权临近到期时了结交易,少量卖出多头部位,并且任由空头部位到期时分文不值。到期时,凭借多头部位的实值和空头部位的平值,这笔交易两部位的期权价值接近 5.00 美元(每两份期权)。

很少有交易这么幸运。例如,假定在 1 月 16 日和期权到期日期之间,西尔斯公司的股票为了回应一则利好消息而突然价格急剧上涨。这样,交易的全部盈利都将被抹去。如果股价上涨幅度足够大,那么,空头部位的价值就有可能大于多头部位。从交易在早期更容易受到这样的股价上涨的影响这一意义上来说,这种表现是时间依赖性的。表 6.8 就显示了这样一个交易方案。为该表选择的股票是苹果电脑公司的股票,因为该公司的股票有挫败一切期权定价模型的价格大幅上涨历史。

表 6.8 2007 年 1 月到期的苹果电脑公司股票看涨期权比率套利。在本例中,期权价值采用考察期时间框架内的平均波动率(36%)计算。

日期	收盘价($)	履约价	剩余天数	期权价格($)	Δ值	合约数	交易头寸价值($)
12/20/2006	84.76	85	31	3.60	0.53	10	

续表

日期	收盘价($)	履约价($)	剩余天数	期权价格($)	Δ值	合约数	交易头寸价值($)
12/20/2006	84.76	90	31	1.70	0.32	−20	200
01/08/2007	85.47	85	12	2.55	0.56	10	
01/08/2007	85.47	90	12	0.75	0.23	−20	1 050
01/09/2007	92.57	85	11	7.90	0.92	10	
01/09/2007	92.57	90	11	3.90	0.69	−20	100
01/10/2007	97.00	85	10	12.15	0.99	10	
01/10/2007	97.00	90	10	7.40	0.90	−20	−2 650
01/11/2007	95.80	85	9	10.95	0.98	10	
01/11/2007	95.80	90	9	6.25	0.88	−20	−1 550
01/12/2007	94.62	85	8	9.75	0.98	10	
01/12/2007	94.62	90	8	5.15	0.84	−20	−550
01/16/2007	97.10	85	4	12.15	1.00	10	
01/16/2007	97.10	90	4	7.20	0.98	−20	−2 250
01/17/2007	94.95	85	3	10.00	1.00	10	
01/17/2007	94.95	90	3	5.05	0.95	−20	−100
01/18/2007	89.07	85	2	4.15	0.96	10	
01/18/2007	89.07	90	2	0.60	0.36	−20	2 950
01/19/2007	88.50	85	1	3.50	0.98	10	
01/19/2007	88.50	90	1	0.05	0.20	−20	3 400

以上两个例子的期权到期月份相同——2007年1月。在如表6.8所示的时间框架里,市场普遍上涨,而且大多数股票表现良好。但是,苹果电脑公司的股票经历了几次幅度非常大的价格上涨,对我们的交易具有破坏性。开始时,我们的交易略显熊市($\Delta=-0.11$)。空头部位的期权每两份可卖3.40美元,而多头部位的期权则每份可卖3.60美元。最初的股价稳定导致空头部位期权的价值显著减少,而整个交易由基本无利转为多头部位每两份期权盈利1.50美元。对于一笔略显熊市并且没有经历标的股票价格大幅上涨的交易来说,这个结果是非常不错的。1月8日,空头部位期权减值产生了一个略显牛市的交易头寸($\Delta=+0.10$)。

1月9日,情况发生了变化,苹果电脑公司的股票突然经历了一次4个标准差的价格上涨,使得股价从85美元猛涨到了92美元,而交易利润则被这一变化全部抹光。不过,比率套利多头部位减少损失的能力显而易见,因为虽然空头部位的价格上涨了420%,但是,整笔交易仍然是绝对波澜不惊,而且总体而言没有亏损。平仓了结这样的交易,通常是个不错的主意,尤其是在一只之前价格几乎不动的股票突然变得活跃起来时。在苹果电脑公司的例子中,股价突然大幅上涨的原因是发布产品公告——苹果电脑公司决定以一种独特的新产品进军手机市场。这次产品公告也标志着苹果电脑公司的一次转折——把计算机基础设备的新焦点转向了家庭娱乐设备。分析师们开始撰写分析报告,而苹果电脑公司在以后的几周里继续成为新闻焦点。这可不是持有苹果电脑公司股票期权结构化头寸的好时光,除非想利用股价朝着某个方向的非预期大幅波动来赢利(多头跨式套利)。

第二天,也就是1月10日,苹果电脑公司股票的价格又上涨了4.43美元,完全葬送了我们这笔套利交易,并且导致了2 850美元的亏损。结果,均值回归效应(以及分析师们不一致的评论)导致苹果电脑公司股票在期权到期前下跌了9.00美元。最终,这笔套利交易可赢利3 200美元。倘若当时股价仍停留在97美元,这笔套利交易就得亏损,空头部位可能只值14美元,而多头部位只值12美元。1月10日,在股价第2次上涨时,继续持有这个头寸就大致相当于卖空苹果电脑公司的股票,因为套利交易头寸的Δ值净差是-0.81。除非投资者有这个意愿,并且希望通过卖空苹果电脑公司的股票来弥补第一笔亏损,否则,持有这个交易头寸可能就是纯粹在赌博。

导致苹果电脑公司股票是看涨期权比率套利交易的平庸候选对象的相同特点,也能使该股票成为多头跨式套利的绝佳候选对象。不过,就如我们所看到的那样,多头跨式套利和宽跨式套利交易要承担因时减值效应造成的成本。如果股票在交易时间框架内没有经历价格波动,那么,这种因时减值效应成本会变得很高。应对这种成本的一种方法就是谋划具有多头部位和空头部位的交易,以免遭遇因时减值效应,并且利用价格大幅波动事件来赢利。反向比率套利或者后向比率套利(ratio backspreads)是一种可行的应对措施,这种套利很像我们一直在讨论的正向套利或者前向比率套利(ratio forward spreads),区别仅在于多头部位的期权履约价格具有更大的虚值。

假定我们持有表6.8中交易的对应头寸——20份履约价格为90美元的多头看涨期权合约以及10份履约价格85美元的空头看涨期权合约,我们就能筹划一笔看涨期权后向比率套利。这种套利交易可能在出现股价大幅上涨时产生盈利。在股价下跌时,套利交易头寸的两个部位到期时都分文不值。在1月10日的股价峰值上,做看涨期权后向比率套利是有利可图的,我们可以平仓了结交易。

前向比率套利依靠的是股价在时间上的缓慢、稳定波动,因为交易目的在于

第 6 章　如何管理复杂头寸

任由更加深度虚值的期权因时减值。股价趋近于期权履约价格的快速波动往往有利于交易的空头部位，从而导致交易遭受损失。后向比率套利正好相反：股价趋近于期权履约价格的非预期大幅变动有利于交易的多头部位。无论是在前向比率套利还是后向比率套利中，充分改变交易头寸价值的股价大幅波动应该会触发平仓离市。如果是前向比率套利，平仓离市是一种防止进一步损失的止损行为；在后向比率套利的情况下，平仓离市是一种套利行为。从股票投资者那里套利和支撑均值回归的一般影响因素在股价大幅波动后通常会产生不利于后向比率套利的影响。图 6.1 显著反映了这种特性。该图显示了苹果电脑公司股票在交易时间框架(2006 年 12 月 20 日～2007 年 1 月 19 日)内的表现特点。

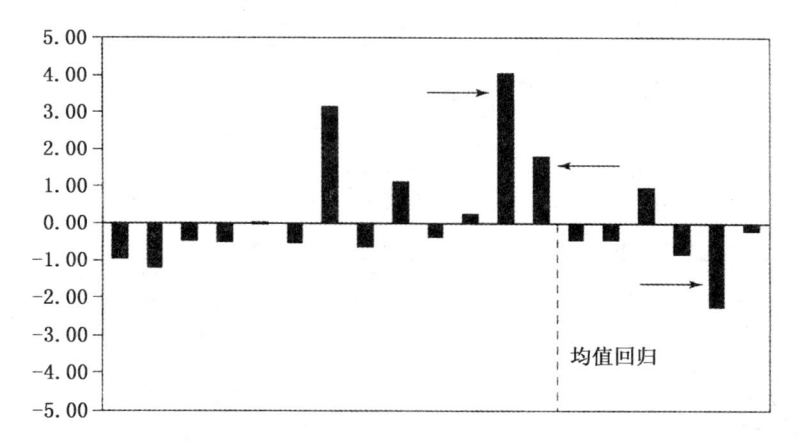

图 6.1　用标准差表示的苹果电脑公司股价波动峰值(2006 年 12 月 20 日～2007 年 1 月 19 日)。1 月 9 日和 1 月 10 日的股价大幅上涨峰值以及 1 月 18 日的股价下跌峰值用箭头进行了标注。图中清晰可见的 12 月 29 日股价上涨峰值没有列入表 6.9 中。

12 月 29 日出现的第一个股价上涨峰值没有列入表 6.9，它只对交易头寸产生可忽略不计的影响。因为，这个峰值过后，套利交易的两个部位仍为虚值。履约价格接近股价的期权上涨到了 3.05 美元，而履约价格距离股价较远的期权上涨到了 1.25 美元。图中用箭头标示的导致期权具有实值的股价波动峰值产生了显著的影响，履约价格接近股价的期权上涨到了 12.15 美元，而履约价格距离股价较远的期权则上涨到了 7.40 美元。

由于股价与履约价格的接近和时间两个因素都会对套利交易产生影响，因此，后向比率套利应该采取不同于前向比率套利的结构。如果利用履约价格距离股价较远、几乎是实值的期权来进行反向比率套利，那么，这种交易就有较高的盈利几率。表 6.9 明确显示了这种特性。该表显示了一个与表 6.8 中苹果电脑公司股票期权前向比率套利交易相对应的后向比率套利交易。

表 6.9　2007 年 1 月苹果电脑公司股票看涨期权后向比率套利交易。在本例中，期权价值采用交易时间框架内的平均波动率(36%)来计算。

日期	收盘价($)	履约价($)	剩余天数	期权价格($)	Δ值	合约数	交易头寸价值($)
12/20/2006	84.76	80	31	6.55	0.74	−10	
12/20/2006	84.76	85	31	3.60	0.53	20	650
01/08/2007	85.47	80	12	6.00	0.86	−10	
01/08/2007	85.47	85	12	2.55	0.56	20	−900
01/09/2007	92.57	80	11	12.70	0.99	−10	
01/09/2007	92.57	85	11	7.90	0.92	20	3 100
01/10/2007	97.00	80	10	17.10	1.00	−10	
01/10/2007	97.00	85	10	12.15	0.99	20	7 200
01/11/2007	95.80	80	9	15.90	1.00	−10	
01/11/2007	95.80	85	9	10.95	0.98	20	6 000
01/12/2007	94.62	80	8	14.70	1.00	−10	
01/12/2007	94.62	85	8	9.75	0.98	20	4 800
01/16/2007	97.10	80	4	17.15	1.00	−10	
01/16/2007	97.10	85	4	12.15	1.00	20	7 150
01/17/2007	94.95	80	3	15.00	1.00	−10	
01/17/2007	94.95	85	3	10.00	1.00	20	5 000
01/18/2007	89.07	80	2	9.10	1.00	−10	
01/18/2007	89.07	85	2	4.15	0.96	20	−800
01/19/2007	88.50	80	1	8.50	1.00	−10	
01/19/2007	88.50	85	1	3.50	0.98	20	−1 500

请注意，在这笔交易中，在我们采用的第一个履约价格下期权具有实值，在第二个履约价格下期权刚好是虚值。最初，这笔交易并非 Δ 中性。在交易起始日，多头部位的 Δ 值净高＋0.32。也就是说，这笔套利交易有 320 股牛市股，而中性交易应该只有 14 份合约的多头。相反，价格中性交易应该是 18～19 份合约的多头。由于苹果电脑公司股票在本次交易前的历史价格波动明显偏向于上涨，因此，牛市交易策略是一种理性选择。苹果电脑公司股票的波动性质比前例更加明显，因为期权平值时的 Δ 值较大，并且具有更加显著的影响。

表 6.8 和表 6.9 所示的交易结构表明后向比率套利具有不同的风险状况(请注意，表 6.8 中是前向比率套利)。如果表 6.8 中交易采用后向比率套利结构，那么就会损失 3 200 美元。由于表 6.9 中的履约价格安排针对后向比率套利进行了

优化,因此,期权到期时的损失较小——2 150美元。1月10日的盈利也要大许多——6 550美元。如果我们用履约价格为90美元和95美元的期权来组织一笔期权深度虚值的交易,那么就不可能在这个交易时间框架内赢利。

我们的第二个例子是围绕较高的Δ值和实值履约价格来构建的。我们可以多采取一个步骤,并且利用股票和期权来组织交易。无论是对于前向比率套利还是对于后向比率套利,股票—期权结构都是一种合理的选择。一笔看涨期权比率套利交易可以由股票多头和虚值期权空头构成,而一笔后向比率套利交易则可以是股票空头和看涨期权多头。遗憾的是,股票固定不变的Δ值具有某些局限性。

我们来考察表6.10。该表列示了两个基于前例构建的不同交易方案。每个方案都假设我们在1月9日出现第一个股价上涨峰值时买入股票并卖出看涨期权。这两个交易方案都是按照1月8日闭市时的Δ值中性头寸设计的。第一个方案采用了85美元的履约价格,而第二个方案则采用了90美元的履约价格。

表6.10 利用股票和期权的看涨期权比率套利交易方案:股价上涨。

日期	股价($)	履约价($)	剩余天数	期权价格($)	Δ值	合约/股份数	头寸价值($)	盈/亏($)
01/08/2007	85.47				1.00	1 120	95 726	
01/08/2007	85.47	85	12	2.55	0.56	−20	−5 100	0
01/09/2007	92.57				1.00	1 120	103 678	
01/09/2007	92.57	85	11	7.90	0.92	−20	−15 800	−2 748
01/10/2007	97.00				1.00	1 120	108 640	
01/10/2007	97.00	85	10	12.15	0.99	−20	−24 300	−6 286
01/08/2007	85.47				1.00	460	39 316	
01/08/2007	85.47	90	12	0.75	0.23	−20	−1 500	0
01/09/2007	92.57				1.00	460	42 582	
01/09/2007	92.57	90	11	3.90	0.69	−20	−7 800	−3 034
01/10/2007	97.00				1.00	460	44 620	
01/10/2007	97.00	90	10	7.40	0.90	−20	−14 800	−7 996

第一个交易方案要亏损7%,第二个交易方案要亏损21%以上。第二个方案之所以出现更大的亏损,是因为其空头部位的Δ值上涨了290%,而第一个方案空头部位的Δ值只上涨了76%。这个问题有点反直觉,因为第二个方案空头部位是围绕比第一个交易方案期权多5.00美元虚值、比较安全的履约价格构建的。然而,进行中性交易会减小多头部位的规模,从而增加交易头寸的风险暴露程度。在股价大幅上涨后,空头部位的γ值也大幅上涨,而且涨幅由于90美元的履约价格而比85美元的履约价格大许多。在股价出现上涨峰值前的1月8

日,γ值分别是 0.07 和 0.05。到了股价上涨峰值出现后的 1 月 10 日,履约价格为 85 美元的期权 γ 值降到了 0.005,而履约价格为 90 美元的期权 γ 值降低到了 0.029(仍是前者的近 6 倍)。这时,空头部位履约价格 90 美元的看涨期权的远期风险远大于履约价格 85 美元、高 Δ 值的实值看涨期权。在 γ 值很大时做空总是危险的。

如果不为表 6.10 中的股票—期权型看涨期权比率套利考察股价下跌的情况,我们的讨论就不可能完整。表 6.11 利用相同参数考察了股价下跌的情况。1 月 9 日,股票价格下跌 7.10 美元,1 月 10 日又下跌了 4.43 美元。

表 6.11　利用股票和期权进行看涨期权比率套利的两种方案:股价下跌

日期	股价($)	履约价($)	剩余天数	期权价格($)	Δ值	合约/股份数	头寸价值($)	盈/亏($)
01/08/2007	85.47				1.00	1 120	95 726	
01/08/2007	85.47	85	12	2.55	0.56	−20	−5 100	0
01/09/2007	78.37				1.00	1 120	87 774	
01/09/2007	78.37	85	11	0.25	0.11	−20	−500	−3 352
01/10/2007	73.94				1.00	1 120	82 813	
01/10/2007	73.94	85	10	0.05	0.01	−20	−100	−7 913
01/08/2007	85.47				1.00	460	39 316	
01/08/2007	85.47	90	12	0.75	0.23	−20	−1 500	0
01/09/2007	78.37				1.00	460	36 050	
01/09/2007	78.37	90	11	0.05	0.02	−20	−100	−1 866
01/10/2007	73.94				1.00	460	34 012	
01/10/2007	73.94	90	10	0.00	0.00	−20	0	−3 804

与前面一样,第一个方案采用 85 美元的履约价格,而第二个方案采用 90 美元的履约价格。两个交易头寸在交易开始时都是 Δ 中性,因此股票数量与表 6.10 相同。这笔交易也要赔钱,问题与空头部位看涨期权 Δ 值下跌有关。空头部位看涨期权下跌后的 Δ 值无法与多头部位固定不变的 Δ 值完全相抵。履约价格为 90 美元的情况要略好一些,因为初始 Δ 中性的交易头寸包括较少的股票。

简单地说,如果股票发生任何显著的波动,那么,股票和期权混合型比率套利交易就很难管理。评价期权到期日交易头寸的传统观点存在缺陷,因为交易者有可能由于预期一只正在上涨的股票继续上涨或者一只正在下跌的股票止跌企稳而输掉很多钱。交易者常常认为,不管标的股票发生多么剧烈的价格波动,股票期权空头头寸终将保持虚值。这种"赌博"以期权价格被定错为假设前提。此外,正如读者所看到的那样,更加深度虚值的期权空头部位代表着更大的风险,因为它们在构建新头寸时依托较少的股份来平衡。

当然,调整总是可能的。在股价上涨的情况下,空头期权可以回购,而交易头寸采用履约价格更高的期权来重新构建。我们可以对交易头寸重新进行平衡,这样就能通过追加购买股票来使交易 Δ 中性。一个非常乐观的投资者可能会选择吸纳空头部位的损失,并且继续只持有股票长仓,以期股价再次上涨最终能抵消空头部位的损失。在股价下跌的情况下,我们可以利用履约价格较低的期权重新设定空头部位。如果选择这个路径,那么,回购第一批空头期权,虽然价格只有 5 美分,但仍是明智之举。任由初始空头部位敞口,就相当于持有无担保深度虚值期权的空仓。股价走势突然逆转极具危害性。不过,如果投资者意欲分别处理两种交易,那么,任由几乎一文不值的空头部位敞口是可以接受的。重要的是要认识担保要求,并且决定卖出另外一部分只值 5 美分的期权是否能够抵消担保的机会成本。即便是在期权到期前的最后几天里,笔者也从不任由深度虚值期权空仓敞口。积极的交易者通常会觉得,"清理"这些仓位有助于账户管理,其他可能性还包括卖出手中持有的一定量或者全部股票,而不去触碰空头部位的看涨期权。

总的来说,在标的股票价格平稳地趋近于期权履约价格,从而能反映交易头寸空头部位遭受的因时减值效应时,我们一直讨论到现在的股票—期权混合型比率套利大多能够盈利。任何变动都不会像空头部位的期权那样单独回报相同的盈利。一般而言,由于大多数股票会经历偶然的大幅价格波动,因此,发现不以这种方式表现的股票比较容易。我们可以持有初始 Δ 中性交易的对应仓位——看涨期权多头/股票空头或者股票多头/看跌期权空头。这两种交易策略无论哪一种都要利用标的股票价格大幅上涨或者下跌来赢利。我们在前面讨论多头跨式套利时已经考察过这种交易策略。

不考察波动率上涨和下跌的影响效应,我们的比率套利讨论就不可能全面。波动率上涨往往有利于相距股价较远的履约价格,而波动率下跌则通常有利于相距股价较近的履约价格。表 6.12 显示了这种影响效应。

表 6.12　　　　　　　　**波动率上涨与看涨期权比率套利**

股价($)	履约价($)	剩余天数	期权价格($)	波动率值	Δ 值	合约数	交易头寸价值($)
82.20	85	29	2.30	0.36	0.41	10	
82.20	90	29	0.95	0.36	0.21	−20	400
82.20	85	29	2.85	0.42	0.42	10	
82.20	90	29	1.40	0.42	0.25	−20	50

续表

股价($)	履约价($)	剩余天数	期权价格($)	波动率值	Δ值	合约数	交易头寸价值($)
82.20	85	29	3.40	0.48	0.44	10	
82.20	90	29	1.85	0.48	0.28	−20	−300
82.20	85	29	3.95	0.54	0.45	10	
82.20	90	29	2.30	0.54	0.31	−20	−650

表中每对录入数据表示一笔距离到期日还有29天、有一个不同波动率的看涨期权比率套利交易。随着Δ值从中性变为净负值(−0.17)，交易头寸的总价值发生了实质性的变化。

如果我们能够预测波动率何时涨跌，那么，波动率涨跌就能成为交易机会。例如，我们知道，波动率会在季报公告前几天上涨。在这个时间框架里，后向比率套利就有统计上的优势。也就是说，我们可以通过做空履约价格相距股价较近的期权，并且做多履约价格相距股价较远的期权来持有表中交易的对应头寸。相反，当波动率非常高时，我们可以等到季报公告前的最后交易时刻，买入履约价格相距股价较近的期权，同时卖出履约价格相距股价较远的期权，等到季报公告结束、波动率下跌后了结交易。这笔交易具有一定的追加风险，因为与季报公告相关的股价波动风险可能大于反映在期权价格中的风险；而且，即使在波动率下跌后，套利交易仍可能赔钱。第一种交易方案要安全许多，因为它能利用在一个大多数股票趋向于平静的时期里某一事件发生前的价格扭曲。当季报公告和期权到期只相隔几天时，交易决策就变得更加复杂，因为这时通常伴随着波动率的快速上涨，而波动率的快速上涨能部分抵消速度更快的因时减值效应。我们将在第7章"如何根据季报公告周期交易"里再讨论这个问题。

下一节通过探讨包含数个期权到期日期的比率套利问题来介绍不同的交易策略。

包含多个期权到期日期的比率套利

就像我们已经看到的那样，比率套利交易管理非常复杂，而横跨多个期权到期日期的比率套利交易就更加复杂，但是常能带来额外的盈利机会。我们的目的是要发现由特定期权履约价格和到期日期权组合导致的定价无效率。不存在定价无效率，就没有潜在的盈利机会。幸运的是，即使定价无效率并非显而易见，我们几乎也总能发现定价无效率问题。我们能够通过利用在过去某些时间框架里构建任何股票或者指数有利可图的交易头寸的后见之明来确定定价无效率问题。发现一个在任何特定情景下都能赚钱的期权到期日/履约价格组合,并非难不可及。

定价无效率问题往往会出现期权到期或季报公告前几天或者由消息驱动的快速变化的市场上。当然,很多其他情景也能够导致价格变化。不管是什么原因,交易头寸实际价值的微妙变化也能导致交易某一部位定价过高,也就会导致交易头寸两部位风险不同。这样的扭曲没有充分反映在当今的期权定价方法论中。

表 6.13 对上述问题进行了说明。如表所示,交易头寸的空头部位在期权到期前的最后几天里遭遇了过度的因时减值,而还有 1 个月到期的多头部位以较低的速度继续因时减值。到了 1 月 12 日这个长周末,因时减值效应已经变得非常明显。

表 6.13　　　　　　　　　　看涨期权比率—日历套利

日期	股价($)	履约价($)	剩余天数	期权价格($)	Δ值	θ值	合约数	交易头寸价值($)
12/21/2006	167.93	175	30	1.22	0.24	−0.05	−20	
12/21/2006	167.93	175	58	2.56	0.33	−0.05	10	120
12/22/2006	167.74	175	29	1.13	0.23	−0.05	−20	
12/22/2006	167.74	175	57	2.46	0.33	−0.04	10	200
12/26/2006	166.63	175	25	0.71	0.17	−0.04	−20	
12/26/2006	166.63	175	53	1.94	0.28	−0.04	10	520
12/27/2006	168.41	175	24	1.02	0.23	−0.05	−20	
12/27/2006	168.41	175	52	2.45	0.34	−0.05	10	410
12/28/2006	168.00	175	23	0.88	0.21	−0.05	−20	
12/28/2006	168.00	175	51	2.27	0.32	−0.05	10	510
01/10/2007	172.09	175	10	1.00	0.31	−0.10	−20	
01/10/2007	172.09	175	38	3.09	0.43	−0.06	10	1 090
01/11/2007	174.48	175	9	1.83	0.48	−0.12	−20	
01/11/2007	174.48	175	37	4.17	0.53	−0.07	10	510
01/12/2007	175.22	175	8	2.08	0.54	−0.13	−20	
01/12/2007	175.22	175	36	4.51	0.55	−0.07	10	350
01/16/2007	176.03	175	4	1.90	0.64	−0.16	−20	
01/16/2007	176.03	175	32	4.69	0.59	−0.07	10	890
01/17/2007	175.45	175	3	1.30	0.58	−0.18	−20	
01/17/2007	175.20	175	31	4.29	0.56	−0.07	10	1 690
01/18/2007	175.20	175	2	0.91	0.55	−0.20	−20	
01/18/2007	175.20	175	30	4.08	0.55	−0.07	10	2 260
01/19/2007	173.92	175	1	0.00	0.00	0.00	−20	
01/19/2007	173.92	175	29	3.34	0.49	−0.07	10	3 340

期权交易波动率前沿

在表 6.13 所示的时间框架里,套利交易空头部位期权的到期前剩余天数已经过去一半。尽管 1 月 16 日股价上涨了 81 美分,但套利交易空头期权仍然赔钱,而多头期权则有少许盈利。结果,交易头寸价值几乎增加了 2 倍。在期权到期前的最后 4 天里,股价跌到了 173.92 美元,从而导致套利交易空头期权临到期时已经一文不值。虽然多头期权的价值已经从它的高位下跌了 29%,但交易头寸价值从 890 美元增加到了 3 340 美元。这个价值增量是由空头期权从 1.90 美元跌至 0 驱动的。请注意,θ 值在期权到期前的最后几天里显著加速上涨,从而抵消了交易空头部位期权标的股票价格上涨的影响效应。

套利交易可通过卖出 20 份 2 月份到期、履约价格为 180 美元的看涨期权合约来继续进行。然后,我们可以做一笔两个部位同月到期的看涨期权比率套利交易。假设所有的参数保持不变,1 月 19 日第一批空头看涨期权到期时,2 月份到期、履约价格为 180 美元的看涨期权的适当价格是 1.50 美元(Δ 值为 0.28)。[2] 卖出这些期权可以通过锁定已有盈利并允许我们敞开交易头寸来使风险最小化。这时,敞开交易头寸是说得通的,因为决定第一笔交易的基本参数基本没变。第一笔交易的 Δ 净值最初是 −0.15,而新(第二笔交易)的 Δ 净值则是 −0.07。第一笔交易空头期权距离到期还剩 30 天,而新交易两部位期权距离到期都还剩 29 天。第一笔交易多头部位的期权价格最初只有 12 美分,而第二笔交易多头部位的期权价格最初也只有 34 美分:第二笔交易是价格中性交易。表 6.14 列示了这两笔交易的相关参数。

表 6.14　　　　第一笔交易与第二笔交易比较(基于表 6.13)

	第一笔交易	第二笔交易
净 Δ 值	−0.15	−0.07
空头部位期权到期前剩余天数	30 天	29 天
多头部位期权到期前剩余天数	58 天	29 天
空头部位期权价格	1.22 美元	1.50 美元
多头部位期权价格	2.56 美元	3.34 美元
交易净成本	0.12 美元	0.34 美元

遗憾的是,并非所有的交易都有这么好的表现。例如,假设随着 1 月份到期日的来临,股票经历了 3 个标准差的价格上涨(一只以 175 美元交易、波动率为 18% 的股票大约上涨 6.00 美元)。表 6.15 展示了令人吃惊的交易结果。

表 6.15　看涨期权比率—日历套利交易:临近到期日股票 3 个标准差涨幅的影响

日期	股价($)	履约价($)	剩余天数	期权价格($)	Δ值	θ值	合约数	交易头寸价值($)
12/21/2006	167.93	175	30	1.22	0.24	−0.05	−20	
12/21/2006	167.93	175	58	2.56	0.33	−0.05	10	120
01/16/2007	176.03	175	4	1.90	0.64	−0.16	−20	
01/16/2007	176.03	175	32	4.69	0.59	−0.07	10	890
01/17/2007	182.00	175	3	7.08	1.00	−0.03	−20	
01/17/2007	182.00	175	31	8.81	0.80	−0.06	10	−5 350
01/18/2007	184.00	175	2	9.05	1.00	−0.02	−20	
01/18/2007	184.00	175	30	10.42	0.86	−0.06	10	−7 680
01/19/2007	186.00	175	1	11.02	1.00	−0.02	−20	
01/19/2007	186.00	175	29	12.13	0.90	−0.05	10	−9 910

新的交易方案包括最初 3 个标准差的股价上涨和另外 2 次幅度较小(1 个标准差)的股价上涨。这样一个交易方案是相当合理的。初次股价上涨发生在交易空头部位期权距离到期日还有 3 天时,导致 700%的损失(从盈利 890 美元到损失 5 350 美元)。这时,交易的净 Δ 值是−1.20,从而使得这笔交易相当于 1 200 股股票的空头交易。保留一只价格刚上涨了 3 个标准差的股票这样一个强熊市头寸,几乎总是一个错误。在随后两次股价上涨几乎导致损失翻了一番,增加到 1 200%以后,这一主张立刻就明白易懂了。时间套利显著增大了风险,因为我们被迫为了有一个价格中性的开端而买卖履约价格相同的期权。随着 1 月份到期日的临近以及股票价格涨破期权的履约价格,到期月较近的期权 Δ 值超过了到期月较远的期权 Δ 值。如果交易两部位的到期月相同,那么,Δ 值的这种逆转就不可能发生。这个区别在表 6.16 中一目了然。该表展示了股价波动幅度相同时的单一到期月看涨期权比率套利交易。

表 6.16　临近期权到期日股价发生大幅波动时的看涨期权比率套利交易

日期	股价($)	履约价($)	剩余天数	期权价格($)	Δ值	合约数	交易头寸价值($)
12/21/2006	167.93	180	30	0.44	0.11	−20	
12/21/2006	167.93	175	30	1.22	0.24	10	340
01/16/2007	176.03	180	4	0.17	0.11	−20	
01/16/2007	176.03	175	4	1.96	0.64	10	1 620
01/17/2007	182.00	180	3	2.40	0.79	−20	
01/17/2007	182.00	175	3	7.08	0.99	10	2 280
01/18/2007	184.00	180	2	4.07	0.98	−20	
01/18/2007	184.00	175	2	9.05	1.00	10	910
01/19/2007	186.00	180	1	6.03	1.00	−20	
01/19/2007	186.00	175	1	11.02	1.00	10	−1 040

在这个方案中,不但交易业绩优于分时操作方案的业绩,而且1月17日的股价上涨产生了盈利;直到交易时间框架内最后股价上涨到了186美元以后,交易最终才出现了亏损。

动态管理是复杂的,我们的日历套利交易最初接近于价格中性,但不是Δ中性。如果我们的日历套利是一种Δ中性交易,那么,股价上涨导致的危害就可能较小。表6.17展示了以Δ中性开端的相同交易和条件。

表6.17　　以Δ中性开端的表6.15中的看涨期权比率套利交易

日期	股价($)	履约价($)	剩余天数	期权价格($)	Δ值	合约数	交易头寸价值($)
12/21/2006	167.93	175	30	1.22	0.24	−14	
12/21/2006	167.93	175	58	2.56	0.33	10	852
01/16/2007	176.03	175	4	1.90	0.64	−14	
01/16/2007	176.03	175	32	4.69	0.59	10	2 030
01/17/2007	182.00	175	3	7.08	1.00	−14	
01/17/2007	182.00	175	31	8.81	0.80	10	−1 102
01/18/2007	184.00	175	2	9.05	1.00	−14	
01/18/2007	184.00	175	30	10.42	0.86	10	−2 250
01/19/2007	186.00	175	1	11.02	1.00	−14	
01/19/2007	186.00	175	29	12.13	0.90	10	−3 298

请注意,交易头寸价值最初是多头852美元。我们必须注意,不要把"多头"和"牛市"混淆。与表6.15中Δ值为负因而略显熊市的日历套利交易不同,这个交易方案为了达到套利交易以Δ中性开端的目的,采用一个不常见的交易比率(1.4∶1)。然而,虽然该交易有一个Δ中性的交易开端,但在股价上涨3个标准差以后,以交易头寸价值表示的交易业绩仍然平平,没有表6.16中到期月相同的看涨期权比率套利的业绩表现稳定。

显然,我们可以采取很多结构不同的套利交易方案,因此几乎可以构建无数不同的交易头寸。有一些基本原则可同时适用于到期月份不同的比率套利(比率日历套利)和到期月相同的比率套利:

● 前向比率套利交易应该只用就价格波动特性往往服从对数正态分布这一意义而言"表现好"的证券来完成。对于比率日历套利交易而言,这个原则非常重要,因为在这种套利交易中,时间因素要求相关证券在跨越多个到期日期的时间框架里表现平稳。

● 那些有规律地发生价格大幅波动的股票可作为后向比率套利交易的候选对象。由于后向比率套利一般在股价出现波动时结束,因此,后向比率日历套利几乎不能带来额外的好处。
- 比率套利是一种非对称性交易。标的证券价格朝着某个方向的大幅波动会导致损失,但朝着另一个方向的大幅波动却是中性的(如果交易两部位履约价格持续虚值,那么交易两部位头寸的价值最终会跌到0)。
- 当Δ值很高时,前向比率套利交易的风险就会增大。也就是说,如果多头部位的Δ值是1.00,而空头部位的Δ值是0.50,那么,多头部位的Δ值不会随着股价趋近于空头部位期权的履约价格而持续上涨。
- 当Δ值处于低位,股价趋近于期权履约价格温和波动并非有利于到期日较远的期权(交易的多头部位)时,做后向比率套利的风险就会增大。
- 比率日历套利管理比较复杂,因为随着交易某个部位遭遇的因时减值效应的加速,交易两部位会对标的证券价格波动做出不同的反应。

这部分的讨论旨在介绍一些比率套利和日历套利的交易要点。我们还要在本书的剩余章节里继续考察和详细阐述这些基本原则。下一节探讨结构更加复杂并基于比率套利、日历套利、看跌期权—看涨期权组合以及2个以上履约价格的交易问题。

多部位复杂交易

本节讨论的问题单独可以写一整本书,这样才能详尽地探讨包括不同时间框架和履约价格组合的正向和反向结构头寸的各种细微差别。由于这方面讨论的有些内容超越了本书的范畴,因此,本书只满足于阐释涉及多个交易种类的关键概念。

绝大部分的多部位复杂交易旨在通过套期保值来保护较简单的交易免受标的证券价格不利波动的影响,唯一的例外是为保护那些旨在利用标的证券价格大幅波动来赢利的交易头寸免受因时减值效应的影响而进行的套期保值。多头跨式套利是最值得注意的例子,因为它们就是在标的证券发生朝着某一方向的大幅波动时被用来赢利的。多头跨式套利的主要风险就是因时减值,而设计比较复杂的交易头寸,就能用预期到期时虚值的期权来补偿因时减值效应导致的部分成本。

蝶式套利

我们先讨论蝶式套利(butterfly spread),一种以交易头寸风险和盈利潜在可能性都有限为特点的套利交易。到目前为止,我们仅限于讨论只有两个部位的套利交易。虽然这些套利交易头寸通常具有很好的盈利潜能,但它们完全没有针对风险进行套期保值。更糟糕的是,很多交易的空头部位被暴露在损失无限的风险中。很多期权交易者只关注有可能带来惊人回报的风险交易,而机构投资者则常常视这种策略为轻率。像蝶式套利这样的复杂交易往往适合希望获得可预测的平稳回报的投资者。

蝶式套利交易头寸由3个履约价格等距的期权构成,3个期权种类相同——看跌期权或者看涨期权,并且到期日期相同。多头蝶式套利头寸可构建如下:买入10份5月份到期、履约价格为100美元的看涨期权,卖出20份5月份到期、履约价格为105美元的看涨期权,买入10份5月份到期、履约价格为110美元的看涨期权。按照约定,这种头寸的交易被称为"买入交易",因为这种交易要买入两个"外侧"履约价格的期权,但要卖出一个"内侧"履约价格的期权(在本例中,共有100美元、105美元和110美元3个履约价格。100美元和110美元这2个履约价格位于105美元这个履约价格的两侧或外面,故被称为"外侧履约价格",而105美元这个位于100美元和110美元两个履约价格之间的履约价格则被称为"内侧履约价格"。——译者注)。外侧履约价格常被称为"蝶翅",而内侧履约价格则被称为"蝶身";这种头寸还因为必须被买入而被称为"多头"。多头蝶式套利头寸到期时价值绝不可能小于0,因为它们必然会被购买。相反,如果外侧履约价格是空头部位的履约价格,而内侧履约价格是多头部位的履约价格,那么,这种头寸就被称为"空头头寸"。这样的交易头寸通常是为了信用套利而构建,因而价值有可能小于0。这些关系是说得通的:如果没有亏损风险,那么就没有必要为了信用套利而构建头寸。同样,这样的情景代表一种稍纵即逝的无风险套利机会。

多头蝶式套利可被视为套期保值版的比率套利。例如,我们来考察一笔由10份履约价格为170美元的看涨期权多头和20份履约价格为175美元的看涨期权空头构成的Δ中性看涨期权比率套利交易。如果标的股票的价格始终低于套利交易期权的两个履约价格,那么,交易中的所有期权到期时都失去全部价值,这笔交易就既不亏也不盈。盈利区域位于股价峰值为175美元时的两个履约价格之间,盈利在股价175美元与180美元之间下降,而股价涨破180美元,交易就会出现亏损。过了股价180美元这个点,交易亏损就会持续增加。不过,如果交易头寸最初包括10份履约价格为180美元的看涨期权合约,那么,这笔交易在到期时的亏损不可能大于初始投资:交易头寸结构决定多头蝶式套利的盈亏。图 6.2 对采用如下看涨期权构建的交易头寸进行了图示：

期权到期前 30 日的股票价格：168 美元；

波动率：18%；

买入履约价格为 170 美元的看涨期权：2.85 美元×1 份；

卖出履约价格为 175 美元的看涨期权：1.20 美元×2 份；

买入履约价格为 180 美元的看涨期权：0.45 美元×1 份；

交易启动时多头部位期权净值：0.90 美元。

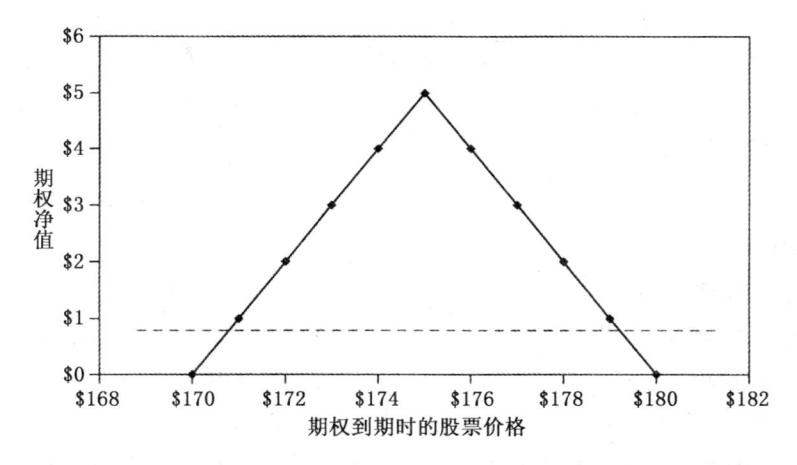

图 6.2　多头蝶式套利交易。图中的水平虚线表示用一只期权到期前 30 天价格为 168 美元、隐含波动率为 18% 的股票构建的期权头寸的盈亏分界线。如果股票在期权到期时以低于 170 美元或高于 180 美元的价格交易，那么就会出现最大亏损（0.90 美元）。

相对应的空头蝶式套利具有反向交易结构——卖出 10 份履约价格为 170 美元的看涨期权，买入 20 份履约价格为 175 美元的看涨期权，卖出 10 份履约价格为 180 美元的看涨期权。多头和空头蝶式套利交易明显不同，多头蝶式套利依靠因时减值效应和标的证券的价格温和波动来赢利。在期权到期时，盈利峰值正好位于中间履约价格上；而且，这种蝶式套利绝不可能遭遇大于初始成本的亏损。相反，当标的证券在期权到期时以高于最高履约价格或者低于最低履约价格——在本例中就是高于 180 美元或者低于 170 美元——的价格交易时，空头蝶式套利就能产生盈利；最大盈利等于初始交易头寸在所有期权到期时失去全部价值时的净值；在期权到期时，倘若标的证券严格按中间履约价格交易，那么,套利交易就会出现最大亏损。这时,履约价格最接近标的证券价格的期权可能具有实值,而另外两个履约价格的期权到期时就会失去全部价值。如果套利交易所涉及的 3 个履约价格都相距 5.00 美元,那么,交易亏损就是 5.00 美元减去初始信用额。反映这种蝶式套利的图正好与图 6.2 相反,但中点不再是+5.00 美元,而是-5.00 美元。必须指出,多头蝶式套利交易的盈利潜力正好等于相对应的空头蝶式套利交易的亏损风险——多头部位期权和空头部位期权履约价格之差;相反,多头蝶式套利交易的亏损风险就等于相对应的空头蝶式套利交易的盈利潜力——初始交易价值。

鉴于复杂的套利交易大多得益于补偿标的证券大幅波动的动态管理策略,因此,蝶式套利交易头寸构建以后,最好不要插手干预,而是任其自然到期。唯一的例外就是出现在标的证券波动导致其价格远高于或低于空头蝶式套利最高或最低履约价格时。如果您推测市场行情可能发生逆转,标的股票的价格可能会回归蝶式套利交易履约价格区间之内,那么平仓了结交易获取小额盈利可能是有道理的。然而,这样的标的股票价格波动通常是出现行情的信号,因此没有理由去推测行情会发生逆转。表 6.18 对多头和空头蝶式套利交易期初和期末股价波动的最大盈利点进行了比较。空头蝶式套利(表中粗线以上部分)只有非常有限的盈利潜能,仅相当于期初出现的股价下跌幅度的 2/3。在多头蝶式套利中(表中粗线以下部分),期初的股价下跌只产生了很少的盈利,如果股价有所稳定,还是继续持有交易头寸为好。这两笔套利交易严重受到因时减值效应的影响。

表 6.18　空头和多头蝶式套利交易中期初和期末股价波动的最大盈利点比较

股价($)	履约价($)	剩余天数	期权价格($)	合约数	交易头寸价值($)
167.93	170	30	2.83	-10	
167.93	175	30	1.22	20	
167.93	180	30	0.44	-10	-830
160.00	170	26	0.46	-10	
160.00	175	26	0.12	20	
160.00	180	26	0.02	-10	-240
160.00	170	1	0.00	-10	
160.00	175	1	0.00	20	
160.00	180	1	0.00	-10	0

续表

股价($)	履约价($)	剩余天数	期权价格($)	合约数	交易头寸价值($)
167.93	170	30	2.83	10	
167.93	175	30	1.22	−20	
167.93	180	30	0.44	10	830
175.00	170	26	6.83	10	
175.00	175	26	3.67	−20	
175.00	180	26	1.65	10	1 140
175.00	170	1	5.02	10	
175.00	175	1	0.05	−20	
175.00	180	1	0.00	10	4 920

用看跌期权来完成空头蝶式套利交易在熊市具有一个明显的优势，因为这种交易可同时得益于波动率上涨和股价大幅波动；而采用看涨期权来完成多头蝶式套利交易则是一种明确无误的适用于低波动率牛市的选择。如果股票按照空头蝶式套利履约价格区间以外并接近多头蝶式套利中间履约价格的价格交易的话，那么，空头和多头蝶式套利交易也能进行组合，甚至还可能同时通过两部位套利来赢利；反之亦然。投资者不应该忘记，在蝶式套利空头部位中点上到期的多头和空头蝶式套利组合交易可能的亏损等于蝶式套利空头部位履约价格价差加蝶式套利多头部位期初信用减买卖价差和佣金。即便如此，很多不同的复杂交易结构仍可采用包含多头和空头部位6个不同履约价格的看跌期权和看涨期权组合来构建。

下一节将通过考察一些非常流行的4部位交易来拓展这个主题。与最复杂的交易结构一样，这样头寸的交易旨在以封顶盈利为代价来减少亏损。机构投资者常会追求优于市场业绩但风险有限的平稳、可预测的回报率，多部位套利交易通常很受这类投资者的青睐。散户投资者常用多部位套利交易来实现相同的目的，原因就在于这类交易构建适当，就能通过降低担保成本来提高杠杆比率。

鹰式套利与其他四部位套利

鹰式套利把垂直牛市和熊市信用套利合并成单一交易。鹰式套利交易涉及4个履约价格——2个看跌期权的履约价格和2个看涨期权的履约价格。例如，投资者可以卖出一份由履约价格90美元的看跌期权和履约价格100美元的看涨期权构成的跨式套利组合,同时又买入"外侧蝶翅"——85美元履约价格的看跌期权和105美元履约价格的看涨期权。严格地讲,鹰式套利交易采用4个不同履约价格的期权来执行。不过,类似的动态管理策略也适用于采用3个履约价格的期权套利交易。我们的例子可简略为95美元履约价格的空头跨式套利组合和90美元/100美元履约价格的多头跨式套利组合。这2个交易方案都可通过因时减值效应来赢利。多头外侧蝶翅套利可用于设定潜在风险的最高限额和降低担保要求。

降低担保要求能够对可被执行交易的规模产生巨大的影响。例如,10份100美元履约价格的无担保跨式套利合约所需的担保等于25 000美元加期权价值。如果我们用95美元履约价格的看跌期权和105美元履约价格的看涨期权来对这样一个交易头寸进行套期保值,那么,担保要求可用5美元而不是100美元的风险因子来计算。这样,担保要求就可减少到5 000美元再加上期权价值。只要我们用到期日期相同或更长的期权来套期保值,这个好处就存在。鹰式套利完全适合那些宁可设定亏损和盈利上限并构建更大交易头寸的投资者。此外,履约价格间距可用于根据盈利潜力来平衡风险。指数期权常常选用于鹰式套利交易,因为这类期权被认为风险小于股票期权。这种观点是有问题的,因为指数期权以众所周知的常常不能反映其实际风险的低波动率交易。这个问题在笔者写这一节的前几天里更是暴露无遗。那几天,整个股市下挫5%以上,而市场指数的隐含波动率从近8%上升到了22%强。如果交易者卖出以8%的波动率定价的鹰式套利组合,那么就会遭遇巨大亏损。有时,市场下挫前以很高波动率交易的股票期权在市场下挫后就可能成为一种较好的选择,因为它们的价格反映了一种比较平衡的风险观。交易所交易基金股票期权常常是最佳折中选择。一个很好的例子就是石油服务控股公司存托凭证信托(Oil Services HOLDRs Trust,交易代码:OIH)——油田服务公司一篮子股票。这个信托股票期权的隐含波动率高到足以不用管所构建的包含多个履约价格的套利交易头寸,风险得到了合理的体现,这个篮子股的表现有点像指数。此外,由于流动性水平很高,因此,该股票期权以合理的买卖价差交易。

图6.3显示了道琼斯工业平均指数和OIH股票价格1年(252个交易日)的历史波动数据。就如前文一样,每个波动峰值用根据最近20个交易日波动率视窗计算的标准差来表示。

用道琼斯工业平均指数表示的市场大盘显示了比OIH股票更多的非典型波动峰值。图6.3中的有关数据由表6.19给出。

表 6.19　道琼斯工业平均指数与 OIH 股票价格波动 1 年数据

标准差	道琼斯工业指数波动峰值	OIH 股票价格波动峰值
大于 2 个	19 个	12 个
大于 3 个	5 个	3 个
大于 4 个	1 个	0 个

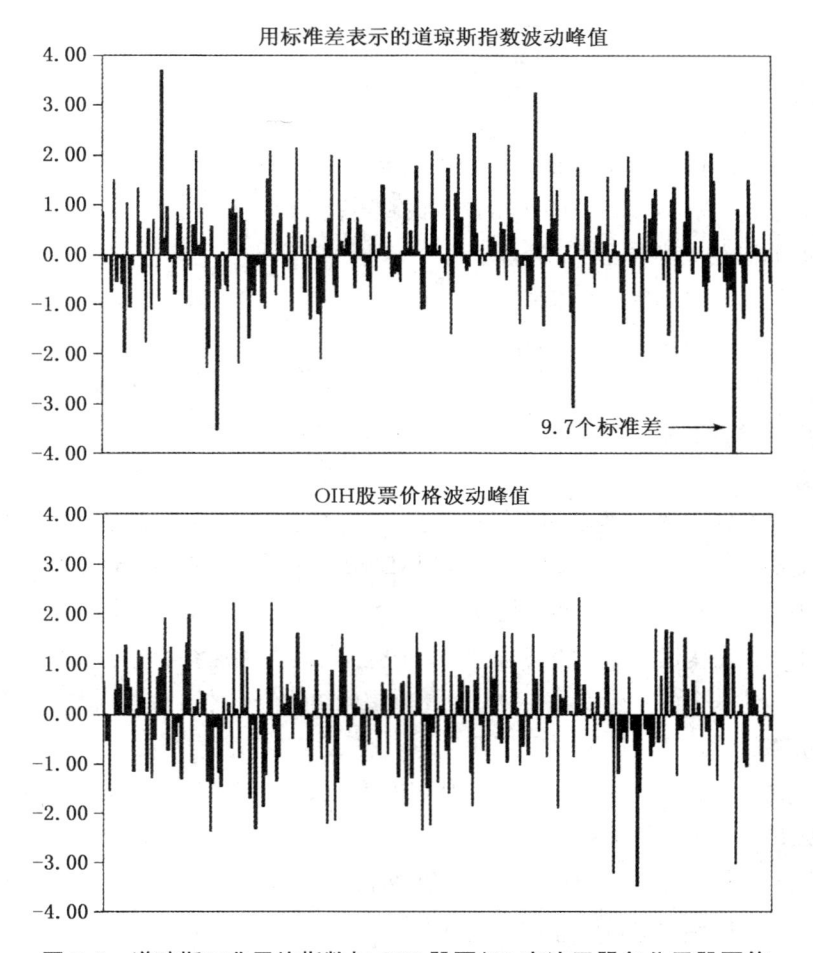

图 6.3　道琼斯工业平均指数与 OIH 股票（20 家油田服务公司股票篮子）价格 1 年波动峰值比较。每个波动峰值都用根据最近 20 个交易日波动率视窗计算的标准差表示。上图中的箭头标示了 1 个 9.7 个标准差的指数下跌峰值。这个峰值太大，没能在图中表现出来。

期权交易波动率前沿

请注意,大于 2 个标准差的波动峰值数量大盘比 OIH 股票多 58%(分别是 19 和 12 个)。两者差别明显,因为每月 1 个波动峰值可以管理,但每 13 个交易日 1 个波动峰值就不好办了。此外,在这个时间框架的大部分时间里,道琼斯工业平均指数期权按照 8% 到 10% 的隐含波动率定价,而 OIH 股票期权则往往以接近 30% 的隐含波动率交易。道琼斯工业平均指数期权的低波动率导致这种期权的价值下跌,并且压缩了空头部位履约价格之间的最大间距。道琼斯工业平均指数鹰式套利交易的空头部位可能是一个平值跨式套利组合,因为任何履约价格间距较大的套利组合都可能只有很低的价值。充分扩大履约价格之间的间距以抵偿价格波动风险,有可能导致套利交易只能有很小的最大回报。为了实现 50 美分通过规避因时减值效应产生的收益而等待 30 天,通常是不值得的。作为替代,我们可以利用未来 3 个月或者更长的到期周期,并且吸纳与时间和波动率的潜在上涨有关的风险。

就在笔者动笔撰写本书前的几年里,市场指数期权以大于 30% 的波动率交易。包含 4 个履约价格的多部位套利交易都有可管理的期权价格,并且没有必要扩展交易的时间框架。此外,市场波动率每月以 1% 到 2% 的速度下跌,就如同市场稳步上涨。这些条件对于采用市场指数期权来进行鹰式套利交易可谓是完美无缺。

表 6.20 利用一笔以钻石指数基金——一只反映道琼斯工业平均指数业绩的交易所交易基金——股票(DIAMONDS Trust,交易代码:DIA)期权完成的典型 4 部位套利交易来说明这些概念。3 月 17 日被选作期权到期日,而交易头寸在 1 个月前构建。我们能够通过在 2 个空头部位采用履约价格为 128 美元的期权来构建一个 Δ 中性交易头寸。用 130 美元履约价格的看涨期权和 126 美元履约价格的看跌期权进行的保期保值也具有 Δ 中性的性质。如果我们扩大交易头寸,并且采用 4 个不同的履约价格(131 美元、129 美元、127 美元和 125 美元),那么每个空头部位每份期权只能赚取 60 美分,而每个空头部位的套期保值成本每份期权是 20 美分——每个空头部位每份期权的净价值只有 40 美分。两个交易头寸无论哪一个,到期权到期时 DIA 股票的价格显著低于看跌期权最低的履约价格;而且最后的交易头寸价值在到期时可能是 -2 000 美元。就此而言,如果一开始构建成本较高的交易头寸并且降低净亏损,那么,我们就能取得较好的结果。

表 6.20　　　　　采用 DIA 股票期权完成的 4 部位套期保值交易

期权	日期	股价($)	履约价($)	剩余天数	期权价格($)	波动率	Δ值	合约数	交易头寸价值($)
看涨	02/14/2007	127.48	130	31	0.40	0.07	0.24	10	
看涨	02/14/2007	127.48	128	31	1.10	0.07	0.51	−10	
看跌	02/14/2007	127.48	128	31	1.10	0.07	−0.49	−10	
看跌	02/14/2007	127.48	126	31	0.35	0.07	−0.23	10	−1 450
	02/15/2007	127.77		30		0.07			−1 450
	02/26/2007	126.34		19		0.06			−1 350
	02/27/2007	121.60		18		0.15			−1 850
看涨	03/16/2007	121.05	130	1	0.00	0.17	0.00	10	
看涨	03/16/2007	121.05	128	1	0.00	0.17	0.00	−10	
看跌	03/16/2007	121.05	128	1	6.95	0.17	−1.00	−10	
看跌	03/16/2007	121.05	126	1	4.95	0.17	−1.00	10	2 000

基于指数期权的交易较之于基于股票期权的交易具有一个明显的优势：很少在开盘时跳空上涨或者跳空下跌。如果我们设定敏感的止损指令，并且在 2 月 27 日开盘时(DIA 股票以 125.34 美元开盘，只下跌了 1 个百分点)平仓，上述优势就能保护我们的交易。交易头寸保持敞口，到 2 月 27 日市场闭市时就会失去 100% 的盈利。指数的第二个优势就是：它们的期货在全世界不同市场交易，并且在任何时候都有很高的流动性。我们可以密切注意隔夜市场，一旦发现交易的看跌期权部位处于风险之中，就可卖出道琼斯指数期货来保护我们的交易头寸。在这个特例中，亚洲和欧洲市场经历了巨幅下挫，并且日元走强导致很多为亚洲和欧洲市场成长提供资金的臭名昭著的套利交易崩盘。显然，我们这笔交易必须平仓。这些事实描绘了一幅令人鼓舞的画卷，因为我们所选择的时间框架非常不利，大盘经历了一个最大的下跌峰值(10 个标准差)，隐含波动率上涨了 100% 以上，而股价直到期权到期一路走低。

有些投资者可能会认为，套期保值提供了合理的保护。不过，笔者不能苟同，因为我们的交易最终损失了 38%。如果我们能通过在多头部位采用间距较小的履约价格(129 美元、128 美元、128 美元和 127 美元)来构建比较保守的交易头寸，那么最大可能盈利也许会从 1.45 美元下降到 0.90 美元。在这个交易方案中，即使 DIA 股票的价格在交易时间框架结束时正好等于 128 美元的履约价格，我们仍得以接近 0.90 美元的价格回购空头部位的期权，而买卖价差可能会使多头部位期权的价值减少到 0，从而抹去所有的盈利。因此，我们是构建了最安全的交易头寸，套期保值交易降低了担保要求，但是止损离场或通过另一交易来套期保值可能才是保护我们投资的正确途径。一个绝佳的选择可能是买入比较便宜的虚值VIX指数看涨期权。这种期权在市场显著走低时期往往会大幅增值。

包括不同期权到期日期的四部位套利交易

我们常常可以通过卖出价格较贵的股票的远期深度虚值期权来利用各种不同的纠偏因素,如均值回归。谷歌公司的股票就是一个绝好的例子,因为该公司的股票虽然偶尔也会出现价格大幅波动,但往往以一种无法完全用其隐含或历史波动率来描述的方式波动。在本书写作期间,谷歌公司近期平值股票期权合理地按其27%的日收盘价波动率来定价。不过,在延长交易时间里,价格波动趋向于消失,导致谷歌公司股票价格几乎没有发生变动。例如,在2006年10月底与2007年1月底之间,谷歌公司股票价格波动幅度在8%以上,但最后股价仍保持不变,而大盘在这3个月的时间框架结束时上涨了4%以上。在这3个月里,标准普尔500指数期权一般以12%的波动率定价,而谷歌公司的股票期权则以26%~34%的波动率交易。围绕间距很小的履约价格进行的近期空头跨式套利交易要比用大间距履约价格构建的远期交易头寸危险许多。此外,谷歌公司股票的波动率严重受到与季报公告有关的股价大幅波动的影响。季报公告后构建并在下次季报公告前平仓的空头头寸价格通常被定高。

我们能够通过构建包含期权3个月到期的时间框架、宽间距履约价格的空头跨式套利组合,并用非常便宜的当月到期期权套期保值来利用以上这个小小的异常现象。[3]这样,我们的交易头寸在最后1个月就是由套期保值显著降低担保要求的鹰式套利头寸。表6.21采用上述3个月(2006年10月23日~2007年1月19日)期间的谷歌公司股票期权对这些概念进行了解释。起始日期紧接在季报公告(10月19日)和期权到期日(10月21日)后面,而截止日期正好是2007年1月到期周期的最后一个交易日——下次季报公告前12天。

表6.21 经套期保值、包含3个月到期、用谷歌公司股票期权构建的空头跨式套利组合

期权	日期	股价($)	履约价($)	剩余天数	期权价格($)	波动率	Δ值	合约数	头寸价值($)
看涨	10/23/2006	480.78	580	26	0.10	0.28	0.008	10	
看涨	10/23/2006	480.78	580	89	2.65	0.26	0.096	−10	
看跌	10/23/2006	480.78	400	89	2.80	0.30	−0.081	−10	
看跌	10/23/2006	480.78	400	26	0.35	0.35	−0.020	10	−5 000

续表

期权	日期	股价($)	履约价($)	剩余天数	期权价格($)	波动率	Δ值	合约数	头寸价值($)
看涨	11/17/2006	498.79	580	29	0.40	0.27	0.029	10	
看涨	11/17/2006	498.79	580	64	2.65	0.26	0.106	−10	
看跌	11/17/2006	498.79	400	64	1.05	0.32	−0.038	−10	
看跌	11/17/2006	498.79	400	29	0.15	0.34	−0.008	10	−3 150
看涨	12/15/2006	480.30	570	36	0.40	0.27	0.028	30	
看涨	12/15/2006	480.30	540	36	1.60	0.26	0.091	−30	
看跌	12/15/2006	480.30	420	36	1.15	0.29	−0.058	−30	
看跌	12/15/2006	480.30	390	36	0.40	0.34	−0.020	30	−5 850
看涨	01/19/2007	489.75	570	1	0.00	0.04	0.000	30	
看涨	01/19/2007	489.75	540	1	0.00	0.04	0.000	−30	
看跌	01/19/2007	489.75	420	1	0.00	0.04	0.000	−30	
看跌	01/19/2007	489.75	390	1	0.00	0.04	0.000	30	0

在交易启动时，交易的空头部位距离到期日还有89天(3个到期周期)，而多头的套期保值部位履约价格与空头部位相同，但距离到期日只有26天。空头跨式套利是价格和Δ中性交易。多头的套期保值部位在看跌期权一边略微被波动率微笑曲线所扭曲。交易的空头部位每份期权价值5.45美元，而套期保值的成本是每份期权0.45美元，担保要求可能接近125 000美元。[4]

11月17日，第1期套期保值到期，而交易的空头部位价值跌到了3.70美元。新的套期保值头寸采用当月到期的期权和相同的履约价格来构建，成本是0.55美元——相当于空头部位剩余价值的15%，因此没有必要进行再次调整。

到了12月的到期日，交易头寸已经缩小，因为空头部位的看涨期权和看跌期权价值分别减少了20和30美分。新的交易头寸是根据用Δ值计算相似风险状况来构建的，而新的Δ中性套期保值又增加了3个与每个空头部位不同的履约价格。新的套期保值把10份合约的空头跨式套利的担保要求减少到了30 000美元加期权价值。我们通过把交易头寸的规模扩大到每个部位30份合约来利用担保要求的降低，但交易头寸规模扩大2倍，也会导致基本担保要求增加到90 000美元。新交易最初空头部位的净值是5 850美元，但到1月份到期时减少到了0。

这个完整的交易序列产生了可观的盈利。空头部位最初的净值是5 000美元,而我们在12月到期时用500美元回购了空头部位,减去第二次套期保值成本(550美元),还剩3 950美元的净利润。新的12月份交易头寸是空头净值5 850美元,并且下跌到了0。对整个交易序列的各部位加总,可得9 800美元的总利润。这个回报只是用125 000美元2个月的利息和90 000美元1个月的利息以及3 400美元的套期保值成本(12月的套期保值成本是2 400美元)的代价换来的。

最后,如果我们把12月份的多头宽跨式套利扩大到580美元履约价格的看涨期权/380美元履约价格的看跌期权,那么多头部位的成本就可以降低1 200美元,而担保要求就要增加30 000美元,风险大致相当于股价40美元、波动率27%时的无担保空头跨式套利的风险。根据这些参数,我们可以凭借接近2 200美元(套期保值成本)的投资加担保资金利息来实现11 000美元的收益。

履约价格间距非常宽的远期跨式套利的一个重要特点,就是每次当月套期保值的相对成本很低,这种扭曲因履约价格进一步偏离股价和到期日的临近而加剧。在本书撰写期间,谷歌公司的股票以447美元交易,而6个月后到期、履约价格为600美元的看涨期权价值3.00美元,并且有每天4美分的θ值。当月到期、履约价格为550美元的看涨期权虽然履约价格比较接近股价50美元,但只值10美分。类似的动态分析也适用于交易的看跌期权部位。在我们的例子中,我们把交易限制在3个月的期权到期周期内,因此,我们可在1月份季报公告之前平仓。提前几天平仓十分重要,因为波动率在季报公告前的最后几天里趋向于增大。最后的套期保值降低了担保要求,但针对股价大幅波动仅仅提供了有限的保护。因此,有必要对此进行权衡,以便最后的套期保值能够与资产组合的风险容忍度相吻合。还要请读者记住,任何由虚值套期保值提供的保护水平会随着期权到期日的临近而逐渐降低,在最后几天里应该把受套期保值保护的部位视为无担保空头部位。对于履约价格间距很宽的头寸,套期保值的这种递减效应就更大。

如何运用VIX指数来套期保值

芝加哥期权交易所波动率指数(VIX)现已成为度量市场波动率的一个重要指标。自1993年推出以来,该指数发生了显著变化,它的最新版本可测度大间距履约价格标准普尔500指数期权的预期波动率。[5] VIX指数并不是按照布莱克—斯科尔斯定价模型计算得出的,而是采用了一个计算虚值看跌期权和看涨期权加权价格平均值的公式。某个单一期权对指数值的贡献率与它的价格成比例,并且与它的履约价格成反比例。计算一般包括 2 个最近的到期月份。不过,在期权到期前的最后一周里,时间窗口向前滑动到第 2 和第 3 个合约到期月,从而最大限度地减少在期权到期前出现价格异常的现象。

基于其数据库收集的历史信息,芝加哥期权交易所能够计算追溯到 1986 年的 VIX 指数值。对于那些试图理解股票市场表现特性的人来说,这个数据已经成为一种重要的研究工具,对于试图通过套期保值来规避市场大幅下挫的投资者来说也同样十分重要。芝加哥期权交易所的交易活动由其推出的投资产品支撑。2004 年 3 月 26 日,VIX 指数期货开始在芝加哥期货交易所上市交易,而 VIX 指数期权于 2006 年 2 月推出。

由于不稳定市场的特点就是波动率高,因此,VIX 指数往往在市场下跌时趋于上涨;相反,有序上涨的市场通常以 VIX 指数下跌为特点。很多研究把 VIX 指数作为一个市场领先指标来使用,并且发现了一些相关关系。一般认为,高 VIX 指数值往往出现在市场反弹之前;而低 VIX 指数值则常常出现在市场下挫之前。[6]这些观点与发现协同(非混沌)市场和崩盘风险增大之间联系的研究是一致的。遗憾的是,即使最强的相关性也很脆弱,投资者有时会过度使用 VIX 指数这个指标。

虽然计算波动率的波动性似乎会令人困惑,但这恰恰是 VIX 指数期权定价所需要的。VIX 指数数值大得惊人并且高度易变,VIX 指数期权的隐含波动率超过 150% 并不罕见,能够并且在市场骤变推高该指数值时快速上涨,也可能在波动率长期保持不变、非常稳定的市场上下跌到 40% 的低位。图 6.4 显示了 1990 年 1 月～2007 年 4 月期间新 VIX 指数的波动率。

VIX 指数易变的性质在图中显而易见,并且存在于所有的标尺和各种时间框架内。就连价格稳步上涨的平静市场也具有 VIX 指数波动不定的特点。这些特点导致 VIX 指数期权交易比大多数其他证券和指数期权交易更加复杂。一般而言,如果市场突然下行,那么,VIX 指数就会像 VIX 指数期权的隐含波动率一样上涨,对于虚值看涨期权的影响就比较复杂,因为它们同时得益于 VIX 指数和期权隐含波动率的上涨。读者将注意到,这个特性正好与股票期权相反:股票期权的隐含波动率往往会随着标的股票的上涨而下跌。倘若市场大跌,VIX 指数值就会发生大幅波动。图 6.5 显示了 1987 年 10 月股市崩盘期间 VIX 指数的表现(图中是原先的 VIX 现在被称为 VXO 的数值)。

1987 年股市崩盘期间,可卖 5 美分的深度虚值看涨期权上涨到了 100 美元

期权交易波动率前沿

1990年1月2日～2007年4月19日期间VIX指数波动率

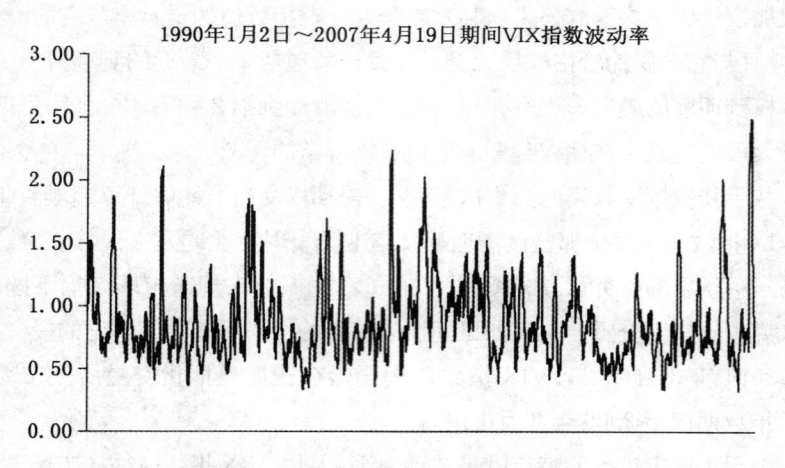

图 6.4 1990 年 1 月 2 日～2007 年 4 月 19 日期间用 20 日滑动时窗计算的 VIX 指数波动率

以上。不幸的是，当时的投资者没有任何 VIX 指数期权或者期货可用来套期保值。还应该指出，仅仅 2 天以后，当标准普尔 100 指数从 108 点反弹到 127 点附近时，VIX 指数值跌掉了一半。到了年底，市场稳定在（标准普尔 100 指数）119 点左右，而 VIX 指数值跌到了 39 点。这个指数用 20 日滑动时窗计算的波动率从股市崩盘前的 46% 上涨到了 600% 的最高点。这些峰值使得日后的市场下挫数值相形见绌，因而无法成比例地反映在图 6.4 中。到了年底，VIX 指数的波动率稳定在 125% 左右，这个数据显示在图 6.6 中。

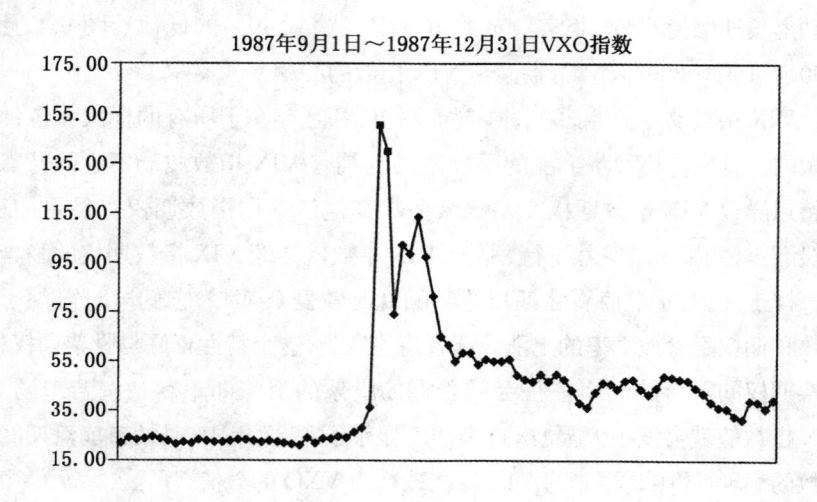

1987年9月1日～1987年12月31日VXO指数

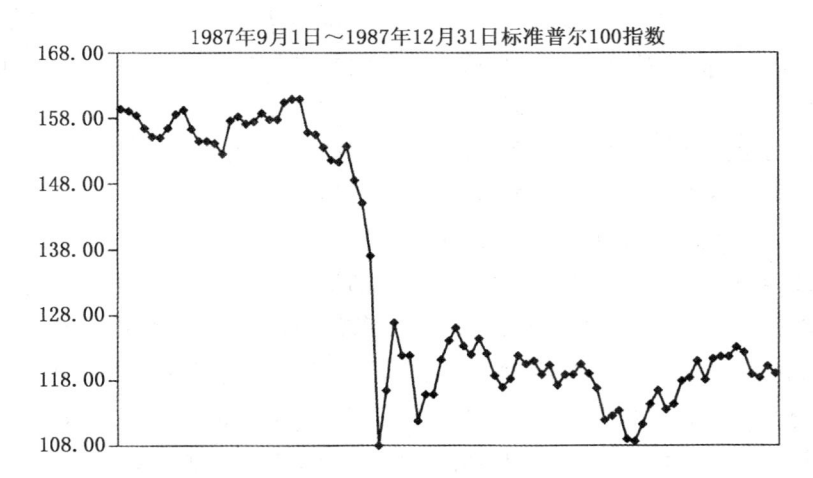

图 6.5 1987 年股市崩盘期间原 VIX 指数（上图）与标准普尔 100 指数（下图）。VIX 指数的波动率在股市崩盘期间出现了 **600%** 的涨幅，而该指数从 **35** 点上涨到了 **150** 点以上。

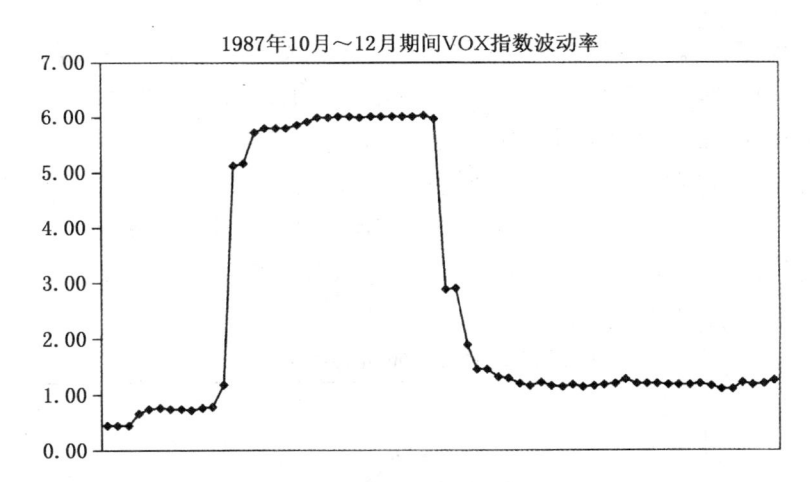

图 6.6 1987 年 10 月 1 日～12 月 31 日 VIX 指数用 20 日滑动时窗计算的波动率

1987 年的股市崩盘虽然已经过去很久，但仍被选作例子，是因为它能说明股市在一次真实崩盘中的表现。如果 VIX 指数的期货或者期权可被用来套期保值，那么重要的就是了解这个指数在那种情景下的表现。图 6.7 显示了 VIX 指数在程度较低但仍影响深远的 2007 年 2 月股市下挫期间的表现。

在 2 月 26 日和 27 日股市闭市期间，市场经历了一次 3.5% 的下跌，而 VIX 指数则从 11.15 攀升到了 18.31。在这个时间框架内，VIX 指数期权的隐含波动率也从股市崩盘前的约 65% 稳步攀升到了股市崩盘后的 250% 以上。重要的是应该指出，这些数值在不同的履约价格之间大相径庭。此外，由于市场决定任何可交易资产的价格，因此，市场定价可能严重不对称，而流动性则可以从数千合约到没有一份合约之间千差万别。VIX 指数期权代表了一种极端情况：当市场下行时，当月到期的看涨期权波动率在 200% 以内徘徊，而实值看跌期权则以其应有的价格交易。这种失衡在 3 月下旬市场稳定以后又持续了一段时间。例如，4 月 20 日，当 VIX 指数跌到了 12.07 点时，平值看涨期权以 1.45 美元的买入价和 1.65 美元的卖出价交易，而对应的看跌期权的买入价和卖出价分别只有 0.45 美元和 0.50 美元。看涨期权和看跌期权相应的隐含波动率分别是 112%（买入价）和 127%（卖出价）以及 40%（买入价）和 44%（卖出价）。市场支持这种对平价关系的背离，因为市场根本没有认为 VIX 指数会进一步下降。但显而易见的是，市场对这个指数有自己的最低值目标，因为 10.00 美元履约价格的看涨期权按照 2.90 美元的买入价和 3.20 美元的卖出价交易，相对应的隐含波动率是 144% 和 173%。对履约价格和期权价格进行加总，就能可靠地预测期权到期时 VIX 值大于 13。

上述特性导致 VIX 指数期权难以作为一种独立的投资品种来交易，这就是我们集中关注它作为套期保值工具的原因。例如，在 2007 年 2 月股市大挫的最初几个小时里，随着 VIX 指数从 13 点上涨到 15 点，13.00 美元履约价格的看跌期权之所以没有丧失价值，是因为它们的波动率随着它们变成虚值而大幅攀升。投资者如果在正确预测市场下跌和 VIX 指数上涨后卖出这些看跌期权，那么就会沮丧地发现盈利因波动率上涨而受到了限制。随着 VIX 指数的继续上涨，13.00 美元履约价格的看跌期权最终失去了价值。

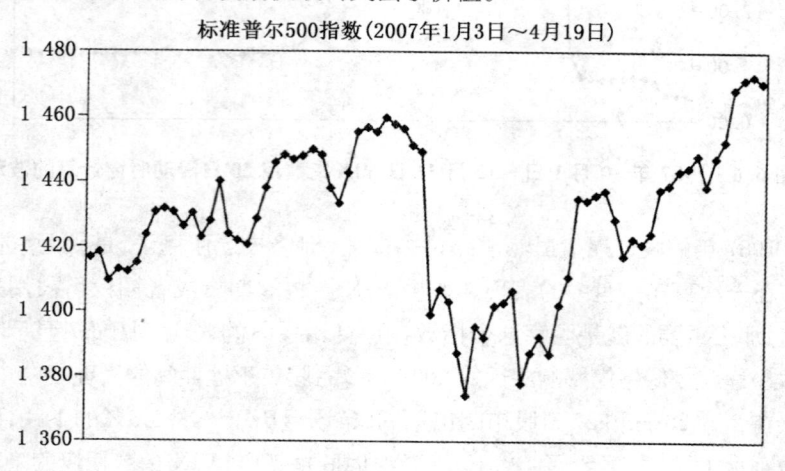

标准普尔500指数（2007年1月3日～4月19日）

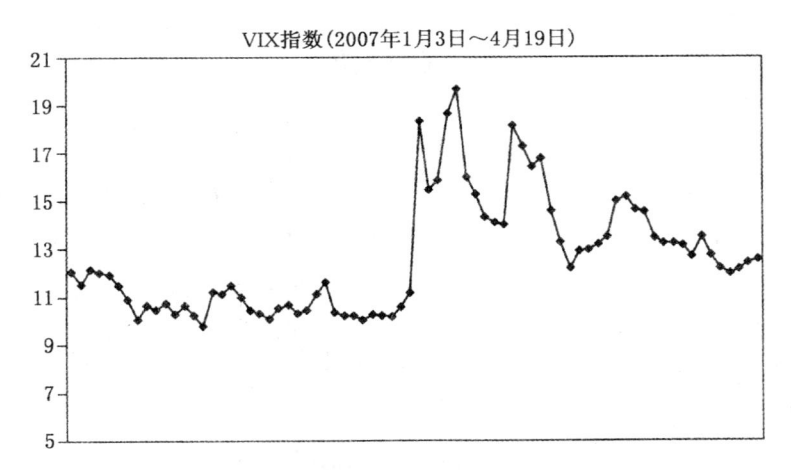

图 6.7　2007 年 2 月股市下挫期间的标准普尔 500 指数（上图）和 VIX 指数（下图）

不过，VIX 指数期权的这种特性不会淘汰作为套期保值工具的空头深度实值 VIX 指数看跌期权，因为它们倾向于按照该指数上涨的比例失去价值。此外，这样的交易头寸比虚值程度更大、价值也相对较小的看涨期权更有可能在股市小幅下挫时带来盈利。在 VIX 指数进一步下跌几率有限的低 VIX 环境中，深度实值看跌期权是规避市场小幅下挫的绝好套期保值工具。实值或平值看涨期权用于套期保值成本太高，而深度虚值看涨期权只有在 VIX 指数大幅波动时才能用来保护交易头寸。因此，套期保值工具的选择取决于投资者的投资理念。

最后，在股市突现短暂下挫时，VIX 指数期权作为套期保值工具的价值会因为这种期权是只能在到期日行权的欧式期权而受到不利影响。这一事实通常不会影响期权和合约的价值，但随着市场突然下挫后重新企稳，关于 VIX 指数会急剧下跌的预期可能会导致不能中途行权的期权出现价格扭曲。例如，我们可以考察一个卖出在股市崩盘时因 VIX 指数上涨而突然具有实值的看涨期权的投资者的思维过程。已知 VIX 指数可能会随着市场的企稳而下跌，VIX 指数期权的隐含波动率也会下跌，投资者可能在是否平仓避免巨大损失的问题面前犹豫不决。如果这些看涨期权立刻就能行权，那么投资者就不会采取平仓这种手段。不幸的是，由于它们不能立刻执行，买卖价差往往会以惊人的量级扩大，而流动性则会成为问题。这些因素能够限制虚值 VIX 指数看涨期权在股市大挫期间作为套期保值工具的价值。

结束语

就像往常一样，不存在任何像收益率大于无风险利率、得到完全套期保值、无风险、可赢利交易这样的东西。期权交易者中间流行的一个常见错误观念，就是认为现实中存在这样的交易，而且能够在多部位大规模交易谱系较复杂的一端发现这样的交易。就此而言，重要的是应该强调，这样的交易旨在平稳地获得回报、限制风险并且设定盈利和亏损上限。这都是些令人羡慕的目标。大多数投资者无论技能和知识如何，只要事先认真模拟复杂交易头寸的表现，并且在必要时制定交易调整计划，那么就能实现较大的盈利。

我们按照复杂程度先考察了包括不同履约价格的交易头寸，然后考察了包含不同到期日期和履约价格的交易头寸，接着又考察了使用不同履约价格的不同数量期权的比率套利交易以及甚至更加复杂的包含数个不同到期日期的比率套利交易。在交易复杂程度谱系的一端有到期日期不同的看跌期权和看涨期权多头和空头四部位交易。这样的交易因其复杂动态性而提供了巨大的机会，但可能也有管理非常复杂的风险。

有些交易结构是为了利用因时减值效应和/或波动率下跌来赢利而设计的，而另一些交易结构则旨在利用股价大幅波动和/或波动率上涨来赢利。我们应该基于股价波动特性来为这两类交易选择股票，反之亦然：应该秉持标的股票价格波动潜在幅度和频度的概率观来策划和组织交易。我们可以进行如下一般化总结：

● 如果交易时界包括季报公告，那么就应该把会出现可预见季报公告相关型波动的股票纳入旨在利用因时减值效应赢利的交易头寸。

● 价格波动可预测的股票的期权随着触发性事件的来临常会经历隐含波动率上涨。这类触发性事件可用来为某些类型的复杂交易确定入市时点。

● 交易空头部位可能有很高的担保要求，因此要计算交易头寸担保资金的无风险利息成本。

● 如果复杂交易包括套期保值的内容，那么就应该注意套期保值效力随着期权到期日临近而衰减的问题。深度虚值期权的套期保值效力在期权到期前的几天里会变得微不足道。

● 复杂交易不应分散平仓，除非想把一种类型的交易转换成另一种类型的交易。例如，除非有新的消息导致得出值得持有无担保空头部位的结论，否则平掉交易长仓,而任凭交易短仓因时减值就不是明智之举。

最有效地利用任何特定结构,都离不开利用源自于非常市场条件的价格扭曲。在有些交易情形中,隐含波动率如预期的那般高,而投资者得到了过度的风险补偿;在另一些交易情形中,隐含波动率相对较低。后一种情况比较少见,因为只有在市场没有意识到潜在风险因素的情况下隐含波动率才会很低。

季报公告和期权到期是两个影响隐含波动率的常见事件,其中每个事件都会导致可通过交易赢利的价格扭曲。以下各章将考察通过交易利用这些价格扭曲来赢利的不同策略。

补充读物:

Brenner, M., and D. Galai, "New Financial Instruments for Hedging Changes in Volatility," *Financial Analysts Journal*, July-August 1989, pp.61—65.

Chicago Board Options Exchange, "The New CBOE Volatillity Index—VIX," white paper published on the CBOE website, Chicago Board Options Exchange, Inc., 09/18/2003.

Psychoyios, D., and G. Skiadopoulos, (2006), "Volatility Options: Hedging Effectiveness, Pricing, and Model Error," *Journal of Futures Markets*, 26:1, pp.1—31.

Sornette, D., *Why Stock Markets Crash*, Princeton and Oxford: Princeton University Press, 2003.

尾注:

1. 请注意,到期前剩余天数是从平时每天下午 4:00 市场收市到到期日星期六下午 5:00 来计算。
2. 按 18% 的波动率和 5% 的无风险利率计算。
3. 本月期权不能减少远期月份的担保要求。
4. 如果套期保值交易到期日相同或者更远,那么可减少担保要求。应该根据多头部位和空头部位履约价格间距重新进行计算。
5. 原先的 VIX,现在叫 VXO,是根据标准普尔 100 指数平值期权计算的。新旧两种版本密切相关,新版 VIX 于 2003 年投入使用。
6. Credit Suisse, "Can the VIX Signal Market Direction?", white paper published for Credit Suisse customers, 12/20/2006.

第 7 章 如何根据季报公告周期交易

季报公告能为期权交易者创造巨大的交易机会。对于有季报公告相关型价格波动历史的股票,市场往往会通过为它们设定很高的隐含波动率来过高地确定其期权价格。当季报公告恰逢期权到期时,这种价格扭曲就会变得非常严重。对于这样的股票,隐含波动率在期权到期周期结束的前几天里会急剧上涨,从而抵消快速的因时减值效应。

第二种扭曲出现在季报公告和波动率回跌到适当的水平以后。波动率的回跌速度取决于股价波动幅度,当股价波动幅度大大小于隐含波动率所建议的幅度时,波动率的回跌会非常迅速——有时只需几分钟时间。不过,如果隐含波动率准确预期到了股价的波动幅度,那么回跌就会发生在一个持续几小时到几天不等的较长时间段内。这种现象在股价继续朝着波动方向运行的情况下会有所加剧。

这一章探讨源自于季报公告驱动型价格扭曲的交易机会。我们将集中考察两个特定类型的交易:
- 旨在利用季报公告前几天波动率上涨来赢利的交易;
- 旨在利用季报公告后波动率回跌来赢利的交易。

显而易见的第三类交易可能就是那些旨在利用超过期权合约价格所反映风险的季报公告相关型股价大幅波动来赢利的交易。季报公告中包含的意外事件引发大于市场预期的股价波动,就是常见的一个例子。在这种情景中,跨式套利和宽跨式套利组合的卖方可能会亏损,因为相对于风险,他们没有得到应有的补偿;而这些组合头寸的买方则能够盈利,因为交易某个部位的价格被定低了。发生这样的意外事件后,隐含波动率有时会稳定在较前为高的新水平上。只要股价继续波动不定,那么,这个隐含波动率水平会在一个较长的时期里维持在高位上。2006 年 3 月 15 日,西尔斯公司股票以一个大于 11 个标准差的季报公告相关型价格波动峰值展示了这种特性。在季报公告时间框架之前,西尔斯公司股票的平值期权以18%的隐含波动率交易；而在大于11个标准差的股价波动峰值出现后，实际和隐含波动率都稳定在24%左右。

当然还有很多其他有关季报公告相关型股价波动峰值非常大但没有反映在公告前股票期权价格中的例子。遗憾的是，我们没有可靠的方法可用来预测这样的事件。相反的情况倒是更加常见——由于预期到了最大的股价波动峰值，季报公告前的股票期权价格往往会夸大风险。当然，这种动态因素不会消除在季报公告前买入价格被定低的期权来获取丰厚回报的可能性。市场绝不会充分有效，而季报意外能够导致可降低多头跨式套利或宽跨式套利成本的价格波动。有一种策略就是通过在财务季报公告前买入很多股票的深度虚值期权来下为数众多的小"赌注"。很高的股价波动峰值通常能创造足以抵偿很多损失的盈利。遗憾的是，季报公告前期权价格通常会反映可公开获得的数据和内部人持有的私密信息。不管法律如何禁止内部人交易，从期权合约价格中发现意外大起大落的蛛丝马迹的情况不在少数。

本章以下各节集中关注源自于季报公告前波动率上涨和季报公告后波动率随即回跌的交易机会。

如何利用季报公告相关型波动率上涨

有计划的季报公告常常伴随着隐含波动率的大幅上涨，上涨幅度取决于被预期到的股价波动峰值的大小。有些公司因其季报意外而出名，这些公司的股票期权通常在季报公告前不久会以惊人的高价交易。这些事件的定价动态分析并不多见，因为它们是由围绕某个即将发生的事件的风险参数驱动的。

我们来考察一只过去4次季报公告每次都引发3到4个标准差价格波动，但在其他时间段波动相对较少的股票。如果这只股票按每股100美元的价格交易，并且正常波动率是25%，那么，它的平值看跌期权和看涨期权为了抵偿4个标准差（这只股票的1个标准差等于1.57美元）的股价波动风险，必然分别以不低于6.30美元交易。聪明的卖方会拒绝接受低于6.30美元的价格，而聪明的买方也不愿支付高于6.30美元的价格。

价格扭曲的程度在履约价格是平值时最为严重，并且随着履约价格偏离股价而减轻。隐含波动率在不受影响的期权远期履约价格上保持不变。期权到期前的剩余时间也很重要，价格扭曲会因季报公告接近期权到期日而明显变得更加严重，因为虚值期权通常在到期日临近时失去大部分价值。有些公司习惯在临近期权到期时发布季报公告——最极端的情况是在最后一个交易日开市前发布。这样的行为会导致股价极度波动,因为虚值期权会从开盘时的明显定价过高变为收盘时的几乎无隐含波动率。

表 7.1 列示了几种旨在保护看涨期权不受价格为 100 美元、波动率为 25% 的股票发生 4 个标准差价格波动(1 个标准差等于 1.58 美元)影响的定价方案。表中的数据显示了平值期权与虚值期权之间巨大的隐含波动率值差异,同时也凸显了期权到期日临近的影响效应。

表 7.1 预期价格要发生 6.32 美元(4 个标准差)波动的(价格 100 美元、历史波动率 25% 的)股票的看涨期权定价方案

股价($)	履约价格($)	剩余天数	期权价格($)	波动率值
100.00	100	15	2.13	0.25
100.00	105	15	0.50	0.25
100.00	100	15	6.32	0.77
100.00	105	15	1.32	0.38
100.00	100	2	0.76	0.25
100.00	105	2	0.00	0.25
100.00	100	2	6.32	2.12
100.00	105	2	1.32	1.05

前两组价格(表中粗线以上)显示了以 25% 的波动率定价的看涨期权与为吸纳 4 个标准差股价上涨而定价的受保护看涨期权之间的差异。表中粗线以下显著提升的隐含波动率表示把季报公告安排在临近期权到期前的影响。在第二个定价方案中,只有把隐含波动率提升 200% 以上才能为平值期权提供保护。这个价格扭曲只有一半为给有 5.00 美元虚值的期权提供适当的保护所必需。这些数值有些保守,因为市场通常会预期股价将以大于其波动历史数据所建议的幅度波动。这个问题也因既往季报公告相关型股价波动幅度的巨大变异而复杂化,对这个问题的完整看法也可能受到很多其他因素的影响。

表 7.2 谷歌公司履约价格为 420 美元的看涨期权临近 2006 年 7 月季报公告时的价格

收盘价($)	履约价格($)	剩余天数	看涨期权价格($)	波动率值
424.56	420	11	15.95	0.45
417.25	420	10	11.95	0.47

续表

收盘价($)	履约价格($)	剩余天数	看涨期权价格($)	波动率值
408.83	420	9	8.10	0.49
403.50	420	8	6.25	0.52
407.89	420	7	7.40	0.64
403.05	420	4	5.95	0.73
399.00	420	3	5.60	0.91
387.12	420	2	4.40	1.30
390.11	420	1	0.00	0.01

波动率上涨的保护性质在上表中显而易见。该表显示了距离期权到期日只剩 1 个交易日时有 30 美元虚值的看涨期权在 7 月 20 日收盘时的惊人高价。37 美元——以 32% 的波动率出现的 4.8 个标准差——的季报公告驱动型股价波动幅度不会导致这些期权具有超过其成本的实值。第二天,季报公告后,谷歌公司股票的价格几乎没变,仍报收于 390.11 美元。

利用波动率上涨来赢利的各种不同交易在这个时间框架内都有一个优势,而多头跨式套利则是最明确的例子。因时减值效应通常会吞噬多头跨式套利的价值,而为赢利所必需的股价波动幅度随时间而上涨。在临近期权到期时持有跨式套利或宽跨式套利头寸是非常危险的,因为占总价值一定百分比的因时减值会显得更加明显。不过,如果季报公告恰逢期权到期日,跨式套利的因时减值成本就会变得可忽略不计。这个结果在表 7.3 中得到了反映。该表对股价冻结在 400.00 美元的上例进行了复制。请注意,履约价格为 420 美元的看涨期权价格几乎保持不变,尽管 θ 值很大且持续增大。

表 7.3 用谷歌公司股价隐含波动率对 420 美元履约价格的看涨期权进行的定价(对表 7.2 中股价锁定在 400 美元上的例子的复制)

收盘价($)	履约价格($)	剩余天数	看涨期权价格($)	波动率值	θ 值
400.00	420	11	5.35	0.45	−0.50
400.00	420	10	5.30	0.47	−0.54
400.00	420	9	5.20	0.49	−0.59
400.00	420	8	5.20	0.52	−0.66
400.00	420	7	4.85	0.64	−1.01

期权交易波动率前沿

收盘价（$）	履约价格（$）	剩余天数	看涨期权价格（$）	波动率值	θ值
400.00	420	4	5.05	0.75	−1.29
400.00	420	3	5.90	0.91	−1.90
400.00	420	2	7.90	1.30	−3.45
400.00	420	1	0.00	0.01	0.00

我们正在讨论的影响效应会把期权价格与标的股票的当期表现分离开来。当读者明白期权与所有的证券一样，价格是根据买卖双方的竞争力来确定时，这一分离就会显示其合理性。很多投资者错误地认为，期权价格是根据常用的波动率和时间计算数学公式来确定的。其实，情况正好相反：期权价格是由把数学公式作为期权合约交易指南的交易者确定的，股票自有其价格计算指标——收益率，期权价格与标的股票当期表现之间的分离是完全合理的，季报公告临近时的情况常常如此。

我们可以通过跟踪波动率上涨前买入的近期多头跨式套利组合的回报来继续分析谷歌公司的例子。表 7.4 显示了 7 月 3 日星期一到期前买入的一个履约价格间距很宽的跨式套利。之所以选择这个特定日期，是因为它避开了上周的因时减值效应，但仍在即将出现的隐含波动率急剧上涨之前。也就是说，隐含波动率已经上涨到略高于上月 28% 平均波动率的水平。表 7.4 中每对录入数据包括 10 份合约最初 Δ 中性的虚值多头跨式套利组合的相关数据。

表 7.4　2006 年 7 月季报公告前最后几天谷歌公司股票 460 美元/390 美元履约价格跨式套利组合回报

收盘价（$）	期权种类	剩余天数	期权价格（$）	波动率值	Δ值	合约数	头寸价值（$）
423.20	460 看涨	19	2.20	0.32	0.143	10	
423.20	390 看跌	19	1.85	0.32	−0.117	10	4 050
424.56	460 看涨	11	2.85	0.45	0.167	10	
424.56	390 看跌	11	2.15	0.45	−0.126	10	5 000
417.25	460 看涨	10	1.80	0.47	0.116	10	
417.25	390 看跌	10	3.25	0.47	−0.178	10	5 050
408.83	460 看涨	9	0.95	0.49	0.070	10	
408.83	390 看跌	9	5.00	0.49	−0.253	10	5 950
403.50	460 看涨	8	0.65	0.52	0.050	10	
403.50	390 看跌	8	6.50	0.52	−0.311	10	7 150

续表

收盘价（$）	期权种类	剩余天数	期权价格（$）	波动率值	Δ值	合约数	头寸价值（$）
407.89	460 看涨	5	0.80	0.64	0.060	10	
407.89	390 看跌	5	5.00	0.64	−0.260	10	5 800
403.05	460 看涨	4	0.60	0.73	0.047	10	
403.05	390 看跌	4	6.70	0.73	−0.318	10	7 300
399.00	460 看涨	3	0.65	0.91	0.048	10	
399.00	390 看跌	3	9.00	0.91	−0.374	10	9 650
387.12	460 看涨	2	0.65	1.30	0.042	10	
387.12	390 看跌	2	16.50	1.30	−0.510	10	17 150
390.11	460 看涨	1	0.00	0.01	0.000	10	
390.11	390 看跌	1	0.05	0.01	−0.213	10	50

这个套利头寸虽然是在期权到期前只剩 19 天时买入的，但对因时减值效应具有明显的抵抗力。尽管套利头寸的看涨期权和看跌期权部位分别有 19 美分和 15 美分的初始 θ 值，这笔套利交易在第 1 周盈利 25%，而谷歌公司股票的价格静止不变。由于多头部位的持有成本为 0，因此基本上没有风险。

我们可以通过把隐含波动率曲线提升到顶部，并且尽量在临近季报公告时启动交易，以实现最多的盈利。如果我们推行这一策略，那么就能利用波动率上涨和标的股票价格波动来实现 300% 以上的盈利。为了完整起见，还应该了解波动率上涨和标的股票价格波动各自的盈利贡献率。在一个 17 天的时间段内，谷歌公司的股价下跌了 36.08 美元。采用交易开始时 32% 的波动率，就能计算求得 423 美元股价在 17 天里发生 1 个标准差波动的值是 29.24 美元：

365 个日历日/17＝21.47 个时间框架/日历年

$\sqrt{21.47}=4.634$

初始波动率 0.32/4.634＝0.0691

423.20 美元×0.0691＝29.24 美元（这个时间框架的 1 个标准差）

17 天里的实际股价波动幅度是 36.08 美元或者 1.23 个标准差。如果在这个时间框架里，波动率保持在 32% 上不变，那么，股价波动单独就能把看跌期权的价格提升到 5.25 美元，而看涨期权则已经一文不值，10 份合约的跨式套利组合价值 5 250 美元。不过，随着到期日的临近，波动率通常略有下降。在没有未决事件发生的情况下，平值期权的隐含波动率会在最后一个交易日开市时下降到 24%。1 份平值看跌期权就价值 4.40 美元——10 份合约跨式套利组合的看跌期权价值4 400美元。隐含波动率的表现在期权到期前的最后几天里会真正变得相当复杂,因为夜间闭市时间成了期权剩余时间的重要组成部分。波动率倾向于每天临近收盘时下跌,以便按照隔夜因时减值效应做出调整;而第二天开盘时又恢复上涨。价格扭曲会在最后一个交易日发展到极致,而波动率会在这一天6.5小时的交易时间里逐渐下降,但不会跌到0,因为延时交易能产生明显的效应,而且期权是在星期六下午到期。这些效应会对谷歌公司价格这么高的股票的期权价格产生很显著的影响,谷歌公司股票期权的多个履约价格一直到期权到期的最后一天仍然值得注意。

在我们的例子中,隐含波动率上涨显然是产生大部分盈利的关键驱动因素。此外,波动率上涨加剧了实际风险。表7.5列示了我们的例子之前因6次季报公告而导致的股价波动历史数据。

表7.5　　　　谷歌公司股票与季报公告相关的价格波动历史数据

季报公告日期	用标准差表示的相关股价波动幅度
2006年4月20日	2.50
2006年1月31日	－2.10
2005年10月20日	－8.00
2005年7月21日	－2.40
2005年4月21日	3.40
2005年2月1日	2.70

大多数季报公告相关型股价波动幅度落入从2.5到3.5个标准差的范围内,唯一的例外是2005年10月发生的波动把股价从10月20日收盘时的303.20美元推高到了10月21日收盘时的339.90美元。收盘价并不能全面反映这一事件的全貌,因为谷歌公司股票在10月21日刚开盘出现走势逆转并下跌6.00美元前实际以345.80美元的价格成交。交易者如果在那天开盘时卖出看涨期权,就要蒙受巨大损失。这次股价上涨峰值与所有其他波动峰值叠加,决定了导致股价被反映在未来季报公告中的高风险的股票走势。

谷歌公司股票是几百只具有这个特性的股票之一。有时,季报公告效应被反映在即将发生的新闻事件中,其中最好的一个例子就是苹果电脑公司2007年1月有计划的iPhone和一种新家庭娱乐产品线公告。这些公告比季报公告只早9天发布,期权就在它们发布后2天到期。正常的计划事件推高了隐含波动率,导致跨式套利组合买方难以赢利。这样的事件从公告后波动率就下降这一意义上讲,常常具有季报公告特征。不过,苹果电脑公司股票的走势凭借一帮分析师关于接下来几天行情的解释得以持续,而且又因季报公告的临近而得到加强。表 7.6 显示了 10 份多头跨式套利组合合约的交易结果。

表 7.6　苹果电脑公司季报公告和期权到期叠加效应下季报公告相关型股价波动带来的多头跨式套利组合盈利。表中阴影行中的数据表示季报公告前的最后收盘价及相关数据。

收盘价($)	履约价格($)	剩余天数	期权价格($)	波动率值	Δ值	合约数	头寸价值($)
85.05	90.00	15	0.95	0.38	0.25	10	
85.05	80.00	15	0.75	0.38	−0.20	10	1 700
85.47	90.00	12	1.05	0.42	0.27	10	
85.47	80.00	12	0.65	0.42	−0.18	10	1 700
92.57	90.00	11	4.60	0.48	0.65	10	
92.57	80.00	11	0.10	0.48	−0.04	10	4 700
97.00	90.00	10	8.10	0.55	0.81	10	
97.00	80.00	10	0.05	0.55	−0.01	10	8 150
95.80	90.00	9	7.20	0.60	0.76	10	
95.80	80.00	9	0.10	0.60	−0.02	10	7 300
94.62	90.00	8	6.65	0.70	0.71	10	
94.62	80.00	8	0.20	0.70	−0.05	10	6 850
97.10	90.00	4	8.20	0.90	0.80	10	
97.10	80.00	4	0.05	0.90	−0.02	10	8 250
94.95	90.00	3	6.35	0.98	0.74	10	
94.95	80.00	3	0.10	0.98	−0.02	10	6 450
89.07	90.00	2	0.70	0.40	0.37	10	
89.07	80.00	2	0.00	0.40	0.00	10	700
88.50	90.00	1	0.00	0.01	0.00	10	
88.50	80.00	1	0.00	0.01	0.00	10	0

套利交易先从新产品公告发布前的星期五买入 1 个 Δ 中性跨式套利组合开始。产品发布日星期一上午,隐含波动率上涨,涨幅足以抵消周末经历的 14 美分因时减值。在季报公告前期权到期前的剩余天数里,苹果电脑公司股票和期权隐含波动率双双急剧上涨。表中的阴影部分表示季报公告前苹果电脑公司股票的最后一个收盘价及其他相关数据。这笔套利交易盈利巨大——接近 280%。如果交易头寸敞口经历季报公告,并且敞口迎来期权到期日,那么就有

可能因波动率下跌和期权到期时分文不值而蒙受100％的损失。

这个例子证明了在季报公告前了结交易获利的重要性。令人奇怪的是，倘若我们错误地任由交易头寸敞口，那么在1月18日开盘时以92.10美元的股价止损离场仍能获得很多的利润。在92.10美元这个股价上，在距离期权到期约剩44小时之时，看涨期权仍有2.40美元的价值。尽管隐含波动率下跌，但我们仍能以2 400美元了结这笔套利交易，并且实现40％的利润。在这样的情景下快速执行是关键，因为隐含波动率在开盘时下跌非常迅速。虽然不可能精确复制1月18日开盘瞬间的交易动态过程，但很明显，等待买卖价差缩小和期权价格趋稳可能就是错误，因为当时股价以及股票和期权的波动率都在下跌。

总的来说，这笔套利交易具有充分的普遍性，足以成为一种投资策略的基础。它具有某些明显的优势，因为风险仅限于一季度几周的因时减值，但就如我们所看到的那样，波动率上涨趋向于抵消这种因时减值效应。

下一节考察一种源自风险成本被高估的不同交易机会。这种交易机会具有截然不同的风险—回报比状况，并且采取利用季报公告后隐含波动率回跌来赢利的交易形式。

如何利用季报公告后发生的隐含波动率下跌

有时，隐含波动率的涨幅因为伴随着季报公告而被夸大，以至于在季报公告前的高价位上卖出虚值看跌期权和看涨期权是说得通的。正如我们所看到的那样，价格扭曲在季报公告恰逢期权到期时达到最严重的程度。在这样的情况下，股票在期权到期周期的最后一个交易日以远离看跌期权或者看涨期权履约价格的价格收盘，而期权在到期时一文不值。

在前面谷歌公司的例子中，虚值的空头跨式套利得到了免受股价在4个标准差范围内波动影响的保护，而40美分虚值的宽跨式套利也经受住了股价6个多标准差的波动。两者不同的原因显而易见：390美元履约价格的跨式套利当时价值30.20美元，而履约价格为430美元/350美元的跨式套利在季报公告前波动率达到高位时价值5.60美元。结果，390美元履约价格的跨式套利实际吸纳了股价从387美元到420美元的33美元涨幅，而履约价格为430美元/350美元的跨式套利则能吸纳股价涨到435.60美元的48美元涨幅。这么大的价格扭曲之所以持续存在，是因为市场在一定程度上记住了2005年10月谷歌公司股票8个标准差的价格涨幅。谷歌公司股票和其他高价股一样，具有多履约价格的优势,便于我们衡量交易风险。在我们的例子中,如果我们通过卖出虚值期权来接受某种追加风险,那么就能实现 30 美元的利润(履约价格 390 美元的看跌期权和看涨期权以平值到期)。[1]较宽间距的履约价格同时限制了风险和收益。卖出履约价格间距非常宽的有价值的期权而亏损的情况是非常少见的。在谷歌公司的例子中,我们可以决定组织一笔交易来防范最近出现过的最大股价波动幅度(8 个标准差)的风险。履约价格为 460 美元/330 美元的空头跨式套利适合这种情形。这是一个 Δ 中性的套利头寸(看涨期权的 Δ 值是 0.042,而看跌期权的 Δ 值是-0.045),并且每份期权约值 1.40 美元。此外,虚值期权交易的担保要求有所降低,价值 30 000 美元的 10 份履约价格为 390 美元的跨式套利合约需要 130 000 美元的担保资金,而 10 份履约价格为 460 美元/330 美元的宽跨式套利合约只需 84 000 美元的担保资金。买入 500 美元/300 美元的宽跨式套利组合来套期保值,可把担保要求降到不足 30 000 美元,而交易各部位每份期权只减少 5 美分的盈利。这样的交易只要设计得当,就有在最大限度地限制市场暴露风险的同时带来可观利润的潜能。

谷歌公司股票是这类交易的上佳候选对象。幸运的是,还存在很多这样的股票,候选对象的数量还是相对较多的,并且逐季增加。如果把交易局限于非常接近的履约价格,那么,有时价格较低的股票似乎风险更大。不过,详细的分析常常显示,实际情况并非如此。作为例子,我们来考察斯伦贝谢有限公司(Schlumberger Limited,交易代码:SLB)的股票。这家公司的股票通常显示出相对较小的季报公告相关型价格波动幅度。此外,有关该公司股票的详细分析显示,如果计算收盘—开盘股价波动幅度而不是收盘—收盘股价波动幅度,那么数据组中的最大股价波动幅度就会大大降低。表 7.7 列示了该公司股票与 8 次季报公告有关的数据。

表 7.7   斯伦贝谢公司季报公告相关型股价波动数据

公告日期	前市收盘价	公告日开盘价	公告日收盘价	收盘—开盘标准差	收盘—收盘标准差	1 个标准差的价值($)
01/19/2007	57.90	59.45	61.00	1.50	3.20	1.00
10/20/2006	62.70	63.31	60.10	-0.44	-1.80	1.40
07/21/2006	61.66	63.16	61.45	-0.83	-0.11	1.80
04/21/2006	68.07	69.40	68.51	1.00	0.33	1.30
01/20/2006	56.44	58.67	61.13	0.95	2.80	1.30
10/21/2005	40.29	39.75	40.01	-0.90	-0.40	0.80
07/22/2008	38.98	39.97	41.14	-1.65	-3.70	0.60
04/26/2005	35.85	35.59	35.01	-0.41	-1.30	0.63

期权交易波动率前沿

表 7.7 显示了斯伦贝谢公司股票季报公告日的开盘价和收盘价以及公告前一交易日的收盘价。表中"收盘—开盘标准差"和"收盘—收盘标准差"两栏列示了用标准差表示的收盘—开盘股价波动幅度和收盘—收盘股价波动幅度。虽然斯伦贝谢公司的季报公告相关型股价波动总的来说比较温和,但隐含波动率多次翻番,上涨到了 70% 左右。在大多数情况下,这个涨幅足以防范 2.5 个标准差的股价波动。斯伦贝谢公司采取了一种非同寻常的季报公告策略——表中列示的各次季报公告都发生在期权到期周期最后一个交易日(星期五)股市开盘前。

我们可能难以分析季报公告相关型股价波动的历史数据。当一只价格波动通常服从对数正态分布的股票围绕季报公告重复出现大幅、变化不定的价格波动时,情况就会变得非常复杂。雅虎公司股票就是这种现象的一个绝好例子。雅虎公司股票在季报公告之前呈现出对数正态分布特性,但市场没有任何确定季报公告相关性风险的精确方法。这只股票的风险时常被高估,因为市场对它只有很低的不确定性容忍度。尽管如此,有时一些非常事件仍可能混淆一些哪怕是最保守的估计值。图 7.1 展示了雅虎公司为期 1 年的股价波动峰值,对以上问题进行了明确的图示。

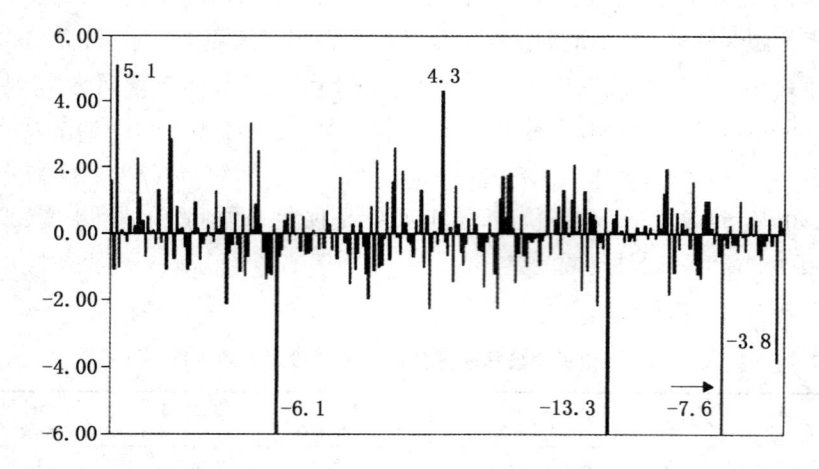

图 7.1 2005 年 10 月 17 日～2006 年 10 月 20 日用标准差表示的雅虎公司股票价格波动峰值。每个大幅波动峰值都用标准差表示。6 个大幅波动峰值中有 5 个与季报公告相关。图中的箭头表示与季报公告无关的大幅波动峰值(—7.6 个标准差)。

请注意从图的右边算起第 3 个大幅下跌峰值,这个 2006 年 7 月 19 日出现的股价下跌峰值绝对值太大(-13.3 个标准差),无法在图中显示。如图 7.2 所示,重新标注 Y 轴的标尺,并用绝对值来表示图中的所有数值,我们就能更加清晰地了解雅虎公司股票价格波动的全貌。

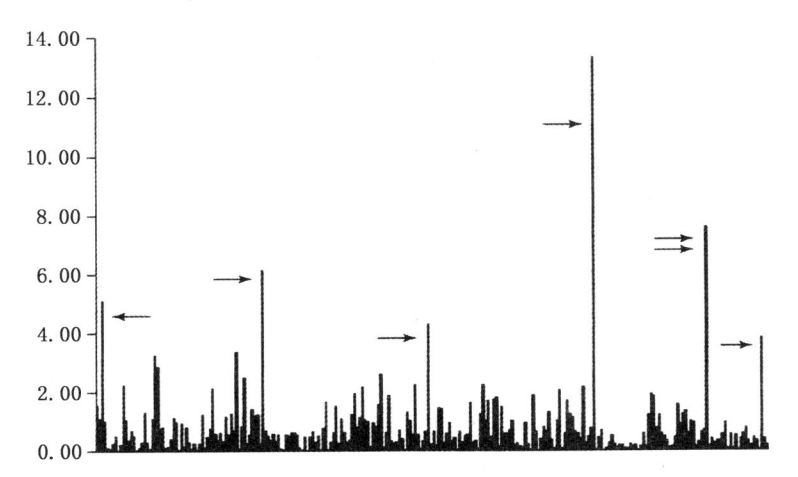

图 7.2　用绝对值表示的图 7.1 中的数据(即股价波动峰值都用正数来表示)。为了容纳绝对值最大的股价波动峰值,对 Y 轴的标尺进行了重新标注。图中唯一与季报公告无关的股价波动峰值用双箭头标注。

对雅虎公司相关数据做这样的图示,能够清晰地显示季报公告对于雅虎公司股价波动是高度显著的事件。如果我们打算利用 2006 年 1 月 17 日的事件来进行交易,那么就必须把风险置于最近几次股价波动的情景中进行分析。9 月 19 日的下跌峰值(图中双箭头标示)是由实际公告前的季报公告预警导致的。从某种意义上说,是季报公告预警重新设定了市场预期,降低了股票价格,并且减小了后续股价大幅下跌的风险。不过,就在季报公告前 10 月 17 日收盘时,雅虎公司股票的平值期权仍然以 92% 的隐含波动率交易。就在收盘前的很短时间里,雅虎公司的股票还以 24.15 美元交易,而 25 美元履约价格的多头跨式套利组合则以 2.00 美元的价格交易。交易的空头部位得到了防范股价上涨 2.85 美元或下跌 1.15 美元(27 美元/23 美元)的保护。以当月 20 日波动率为指南(20%),这些数值可转化为看涨期权部位 9.5 个标准差和看跌期权部位只有 3.8 个标准差的价格波动。因此,看跌期权部位的风险要大得多。市场是充分有效的,足以适当降低由前市股价波动导致的风险。第二天,雅虎公司股票以 24.57 美元开盘,股价略有上涨,而隐含波动率则迅速下跌到了 32%,并且催生了一个 0.70 美元的跨式套利组合价格。我们可以立刻平仓结束交易。到收盘时,雅虎公司股票下跌到了22.99美元,正好与期权价格所反映的价值相匹配的股价有3.8个标准差的下跌。2天以后,期权以1.79美元的实值到期。

另一种考察反映在看跌期权价格中的23美元最低股价的方法是用标准差来计算9月19日下跌前偏离股价的距离。9月18日,雅虎公司股票以29美元的价格和23%的隐含波动率收盘,并且在以后的22个交易日里下跌了6.00美元,相当于3个标准差的跌幅:

1年252个交易日/22个交易日=11.45

$\sqrt{11.45}$=3.38(22个交易日的年化因子)

0.23的波动率/3.38=0.068

0.068×29美元=1.97美元(这个时间框架内的1个标准差)

6美元/1.97美元=3.04个标准差

因此,雅虎公司股票期权在22个交易日里价格总共下跌了大约3个标准差,而由于季报公告事件大约下跌了3.8个标准差,这个结果与雅虎公司股票以前的股价波动幅度和时间长度相吻合。例如,2006年1月9日~2月13日期间(24个交易日)雅虎公司股票价格从43.42美元下跌到了32.04美元,跌掉了11.38美元。根据这个时间框架内29%的初始波动率,我们能够计算出当时的下跌幅度是3.4个标准差。

评估无担保空头交易的风险总是一件困难的事,雅虎公司也不例外。乍一看,读者也许会认为,92%的隐含波动率太高了。我们的分析显示,这个波动率并不高。此外,季报公告中的意外事件有可能导致更大的股价波动峰值。如果我们只卖看涨期权,就得接受只能卖60美分,但我们得到了防范股价上涨到25.60美元——4.8个标准差——的保护。这样的交易就比空头跨式套利或者无担保看跌期权空头交易要安全很多,因为雅虎公司股票最近的表现、季报公告预警以及最近的股价大幅下跌都表明该股不可能出现强劲的上涨。不过,这种定价方法仍然是有效的,因为图7.1中显而易见的前两次股价上涨幅度相当。

最后,由于我们有理由认为,广义地讲,这种定价方法是合理的,而隐含波动率有可能下跌,因此进行看跌期权比率套利可能是有道理的。波动率下跌常会对这种交易空头部位产生不利的影响。我们可以1.40美元买入25美元履约价格的看跌期权,并且以0.30美元卖出22.50美元履约价格的看跌期权。3∶1的比率可抵消90美分的套利成本。2天后期权到期时,交易头寸的多头部位每份期权价值1.80美元,可赢利1.30美元——10份合约1 300美元的盈利。

通过以上讨论,我们特地避开了计算用百分比表示的股价波动幅度。采用标准差来表示股价波动,允许我们对包括不同价格和波动率的不同长度的时间框架进行比较。任何其他分析方法都无法提供这样的平衡观点。市场十分有效,但定价方面的异常情况难以发现。一旦发现定价方面的异常情况,就应该分析尽可能多的历史数据和新数据,并且在进行每笔交易时都把这个信息考虑进去。

一般来讲,无担保空头交易是危险的,大多数投资者可从结构良好的多头头寸中实现较大的盈利。有些空头风险可以用以下方式来抵补:少量持仓,以便通过股票多头和空头交易来平衡交易头寸。在出现很大的季报公告意外时,可在某次延长时间交易中买入或卖出股票,但大头寸交易不可能采用这种方法来执行。

结束语

与季报公告相伴的期权定价扭曲常常是绝好的交易机会,两大趋势显而易见:季报公告前几天的波动率上涨以及公告后几天的波动率回跌。

想要利用前一种趋势,投资者可以在季报公告前 2 周买入跨式套利组合,任由波动率上涨来抵消大部分因时减值效应,并且就在季报公告前的隐含波动率高点上平仓了结交易。如果在波动率高点出现之前,股价的大幅波动产生了很大的盈利,那么就应该提前平仓。利用第二种趋势,要在季报公告前在波动率高点上开建空仓,并且在季报公告后隐含波动率开始回跌时平仓,波动率回跌的速度取决于期权价格扭曲的程度。

完全理性的投资策略应该能够规避日常市场风险,允许投资者冷眼旁观并且及时执行数学上合理并精心策划的交易来利用季报公告相关型价格扭曲。这种策略的一个优点就是能够显著降低市场风险。如果多头部位是交易的核心,那么就应该把市场风险限制在每季度 2 周的因时减值效应上。此外,因时减值风险部分可被波动率上涨抵消,因为在季报公告与期权到期日相隔很近时,波动率上涨趋向于抵消因时减值效应。

虽然交易的空头部位风险更大,但通常可以利用基于股价波动历史数据安排的合理交易头寸结构来加以限制。空头部位应该在规模上受到限制,如果股价大幅波动发生在季报公告以前,那么可以在市前或者市后的延时交易中来实施补偿性交易。

下一章专门讨论另一些与期权到期相关的价格扭曲问题,这些同样是绝佳交易机会的情景每年要出现12次。

尾注：

1. 实际上，我们把交易两部位之间的差额拉近到了25美分，目的就是要避免市场收市以后因发生意外事件而导致的配置风险。

第8章 如何根据到期周期交易

在上一章里,我们考察了那些源自季报公告相关型价格扭曲的交易机会,我们的分析聚焦于隐含波动率涨跌——先于大多数季报公告的波动率上涨以及紧随季报公告后的回跌——问题。对它们的动态管理比较复杂,因为它们取决于相关股票的历史波动表现、当时的市场状况和相关股票的近来表现。

本章集中关注另一种不同的根植于期权到期周期的价格扭曲,价格扭曲效应大多是交易动态演化与期权定价数学相互作用的直接结果。例如,市场夜间闭市的时间长度随着期权到期日的临近而变得越来越重要。市场闭市时流逝的期权到期前剩余时间在期权到期前的那个星期四夜晚要增加到35%。在期权到期前的最后几天里产生影响的市场和技术因素包括:

- 最后一周迅速加速的因时减值效应;
- 最后几天日隐含波动率的大幅波动;
- 最后一个交易日隐含波动率下跌;
- 由复杂头寸平仓和套期保值解约导致的股价盯住履约价格效应。

以上每个因素都非常重要,因为现代期权定价模型都没有考虑这些影响效应。第4个因素"股价盯住履约价格"是众多学术研究论文的关注焦点,它们的共识是这种行为由对众多多头头寸进行的动态套期保值所驱动。表示高持仓量的期权合约往往会导致标的股票价格趋近于据以交易最多的履约价格。有研究显示,在期权到期日,标的股票的回报率平均要发生至少16.5个基点的变动。以整个市场计,市值要发生大约90亿美元的变化。[1]支持性证据表明,没有期权交易的股票没有显示盯住效应。

交易者如想利用这样的价格扭曲来牟利,就应该采用精确的建模工具。在这方面,笔者为自己开发了一套个性化的统计建模和数据挖掘工具,它们构成了本书最后一章介绍的更大数据库设施的组成部分。

最后交易日

我们先来考察期权到期周期最后一个交易日是星期五的情形。这一天是整个到期周期中最有活力、最复杂的一天,并且以两股非常显著的作用力为特点:波动率下跌以及很多股票的价格快速趋近于期权的某个履约价格。表8.1汇总了反映所有价格在50美元以上、有期权交易的股票在22个到期周期里表现的数据。

表 8.1 期权到期时股票价格与期权某一履约价格差异小于特定金额的股票数量(根据出现次数排序)

22个到期周期期间发生次数	股票价格与期权某一履约价格的差幅				
	小于10美分	小于20美分	小于30美分	小于40美分	小于50美分
14				1	1
13					
12					
11			1		1
10				1	1
9			1	3	10
8		1	4	8	25
7		2	9	32	52
6	1	3	29	61	85
5	4	22	53	89	139
4	16	54	126	154	131
3	55	142	156	134	113
2	132	174	147	108	67
1	223	164	85	43	21

样本包括654只股票。按照表中第1行所列的股价距离履约价格的差幅(小于10美分、20美分……50美分),上表列示了在每个差幅发生次数上的股票数量。例如,在我们跟踪的22个期权到期周期里,有32只股票在结束1个到期时间框架时股价7次偏离期权某一履约价格的金额在40美分以内,只有谷歌公

司的股票在期权到期时14次偏离期权某一履约价格的金额在40美分以内。另一个极端是233只股票在期权星期五到期时至少1次偏离其期权某一履约价格的金额在10美分以内。表中的数据并不能说明全部问题,因为常有一些股票在期权到期的最后几小时里一直在偏离某一履约价格几美分以内徘徊,到收盘时偏离金额才略有增大。股价在期权到期前的最后波动出现在交易最复杂部位已经平仓、套期保值已经结束、大机构交易者已经把注意力转向下一期权到期月份以后。很高的交易水平导致最后的结算在市场闭市后大约还要继续1分钟,因为排队录入的数据需要配对和记录。这些交易大多与驱使股价趋近于期权某一履约价格的市场力量无关。此外,股票还会在到期周期最后的市后交易中再交易几分钟。股票价格的大幅波动往往出现在最后的市后交易中,因为机构投资者要为下月建立新仓。因此,重要的是要记住,交易者一般都知道盯住效应;而且,很多交易者会根据下星期一股票破势导致股价波动加剧的预期来组织交易。然而,相关数据并不支持这种观点。例如,定期显示盯住效应的联邦快递公司(FedEx)股票在无盯住效应到期日的次日平均出现0.77个标准差的价格波动,而在盯住效应发生后平均有0.87个标准差的股价波动。股价有较大的可变性,盯住效应发生后会出现从0个标准差到3.4个标准差不等的股价波动,而在无盯住效应的情况下则会出现从0.1个标准差到3.1个标准差不等的波动幅度。

图8.1显示了一个根据分钟收盘价制定的典型到期日交易方案。图中,到期周期最后一个交易日的关键时点用箭头标示。

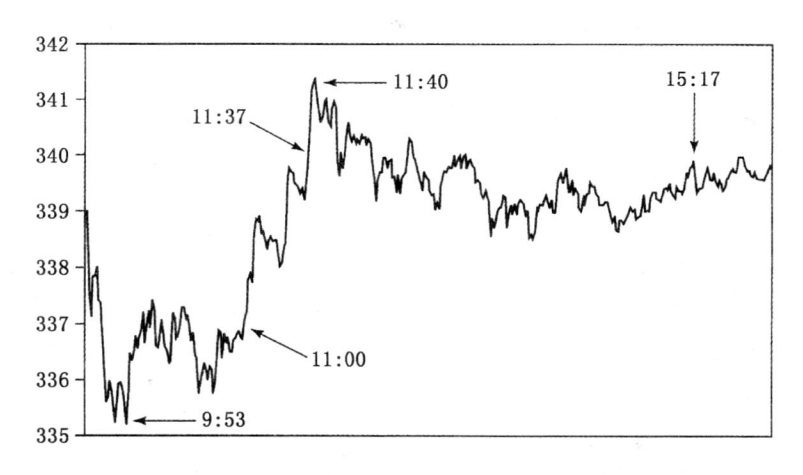

图8.1 谷歌公司股票一到期周期最后一个交易日的分钟收盘价

在这个例子中,谷歌公司股票在最后一个交易日以338.80美元开盘,在随后的几分钟里下跌到了 335.19 美元, 然后又快速上涨到了 340 美元。在大多数情况下, 盯住效应出现在较高的履约价格上。这个特性被认为能够反映买入和卖空动态变化差异。在 2007 年 7 月前, 提价交易规则导致了一种买入远比卖空方便的不对称性。[2] 在 11:40 时, 谷歌公司股票短暂涨破履约价格, 然后回落并稳定在 339 美元和 340 美元之间。在这天的剩余时间里, 该股一直在这两个价格之间交易。下午 3:00 后不久, 谷歌公司股票的交易价格上涨到了偏离履约价格 10 美分的区间内; 随着最后几个剩余头寸的平仓, 交易速度明显下降。

期权交易量大也是盯住行为的一个特点。期权持仓量通常在被盯住履约价格上最大, 期权交易量超过期权持仓量 1 倍的情况也并不罕见, 也就是说, 每份期权合约在这一天里被交易一次以上。所有这些因素——股价快速趋近于期权的某一履约价格、股价略微涨破期权的某一履约价格、股价稳定在期权某一履约价格附近、期权持仓量大、期权交易量大——都可用来确定是否存在盯住效应。一种平淡无奇的交易就是在股价仍接近期权某个履约价格时, 这天结束时卖出价值几乎已经丧失殆尽的平值跨式套利组合。

波动率下跌是这种交易的决定性特点。这天早晨, 当股票仍有 6.5 小时的正常交易时间以及距离期权到期还有 31 小时多时, 隐含波动率与最近的历史波动率相同。不过, 在正常交易时间结束时, 距离期权到期还有 1 整天。如果隐含波动率仍然较高, 那么, 接近平值的期权和平值期权可能具有高于市场允许的价值。结果, 随着市场力量不断压低这些期权的价格, 隐含波动率会跌近 0。实值期权的价值就是其超出履约价格的金额, 而波动率下跌用看涨期权和看跌期权的分钟价格来表示就显而易见。图 8.2 就是基于我们的例子构建的 340 美元履约价格的看涨期权和看跌期权分钟隐含波动率走势图。

交易头几分钟隐含波动率的最初上涨反映了股价快速跌掉的 3.60 美元, 也表明了前一交易日收盘前出现的价值减少。开盘 1 小时后, 隐含波动率约等于其开盘时的初始值。随着股价的上涨, 隐含波动率就在 11:00 前开始下跌。当股票价格在 12:00 前后稳定在期权履约价格附近时隐含波动率下跌到了 25%, 已经跌掉了将近 1/3。等到这时再卖期权, 对于不想冒太大风险的保守投资者来说, 也不失为一种合理的选择。不过, 还有很多其他策略可以采用, 包括在开盘后波动率涨到最高点时卖出履约价格较低(330 美元)的看跌期权和履约价格较高(340 美元)的看涨期权。在这个交易方案中, 只要股价开始波动, 就着手根据合适的履约价格完成跨式套利交易。最后, 深度虚值期权可以 5 美分的价格平仓。图 8.3 显示了履约价格为 340 美元的跨式套利组合分钟价格波动走势。

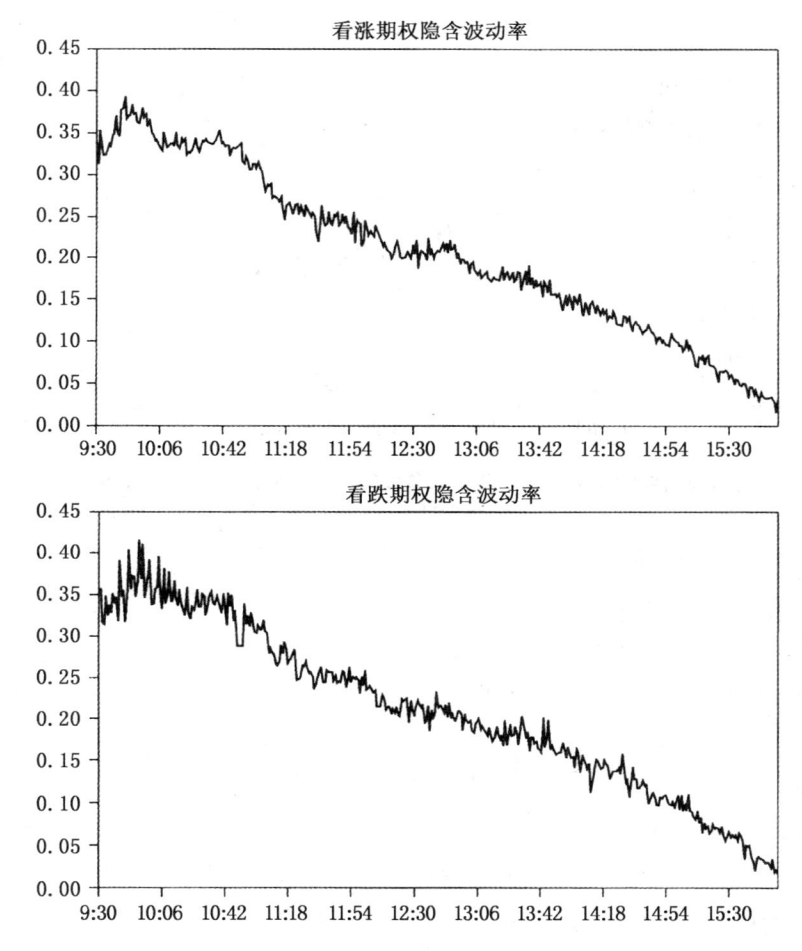

图 8.2 图 8.1 中 340 美元履约价格的看涨期权和看跌期权分钟隐含波动率走势

跨式套利组合的合并价格在 9:47 时达到最高点,其中看涨期权的交易价格是 1.35 美元,看跌期权的交易价格是 5.80 美元。这可是一个危险的入市交易点,因为股价跌到了 335.23 美元,而盯住效应表现还不明显。此外,由于看跌期权的 Δ 值当时是 −0.74,而看涨期权的 Δ 值则是 0.28,因此,该交易可能有很强的牛市倾向。如果我们推行第二个策略,那么,在股价于 9:47 下跌时就分别以 0.90 美元和 1.35 美元的价格卖出履约价格为 330 美元的看跌期权和履约价格为 340 美元的看涨期权。确定卖出 340 美元履约价格的看跌期权的入市点,更多地取决于风险容忍度,而不是任何其他因素。在最保守的策略中,我们可以等到股价达到 340 美元的履约价格以后再以 2.00 美元的价格卖出履约价格为 340

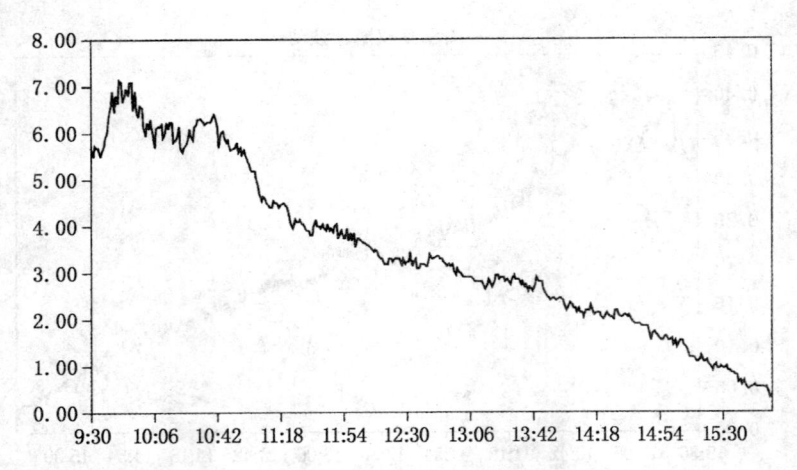

图 8.3　谷歌公司履约价格为 340 美元的跨式套利组合分钟价格走势(2006 年 3 月 17 日)

美元的看跌期权,以构建履约价格为 340 美元的看涨期权空仓,并且任由履约价格为 330 美元的深度虚值看跌期权因时减值(它们当时约值 35 美分)。假定我们在 15:44 以每份期权 60 美分平仓了结整笔交易,就能实现每份期权 3.65 美元的盈利(330 美元履约价格的看跌期权每份盈利 0.90 美元加上 340 美元履约价格的跨式套利组合每份盈利 3.35 美元,减去平仓获得的每份 0.60 美元)。重要的是应该指出,尽管标的股票价格急剧上涨,但是,当股价在 11:36 涨到 340 美元,我们卖出 340 美元履约价格的看跌期权时,340 美元履约价格的看涨期权价格只涨到 1.80 美元(Δ 值 0.50)。最初的跨式套利组合仍略有盈利,因为履约价格 340 美元的看涨期权的价格上涨被履约价格 330 美元的看跌期权幅度更大的价格下跌所抵消。

我们还可以简单地等到股票开始出现盯住表现,并且卖出 340 美元的跨式套利组合。我们的入市点虽然取决于风险容忍度,但有时仍可能出现在 11:00 和 11:40 之间。11:00,股价开始攀升时,跨式套利组合价值 5.40 美元。在 11:36 和 11:51 之间,由于股价稳定在 340 美元的履约价格附近,因此,跨式套利组合的价格在比 3.80 美元的低价和 4.00 美元的高价上下不到 20 美分的差幅内变动。

可行交易策略的全集非常大,但风险却很是有限,因为这些头寸在市场收市前要平仓,即绝对没有隔夜风险。不过,关键的关键还在于要毫不犹豫地对亏损盘止损平仓。笔者总是只要开仓就下止损单,并且随着期权价格的因时下跌而逐步降低止损额。过分自信和取消止损单始终是错误的,因为股价通常会继续朝着激活止损单的方向波动。即使股价走势逆转,通常也能通过以较高价格再卖已经平仓的期权来构建更好的头寸。当看跌期权和看涨期权的 Δ 值相近时,交易各部位的合理止损额等于当月期权价格加50%。

另一种出色的交易策略就是卖出履约价格被股价盯住的期权,并买入次日要到期的实值期权。一种替代交易方案是在买入次日到期、履约价格相同或更加有利的期权时配之以日历套利。以下这些例子包括一些根据这些策略组织的交易。能构建 Δ 中性头寸当然更好,但快速的因时减值效应以及股价趋近于期权履约价格的波动,管理起来比较复杂。每笔交易都是为了利用多头部位在空头部位快速因时减值时的增值来赢利而设计的。表8.2列示了3种不同的交易方案:

● 按照3:1的比率——买入当月到期、履约价格为320美元的看涨期权/卖出当月到期、履约价格为340美元的看涨期权;
● 按照2:1的比率——买入下月到期、履约价格为320美元的看涨期权/卖出当月到期、履约价格为340美元的看涨期权;
● 按照1:1的比率——买入下月到期、履约价格为340美元的看涨期权/卖出当月到期、履约价格为340美元的看涨期权。

以上每个头寸都是在11:00股票开始上涨时构建的,11:46时的股价也包括在内,因为在这个时点上股价第一次与期权340美元的履约价格相交。为了简便起见,我们在市场收盘时对三个头寸都进行了平仓。

表8.2　　2006年3月谷歌公司期权到期日三种不同交易策略比较

时间	股价($)	履约价格($)	剩余天数	期权价格($)	波动率值	Δ值	合约数	头寸价值($)
11:00	337.09	340	1.25	1.30	0.312	0.326	−30	
11:00	337.09	320	1.25	17.15	0.312	0.998	10	13 250
11:46	341.00	340	1.22	2.55	0.252	0.587	−30	
11:46	341.00	320	1.22	21.02	0.252	1.000	10	13 400
15:59	339.76	340	1.04	0.15	0.032	0.371	−30	
15:59	339.76	320	1.04	19.80	0.032	1.000	10	19 350
11:00	337.09	340	1.25	1.30	0.312	0.326	−20	
11:00	337.09	320	36.25	24.85	0.330	0.725	10	22 250
11:46	341.00	340	1.22	2.55	0.252	0.587	−20	
11:46	341.00	320	36.22	27.75	0.330	0.761	10	22 650

续表

时间	股价($)	履约价格($)	剩余天数	期权价格($)	波动率值	Δ值	合约数	头寸价值($)
15:59	339.76	340	1.04	0.15	0.032	0.371	−20	
15:59	339.76	320	36.04	26.80	0.330	0.750	10	26 500
11:00	337.09	340	1.25	1.30	0.312	0.326	−10	
11:00	337.09	340	36.25	13.35	0.330	0.506	10	12 050
11:46	341.00	340	1.22	2.55	0.252	0.587	−10	
11:46	341.00	340	36.22	15.40	0.330	0.550	10	12 850
15:59	339.76	340	1.04	0.15	0.032	0.371	−10	
15:59	339.76	340	36.04	14.70	0.330	0.536	10	14 550

第一种交易策略盈利最多,因为这种策略的交易是按3∶1的比率买入Δ值等于股票的期权执行的。就此而言,深度实值看涨期权优于股票,因为它们的成本远低于股票。为了抵补这笔交易,我们可能要为每30份卖出的合约——每卖出30份看涨期权合约可收回337 000美元——买入每股价格为377美元的1 000股股票。采用深值看涨期权进行交易,能把交易多头部位的成本大约降低到17 000美元。

除了多头深度实值期权次月到期外,第二种策略的交易与第一种策略的交易相似。保持Δ中性,能把交易比率降低到2∶1。期权到期时,我们可以通过在次月卖出新的期权进行同月比率套利,交易的空头部位前滚。这种交易能为看好股票和有意让多头头寸敞口的投资者带来好处。

第三种策略的交易也是在次月买入,但是在相同的履约价格上买入。交易两部位的比率被降低到1∶1,因为多头部位和空头部位的Δ值最初几乎相同。这种策略的交易虽然成本几乎只有第二种交易的一半,但盈利相仿。就如在前例中一样,交易的空头部位可以前滚,而且在次月执行新的交易,就允许我们在牛市中让交易头寸敞口。

第一种策略的交易可赢利46%,第二种策略的交易可赢利19%,而第三种策略的交易则可赢利21%。第一种策略最有可能满足不愿保留多头头寸或者承担隔夜风险的当日交易者的需要,交易的两个部位应该在当日收盘前平仓。如果市场闭市后交易仍然敞口,经纪人会自动通过催讨股票来执行交易的多头部位,而空头部位在到期时已经一文不值。这个路径不太有效,因为以这种方式来执行多头部位交易要追加交易成本;风险也较大,因为股票可能在星期一开盘前的盘前或盘后交易中波动。此外,重要的盘后新闻事件或者股票价格波动会导致交易的空头部位被执行。这样的事件虽然罕见,但有可能会导致重大亏损。

第二和第三种交易方案允许交易者集中精力平掉交易空仓,因为多头部位的期权可以保持敞口到下个到期日。第三种交易方案具有一个特殊的特点——没有担保要求。请回忆一下,持有履约价格相同或者更好、期限较远的期权就能取消通常与交易空头部位相关的担保要求(没有一份合约裸露无担保,因为交易的两部位包括数量相同的合约)。

盯住行为通常会因为期权到期前一天股票突然大幅波动而受到阻止,这就是紧随前例的那个月里出现的情况。4月20日,谷歌公司在股市收盘后发布了季报公告,股价随即急剧上涨。次日——到期日星期五,谷歌公司的股票以448.90美元——几乎上涨了34美元——的价格开盘。盯住效应在这个交易日因股价先是涨破450美元的履约价格,随后又跌破440美元的履约价格并最终报收于437.10美元而失效。与季报公告相关的股价大幅上涨把谷歌公司的股票推入一个持仓量相对较小的新的交易行列。在这次股价上涨前,一些投资者用履约价格410美元和420美元的期权建仓。季报公告后,在到期周期的最后一个交易日,关键的履约价格是440美元和450美元。因此,盯住效应无法奏效,也就不足为奇了。此外,谷歌公司的股票做出了过度的反应:在以后的6天里,股价下跌到了398.90美元。图8.4显示了谷歌公司股票在期权到期日星期五每分钟的交易价格。

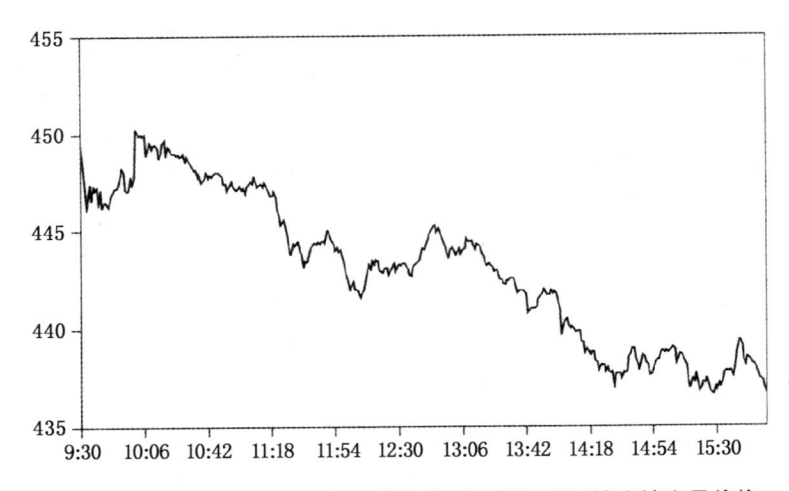

图8.4 谷歌公司股票2006年4月期权到期日星期五的分钟交易价格

以下是期权到期日发生的关键事件:
- 9:30:股票以448.90美元的价格开盘,上涨34美元;
- 10:02:股价涨破450美元的履约价格;

- 10:37:股价跌破开盘价;
- 14:08:股价跌破 440 美元的履约价格;
- 16:00:股票以履约价格 400 美元的看跌期权部位每份期权有 3.00 美元实值的价格收盘。

显然,10:02 谷歌公司股票跌破开盘价,并且继续趋近于 440 美元的履约价格时,股价没能盯住 450 美元的履约价格。不过,在这个时点上,在 440 美元这个履约价格附近进行任何交易,包括卖出期权,都是说不通的,因为没有证据表明股价下跌会结束。最合乎逻辑的选择就是单单买入 440 美元履约价格的看跌期权。10:02 股价开始趋近于较低的履约价格,履约价格为 440 美元的看跌期权以 0.65 美元的价格交易。就在收盘前,它们还以 4.00 美元交易——600%的回报率。

就如我们所看到的那样,到期日有可能提供一些非常有利的交易机会。动态管理是复杂的,而尖端的建模工具具有一个重要优势,期权到期前几天也能为意欲聚焦于时间相关型波动率扭曲的交易者带来好处。

期权到期前几天

因时减值效应是反映期权到期前最后几天特点最重要的动态因素。就如我们所看到的那样,随着到期日的临近,按百分比计,期权每天丧失的价值显著增加。由于期权市场每天开市 6.5 小时,而要关闭 17.5 小时,每晚闭市后损失的价值按百分比计,迅速成为影响期权定价的一个基本驱动因素。

图 8.5 显示了期权到期日星期五前最后 5 个交易日期权在期权市场开市期间(图中的灰色直方)和闭市期间(图中的黑色直方)的价值损失百分比。该图从期权到期前最后一周前的星期五开始。

图 8.5 的数据显示,与最后一周相关、由因时减值效应造成的损失(第一对直方)堪比最后第二个交易日(最后一对直方)的夜间损失。两者都超过平值看跌期权和看涨期权总价值的 19%。到期日星期五全天的价值损失都发生在市场开市期间,从而导致这部分图示的扭曲:这一天只有灰色直方,而没有黑色直方。

我们可以试图在距离星期六到期还有一周的星期五市场收盘前夕卖出跨式套利组合。密切关注期权标准定价计算公式中的 θ 值,就可以预期这一周期权价格会下跌 19%,随后在剩下 5 天里每天都会出现很大的因时减值:星期

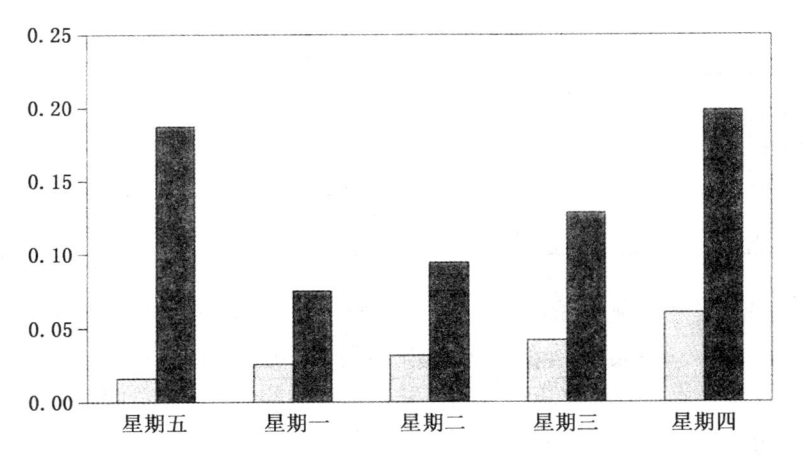

图 8.5 平值跨式套利组合在期权到期前最后 6 天的价值损失百分比。在图的每一对直方中，灰色直方表示交易时间内损失的价值百分比，而黑色直方表示在当日市场收盘到次日开盘之间损失的价值百分比。X 轴上标注的时间从到期这一周前的星期五起始。到期日星期五没有显示在图中，因为期权的剩余价值在这一天的交易时间里减损殆尽。

一 10%，星期二 13%，星期三 17%，星期四 26%，星期五 100%。毫不奇怪，市场也预期到了这些价格扭曲，并且用隐含波动率涨跌和差异很大的买卖价差组合来做出回应。买方通过降低买入价来对不断增大的夜间因时减值效应做出回应，而卖方则力争维持高价以补偿夜间事件风险。买卖价差趋向于收窄，而隐含波动率则在每天开市后随着标的证券变得活跃而趋向于上涨。随着收盘时间的临近，隐含波动率和买入价双双趋向于下跌，而卖出价则趋向于稳定。表 8.3 显示了随着期权到期日的临近为防范夜间因时减值效应所必需的波动率波动幅度。

表 8.3 为防范平值跨式套利夜间因时减值效应所需的收盘时波动率调整。调整后的波动率用带阴影底的数字表示。

日期	证券价格	履约价格	剩余天数	跨式套利组合价格	波动率	θ 值	交易头寸价值(10 份合约)
星期五 09:30	$400	$400	8.31	$19.26	0.40	−0.55	$19 260
星期五 16:00	$400	$400	8.04	$15.40	0.33	−0.46	$15 400
星期一 09:30	$400	$400	5.31	$15.40	0.40	−0.70	$15 400
星期一 16:00	$400	$400	5.04	$13.87	0.37	−0.66	$13 870
星期二 09:30	$400	$400	4.31	$13.87	0.40	−0.78	$13 870
星期二 16:00	$400	$400	4.04	$12.16	0.36	−0.73	$12 160

续表

日期	证券价格	履约价格	剩余天数	跨式套利组合价格	波动率	θ值	交易头寸价值(10份合约)
星期三 09:30	$400	$400	3.31	$12.16	0.40	−0.89	$12 160
星期三 16:00	$400	$400	3.04	$10.16	0.35	−0.81	$10 160
星期四 09:30	$400	$400	2.31	$10.16	0.40	−1.07	$10 160
星期四 16:00	$400	$400	2.04	$7.73	0.32	−0.91	$7 730
星期五 09:30	$400	$400	1.31	$7.73	0.40	−1.43	$7 730
星期五 16:00	$400	$400	1.04	$0.18	0.01	−0.02	$180

表8.3是为了能与图8.5比较而设计的。为清晰起见,我们用400美元固定的履约价格和40%的隐含波动率计算了平值跨式套利组合的价值。每天收盘时,隐含波动率被调整到收盘价能够反映夜间(或周末)因时减值效应的水平。这样,每个收盘价与下一交易日的开盘价完全相同。换句话说,跨式套利组合在市场闭市期间不会受到 θ 的影响。如何根据初始周末因时减值效应进行调整,才能使隐含波动率从40%降低到33%。如图8.5所示,与最后一个周末相关的扭曲与到期日星期五最后一夜的扭曲一般严重。在到期周末,随着每夜价值损失百分比的提高,波动率的上涨要抵消价值损失百分比的提高。在我们的例子中,100%的波动率上涨可抵消价值减损增幅从星期一的3%到星期四的8%。上表最右边一栏显示了每天相关时点10份跨式套利组合合约的价值。重要的是要强调,从每天收盘价反映预期夜间因时减值效应和非预期事件风险这个意义上讲,市场价格通常反映某种程度的妥协。因此,期权价格倾向于在市场收盘时轻微下跌,而在开盘时则轻微上涨。

到期周的成功交易策略应该考虑加速因时减值效应以及隐含波动率的潜在涨跌。有很多看似合理的策略,一种显而易见的选择就是在最后一个周末前的星期五一开盘就卖出跨式套利组合或宽跨式套利组合(表8.3中的第一行),常常可以当天了结交易获利。投资者也可以选择通过在周末保持交易头寸敞口来利用最后一周的加速因时减值效应赢利。重要的是要计算和跟踪期权价格以确定定价效率水平并做出交易决策。例如,如果我们有理由认为股票有可能受到夜间新闻的影响,并且能够确定夜间因时减值效应大多或者全部已经折现,那么多头跨式套利也许是一种上佳选择,目的可能就是在次日上午利用上行的波动率和标的证券波动来了结交易。

就像我们看到的那样,到期周的定价要受到很多因素的影响,最重要的因素是事件风险与加速因时减值效应之间的相互影响。这些动态影响因素可用来帮助我们选择构建多头头寸和空头头寸的入市点和退市点。很多作者认为,多头可利用较长的到期时间框架来获利,而空头则正好相反。一般来讲,市场定价机制实在是太有效了,绝不会让一个明显的统计意义上的套利机会持续存在。正是由于这些原因,我们选择聚焦于已经成为期权定价模型固有特点的比较微妙的价格扭曲,这些特点理应得到正确的理解和密切的跟踪,因为这是成功执行到期周交易策略的基础。

结束语

期权到期周的特点就是存在种种由加速因时减值效应和隐含波动率涨跌导致的不同价格扭曲。这两个影响效应是如此显著,以至于芝加哥期权交易所在每个到期周期还剩最后一周时就提前1个月重新计算VIX指数。[3]期权到期前的最后一个交易日代表着最大的交易机会,因为平值和虚值期权在常规交易时间结束时必然丧失其全部剩余价值。

如果到期日恰逢星期五,很多股票要经历所谓的"盯住效应"。这种效应由不同的作用力驱动,包括持有大额股票和期权套期保值头寸。大持仓量、高流动性、股票价格接近期权的履约价格以及到期前几天股票比较稳定的表现都是作用因素。我们可以通过交易来利用到期日股价盯住期权履约价格和隐含波动率快速下跌的组合效应,这样的交易通常能够通过只承担时间很短的市场风险来获取很大的回报。

明显的可交易价格扭曲在到期周前的星期五开始出现,这个周末非常重要,因为从星期五收盘到星期一开盘之间的时间要占到到期前剩余时间的34%。期权买方会以降低买入价来补偿周末因时减值效应的方式做出回应,而卖方则试图通过稳定卖出价来防范市场闭市期间可能出现的非预期事件。就如读者预期的那样,买卖价差趋向于以扩大的方式来回应以上动态变化。此外,到期前最后几天,由夜间因时减值效应导致的期权价值损失按百分比计会急剧上升,而且星期四的价值损失多于此前一周的价值损失。

最后,股票收盘价趋向于把因时减值和事件相关型风险效应混合在一起。详细了解这些影响效应,并且密切跟踪隐含波动率,对于在到期周期里成功地进行交易至关重要,目的就是要利用由市场作息时间安排和期权合约的因时减值效应相互作用导致的价格扭曲来赢利。

补充读物:

Avellaneda, M. and M. Lipkin, "A market induced mechanism for stock pinning," *Quanti-*

tative Finance, vol 3(Sept.2003), 417—425.

Daniels, M.G., J.D. Farmer, L. Gillemot, G. Iori, and E. Smith, "Quantitative model of price diffusion and market friction based on trading as a mechanistic random process," *Physical Review Letters*, vol 90, No.10(Mar.2003), 108102(1—4).

Frey, R. and A. Stremme(1997), "Market Volatility and Feedback Effects from Dynamic Hedging," *Mathematical Finance*, vol 7, No.4(Oct. 1997), 351—374.

Jeannin, M., G. Iori, and D. Samuel, "Modeling Stock Pinning," City University of London Department of Economics, Discussion Paper Series No.06/04, May 30, 2006(www.city.ac.uk/economics/dps/discussion_papers/0604.pdf).

Krishnan, H. and I. Nelken, "The effect of stock pinning upon option prices," *RISK* (Dec. 2001), S17—S20.

尾注：

1. Ni, S.X., N.D. Pearson, and A.M. Poteshmana, "Stock Price Clustering on Option Expiration Dates," Journal of Financial Economics, vol 78, no 1(May 2005), 49—87.
2. 有70年历史、限制在下行市场上抛售的提价交易规则实际于2007年7月6日被美国证券交易委员会废除。
3. Chicago Board Options Exchange, "The New CBOE Volatility Index—VIX," technical white paper appearing on the CBOE website, 09/18/2003.

第9章 如何配置交易"工具箱"

投资界开发了数以千计的交易系统,最好的交易系统都是私人拥有的,一般不向投资公众开放。很多交易系统通过在范围广泛、长时间存在的条件下产生优厚利润的方式证明了自己的价值。不过,市场是复杂的,而条件会发生变化。过去的20年见证了高低不一的通货膨胀、市场波动率的涨跌、正常和倒置的收益率曲线、原油价格的大起大落、商品短缺、货币贬值以及世界范围内的流动性提高。尽管存在不同意见,但是,任何交易系统都不可能在如此不同的条件下运行良好。虽然有利的条件有可能持续较长时间,可是,但凡交易系统最终都会失效。

投资者如果希望在很长一段时间里始终能够跑赢市场,那么就必须掌握技术优势,而不能依赖与特定市场条件相关的交易触发因素,包括为研究单只证券价格波动特性所必需的数据挖掘和可视化工具在内的软件平台就能提供这样一种优势。软件平台设计应该聚焦于识别市场无法立刻发现的微妙的价格扭曲和统计套利机会,并且还应该注意可扩展性和具有可容纳不同外部数据来源的功能。

很多私人投资者认为,通过利用市场上能买到的工具来发现可作为交易触发点的独特指标组合,就能够拥有优势。他们常常为了调整自己选定的指标参数而要用好几个月来分析图表。虽然这样的工具确实重要,但是,随手可得的现成软件包不可能成为一个能够在很长一段时间里始终跑赢市场的交易系统的核心组成部分。最有效的策略应该是利用可买到的图表制作和数据分析工具来构建可用于挖掘大数据集解决复杂问题的个性化软件,但最终目标应该是掌握开发和执行可根据需要修正和调整交易策略的能力和灵活性。

下面我们要讨论的软件平台包括两类不同的工具。第一类工具包括上文提到的市场能买到的图表制作和数据分析软件。近年来,在线经纪人和数据供应商作为服务差异化措施开发了不少这样的工具包。这些工具包主要包括以下组件：

- 不同证券及其衍生产品价格实时图表制作和数据馈送软件；
- 附有适当的事后检验设备的指标包；
- 带滤波和警报系统的新闻专线访问软件；
- 包含希腊字母的个性化期权定价屏；
- 交易触发点和警报设定方法软件。

很多工具包还有一种可进行自动化策略测试的宏语言。总的来说，这些都是期权交易者在交易日里自始至终要使用的工具。

第二类工具包括数据基本架构和管理软件，是本章要论述的核心内容。投资者使用这些工具来分析历史数据并筹划新的交易。首先是下载和管理大量历史定价数据的设备。由于这种数据的质量对于取得交易成功非常关键，因此，交易系统必须包括能够显示异常数据的数据清理程序。工具箱里的分析工具应该包括数据挖掘和可视化、统计分析以及头寸建模软件。这些软件中的每一种都是涉及面广且又复杂。

投资银行和对冲基金都已经认识到这些工具是取得成功的关键，因此，它们建立并保持着庞大的技术团队，不断测试新的方法和开发新的软件。

这种趋势变得非常明显。2000~2006 年，美国的股票算法交易占总成交量的比例从 5％增长到了 27％。[1] 同期，美银证券公司（Banc of America Securities）裁掉了几乎一半的交易员，而它的股票交易量却增加了 160％。如今，该公司的大部分交易都用算法语言来完成。[2] 华尔街已经成为一个尖端软件的大开发商，是这种软件的质量把赢家和输家区分开来。

本章旨在制定一套可供个人和机构投资者用于开发期权交易软件平台的行动指南。

关于数据可视化工具的一些说明

数据可视化工具以一种已经可理解的方式展现大量的定量数据。我们在本书中全都参考了采用根据波动率滑动视窗计算的标准差表示标的证券价格波动的图表。这些图表非常有用，因为它们以一种方便直接比较很多证券的方式对标的证券价格波动进行了标准化，并且还提供了一种能够观察小到几分钟大到数十年不同时间框架的统一视角。

灵活数据基本架构的一个优势，就是允许我们方便地创造新的显示方式来

第9章 如何配置交易"工具箱"

有效地概括大量的信息。读者在上文看到的价格波动峰值图就是本书作者采用的很多可视化策略中的一种。例如,我们能够转换这种数据以便制作更具视觉吸引力、凸显波动率波动的图表。这样的图表可用来迅速评估不同类型期权交易的证券。

图9.1和图9.2显示了两种不同股票经过转换的价格波动数据。第一种是价格波动频度和幅度不怎么服从正态分布、表现平平的股票,而第二种则是表现良好的股票。

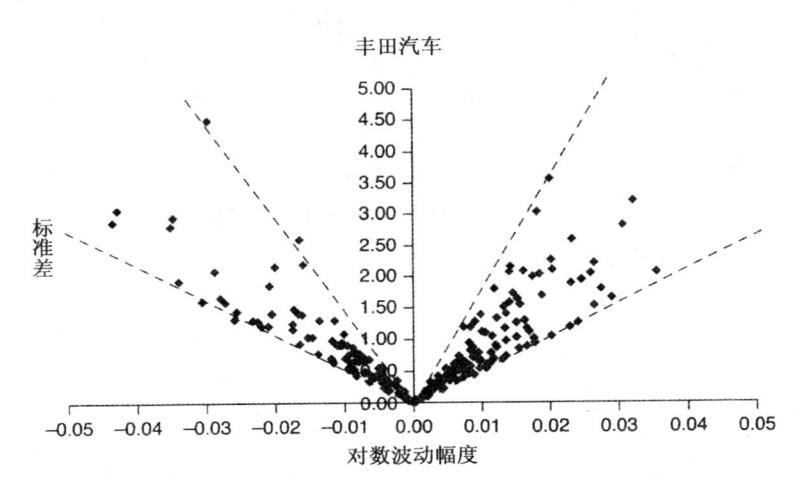

图9.1 丰田汽车公司这只表现平平的股票用对数和标准差表示的价格波动幅度。图中,每个点表示按标准差计的日价格波动对数值。标准差根据最近20日波动率时窗计算求得。

在这两张图中,每日股票价格波动幅度(X轴)的对数值根据股价波动的标准差数(Y轴)用点标注。图9.1中的虚线显示了这种计量方法在股价的历史波动率幅度很大时的易变性。图中的点分散分布,因为活跃时期和平静时期交替出现,导致波动率涨跌不定。结果,表示股价特定波动幅度的标准差数在时间上差异巨大。相反,价格波动次数少、幅度大而且波动率变化慢的股票日价格波动点都集中分布在直线的两侧。这样的特性在图9.2中显而易见。股价波动幅度与表示波动幅度的标准差数两者的比率比较稳定地保持在0~4个标准差这个大范围内。股价大幅波动的峰值在直线附近减少,因为它们出现的频度还不足以扭曲股价波动峰值分布。

价格高度波动的股票可能表现良好,而低波动股票则可能表现平平。在笔者写这本书时,IBM公司和丰田公司的股票期权都以20%的隐含波动率交易。

期权交易波动率前沿

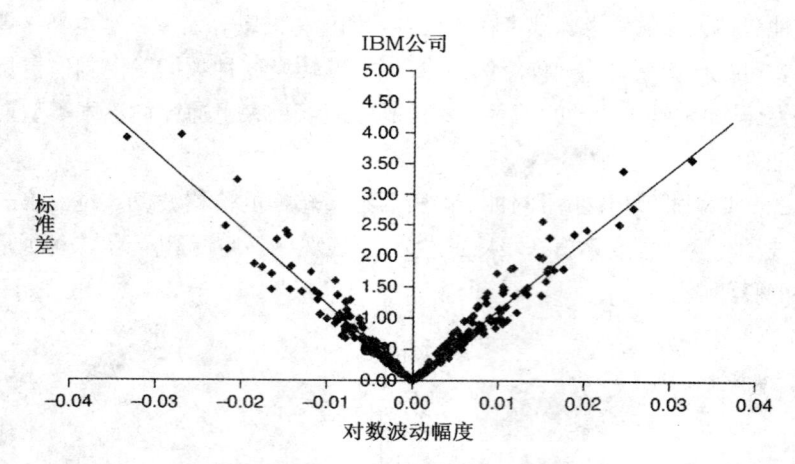

图 9.2 IBM 公司这只表现良好的股票用对数和标准差表示的价格波动幅度。图中,每个点表示按标准差计的日价格波动对数值。标准差根据最近 20 日的波动率时窗计算求得。

价格波动状况如图 9.1 所示的股票其期权会出现罕见的大幅买卖价差。这表明,个人交易者担心自己支付过高的价格或者相对于承担的风险补偿不足。而我们所说的"表现良好"的股票其期权往往买卖价差较小,并且持仓量相对较大,它们平稳的价格波动表现允许交易者就风险达成比较一致的看法。

以下各节介绍的软件平台旨在促进有用的数据和图表快速生成。图 9.1 和图 9.2 是两个典型的例子。显然,读者能够浏览大量的某种类型交易候选股票的图表,也可以运用自定义过滤软件来实现基于股价波动表现易变性的选股扫描过程自动化。笔者自己设计的交易系统能够采用不同长度的波动率时间窗口自动生成数以百计的图表、多日复合数据点和不同的数据序列。

数据库基本结构概述

期权交易数据库基本结构的设计必须能够在对原始结构做最小变动的情况下添加新的统计分析和数据挖掘程序。笔者根据本人目前采用的数据库基本结构来介绍这方面的信息。当然,读者可以采用很多不同的设计方案,但以下核心配置可以满足任何执行需要。

- 带有相关数据清理程序的下载设备;
- 带有十进制/系统/日历日期转换机制的日历完整的数据库;

- 数据输入设备；
- 数据输出设备；
- 储存数据挖掘设置的参数表和统计程序；
- 输出表模板；
- 备份设备。

下载设备非常重要，因为它要向交易系统的其他构成部分馈送数据。凡是数据馈送都容易出错，因此，筛选异常记录非常重要。例如，价格或交易量数据被损毁的情况并非罕见，有些差错可能非常隐蔽，最常见的这类差错与股份分割或购并活动有关。如果我们要下载5 000只股票 500 天的价格历史数据(250 万个股票/天的数据记录)，而且每个记录包括开盘价、最高价、最低价、收盘价和交易量等信息，我们必须核查全部1 250万条信息，还必须检查整个日期序列以确保各个记录彼此相邻，还要核对检查非交易日，并且还得单独处理任何不对应于市场休市或周末的缺失日期(在非常罕见的情况下，有可能会因买盘和卖盘不能配对而暂停交易)。一个解决毁损或者空白记录问题的办法是作为占位符嵌入一个重复条目。

日历完整的数据库支持不同日期的算法计算，还能促进数据库和操作系统之间自由转换日期。任何期权交易数据库都应该具备添加和删除日期和时间信息的能力，因为期权价格通常是按到期前的秒数来计算的。数据库的日期结构必须能够方便地与基础操作系统和相关程序交换信息。微软系统把日期作为参考编号的序数来储存，并且以默认的方式把1900 年 1 月 1 日编为编号1，按照递升计数法，2009 年 12 月 1 日的编号是 40148。但是，如用十进制小数把时间作为 1 天的一部分来计时的话，2009 年 12 月 1 日下午 1:00 的编号就应该是 40148.5417。

精确的十进制日期也可用来制作比例正确的股票价格图表。大多数股价图表因节假日和周末而被扭曲，因为它们不能正确地把数据点描述为等间距。比例正确的股票价格图表可采用可辨识的年份后面跟随精确的年份十进制小数值的混合日期来制作。采用这种方式格式化的日期可以在任何操作环境下即刻转换成操作系统日期。2009 年 12 月 1 日的混合日期格式是 2009.9169。当需要处理几百万个记录数据时，日期转换计算可能非常耗时，因此有必要制作一张以所需要的不同格式包含各种适当日期的参考表。笔者所用的参考表包括操作系统日期、数据源日期、工作日日期、日历年度日期、混合十进制日期以及说明每个记录期权到期日剩余天数的注释。这张表包括从 1985 年起始到 2010 年结束的 25 年日历。在笔者的交易系统中,几乎每个程序都引用这张参考表,建模工具用时间信息来扩展日期,必要时可精确计算期权到期前的每一秒钟。正如我们在第 8 章"如何根据到期周期交易"里已经看到,精确的当天时间信息在期权到期前的最后一个交易日和最后几小时会变得十分重要。

最后,很多把特定类型的股价波动表现与日期联系在一起的统计程序都使用日历信息。一个简单的例子就是一种测度期权到期前剩余天数与每次价格波动幅度相关关系的程序,一个更简单的例子是每个价格波动幅度与星期几之间的相关关系。这方面的例子不胜枚举,但每个例子都离不开管理时间信息的软件设备。

参数表具有重要的功能,因为它有利于生成自动化的工作流。复杂的系统如由许许多多都有特定功能的小模块构成,那么一定非常高效。一个系统的不同模块按照不同架构组装起来以后,就能用来生成高功能的工作流。如果系统中的不同模块都能调用参数表,那么就能自动执行指令,并且消除用户输入的需要。参数表要用新的字段来扩展,这样就能容纳新添加到系统中的模块。

图 9.3 显示了一个可用来生成很多股价波动历史数据的工作数据库系统的基本构成部分。工作流是该图概述的表结构的反映。工作流首先从有选择地下载特定种类有期权交易的股票的历史数据开始,并且按下列流程继续下去:检查每个记录的完整性;执行不同的计算以利用数值关系和日期信息对数据集的内容进行格式化和扩展;制作包含波动率和价格波动详细数据的新表格;把统计信息填入一览表;最后输出关键结果供其他程序使用。

图 9.3 描绘的数据库结构仅仅是一个包括不同分析和交易工具、规模大得多的设计的一小部分。此外,在该图底部提到的三种设备——统计分析、交易建模和数据挖掘——各自都有自身的复杂表格和程序基础。数据挖掘设备特别复杂,可以经常添加新的能力。毫不奇怪,由数据挖掘工具复杂集成赋予的能力具有极大的区分潜能,因为它们可用来发现不同证券之间的复杂关系。数据挖掘工具也可用来发现特定经济新闻与市场表现之间存在的相关关系。在期权交易领域,这些相关关系会扩大隐含波动率的波动幅度,并且以更大的比例扩大受到密切关注的 VIX 指数的波动幅度。

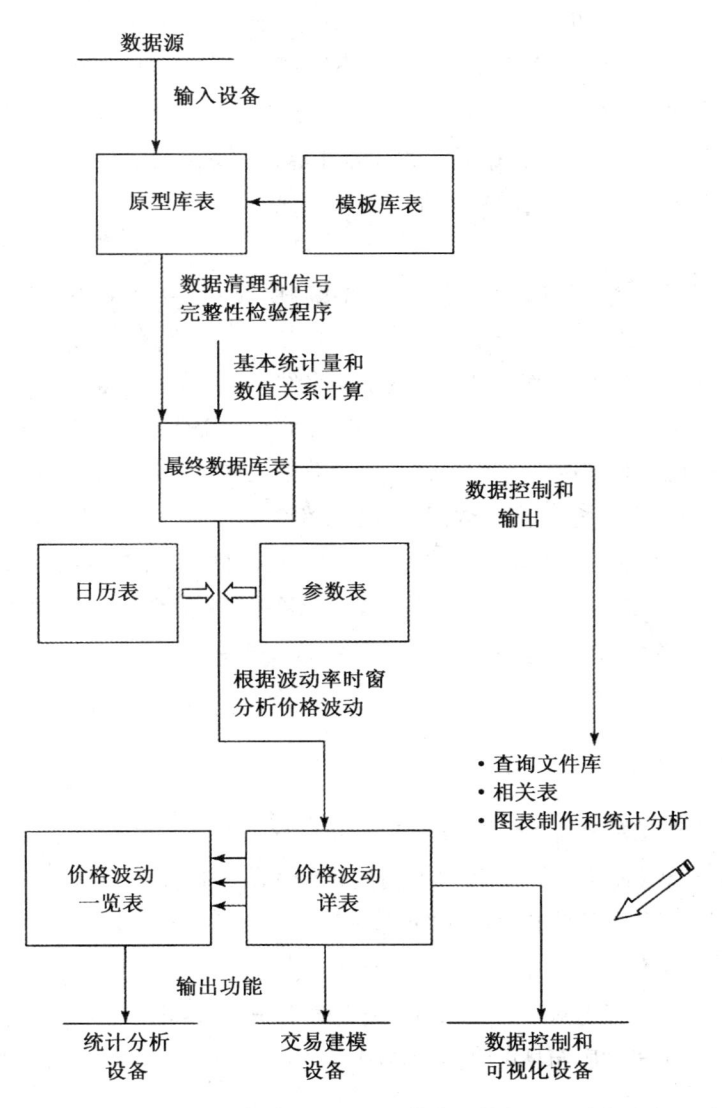

图 9.3 数据库架构简图。该图显示的表结构是为了方便包括历史价格波动分析方法在内的不同分析方法的使用而设计的。

数据挖掘

结构合理的数据挖掘实验具有发现不为市场所知的微妙关系的潜能。有些微妙关系以不同证券之间统计显著性关系的形式出现，而另一些微妙关系则比较抽象。其中最重要但也是最难以量化的是经济新闻与特定股票价格波动表现之间的关系,对这种关系的分析可以依靠各种能够从像新闻馈送这样的文本数据中提炼事件并进行分类的复杂算法语言。更难完成的一个基本任务就是用不同的事件来修饰时间序列数据以创建异质性合成信息。然后,必须对这种异质性数据进行分析,以发现在没有事件发生的情况下并非显而易见的价格波动模式。

数据挖掘实验可用来发现那些展现期权到期与上一章所描述的"股价盯住期权履约价格"之间关系的股票。笔者还利用这些实验研究了与月底、季末、季报公告、长周末以及像利率变动这样的金融事件相关的影响效应。很多不同的相关经济新闻也都是在周末发布的,每条这样的新闻都代表一个具有潜在重要性、能够同时驱动市场和个股的事件。就业数据、供应链货币流、企业库存和支出、国内生产总值增长率、通胀数据和贸易差额等都是这方面的例子,但又不局限于此。不同的证券以不同的方式对每条这样的新闻做出回应。有时,新闻和市场反应会合并影响某只证券的市场表现。不掌握情景敏感性数据挖掘工具,通常是不可能发现这样的关系的。以下功能是数据挖掘支持软件平台的核心功能。

事件提炼

事件必须从像新闻馈送这样的文本数据中提炼和分类。最严峻的一个挑战就是构建一个能从半结构化数据中提炼特定事件范畴的数据词典。例如,"收益低于预期"这样的事件范畴也许在"有些分析师对 XYZ 公司报告的收益比预期低 2 美分而感到失望"的陈述中并不显而易见;而另一些事件范畴在它们的原始背景"原油价格今天上涨了 2%""XYZ 公司董事长宣布辞职""消费者信心指数又创新高"下则更加显而易见,其中的每个陈述都包括可分类存入数据词典的词语。

情景发现

传统的技术分析不讲究情景,市场也是如此。例如,如果消费者信心指数意外上涨,市场就会被预期做出积极反应。不过,在银根紧缩对市场产生负面影响的通胀环境中,高水平的消费者信心可能会被视为利空消息。情景发现是复杂的,而且需要开发从语义上理解和分析句子的软件。在研究人员习惯搜索大文本数据库的生物信息和医疗信息领域已经有这样的软件存在。

时间序列相关关系

重要的是采用时间序列的形式去捕捉价格波动信息,并且测度时间序列扭曲这样的事件的影响效应。有一种策略是把重复性时间序列分为两组,一组包含每个序列中的潜在扭曲事件,而另一组则不包含这类事件。神经网络和模式发现软件可用来生成能区分两组时间序列的加权函数。在这方面,重要的是关键事件必须始终被列入每个时间序列。

图9.4显示了一项比较数据挖掘实验的结果,目的在于识别入市建仓做费城黄金/白银指数(交易代码:XAU)期权交易和平仓离市的触发点以及通过投资道富黄金信托(交易代码:GLD)——一种跟踪黄金价格的交易所交易基金——入市构建对应仓位和平仓离市的触发点。该图比较了XAU价格与GLD价格/XAU价格比率。有些时间框架具有关系界限清晰的特点,在这种关系中,对于费城黄金/白银指数的任何特定值(上图),GLD价格/XAU价格比率都有一个特定的值;而另一些时间框架并不支持这种趋势(下图)。

在图9.4所示的时间框里,期权交易的日内入市点可根据对趋势线的微妙偏差来识别。有时,偏差大到足以被视为统计意义上的套利机会,位于趋势线上面的点表示高GLD价格/低XAU价格,而位于趋势线下面的点则表示低GLD价格/高XAU价格。图中的两个时间框架还具有市场条件不同的特点。上图表示一个原油价格以及美元和黄金(从434美元上涨到了491美元)都比较稳定的时期。在下图所示的时间框架中,黄金以快得多的速度上涨(从491美元上涨到了612美元),而原油价格则上涨了近40%。

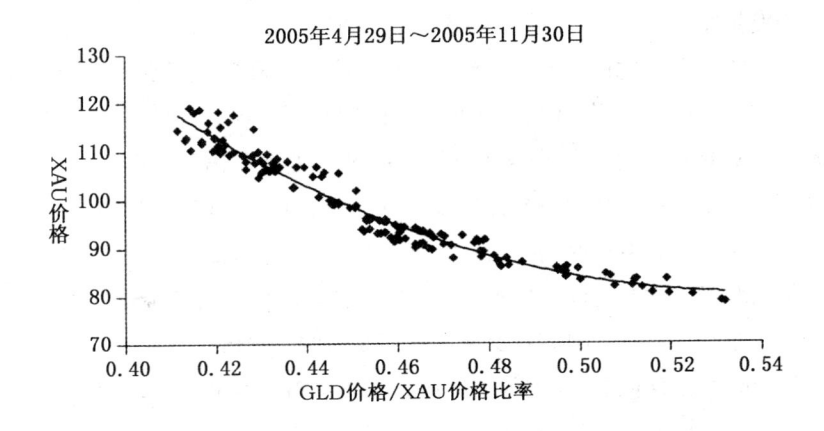

期权交易波动率前沿

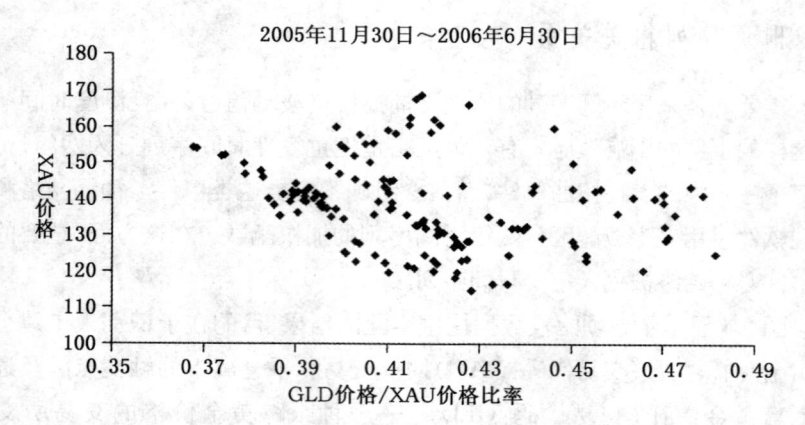

2005年11月30日～2006年6月30日

[散点图：纵轴为XAU价格（100-180），横轴为GLD价格/XAU价格比率（0.35-0.49）]

图 9.4 XAU 价格与 GLD 价格/XAU 价格比率之间的关系以及两个不同时间框架的 GLD 价格/XAU 价格比率。上图显示一个以 GLD 价格和 XAU 价格之间界限清晰的关系（对于每个 XAU 价格值就有一个确切的 GLD 价格/XAU 价格比率值）为特点的 7 个月时间框架。以上这种关系没有出现在下一 7 个月时间框架（如下图所示）中。

    这个例子并非绝无仅有，因为数据挖掘实验往往具有作用很大的统计分量。不过，不像简单的统计分析，数据挖掘能对新的相关关系进行开放式搜索。在这个例子中，我们同时发现了一种相关关系的存在以及这种相关关系成立的时间框架。采用长度可变的滑动时间窗口并细化分析，就能构建包含很多时间序列以及相关关系的数据词典，然后就能拿词典中的词条与新的事件和市场数据进行比较以发现最有利的条件，最后把一组有利条件汇集起来并用以检验未来新事件的发生概率。

    主动的数据挖掘程序十分重要，因为股票、商品和其他可交易资产表现之间的联系和关系往往是形成快、解体也快。读者已经看到，黄金和黄金股票价格波动表现之间紧密关联的联系很快就会消失，相反的情况出现在 2007 年 2 月。当时，很多商品、股票和其他证券开始以一种一致的方式表现。图 9.5 显示了 2007 年 2 月下旬和 3 月中旬期间股市、黄金和日元业绩表现之间存在的关系。上图显示了标准普尔信托凭证（SPDRs，交易代码：SPY）和道富黄金信托凭证的日收盘价；下图则是日元信托基金（交易代码：FXY）的收盘价。[3]

    这个时间框架很重要，因为其间市场在 2 月 27 日大跌 5％，并且一直持续到 3 月 5 日。高水平的市场波动率一直持续到 3 月 14 日。这天，市场出现反弹，价格涨破 2 月 27 日前的水平。在很多类别的资产表现一致，而市场波动率很低

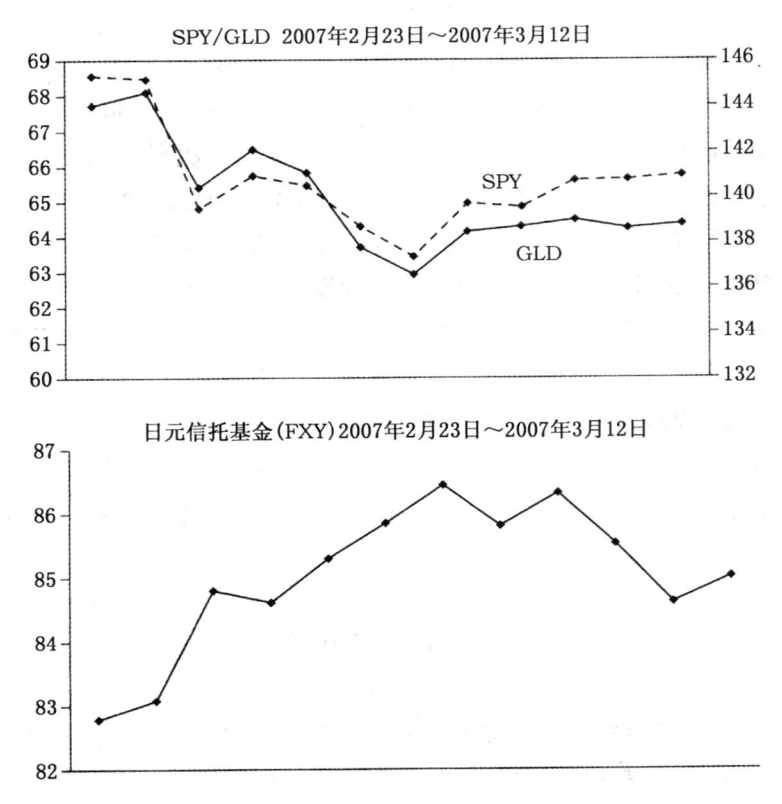

图9.5 2007年2月下旬和2007年3月中旬期间标准普尔500指数、黄金和日元之间的关系。上图包含标准普尔信托凭证(SPY)和道富黄金信托凭证(GLD)的收盘价；下图是日元信托基金(FXY)的收盘价。

时，最可能出现市场下挫。在这个例子中，日元套利交易的部分未平仓合约是造成这次市场波动的罪魁祸首。很多年来，世界各地投资者一直是以很低的利率借入日元——实际卖空疲软的日元——投资于其他类别的资产。2月27日，日元2%的反弹导致这些投资者纷纷平掉手中持有的黄金、原油和股票仓位，并且偿还日元贷款。随着日元的逐步走强，其他市场不断走弱。当日元最终又变得疲软时，套利交易卷土重来，资产市场又逐步趋稳。

在这个时间框架里，黄金投资者惊讶地看到这种贵金属丧失了"安全避风港"的地位。之所以有那么多人投资于黄金，是因为他们希望把它作为套期保值手段来防范市场大跌。更糟糕的是，由于黄金投资者们没有能力发现日元市场和其他资产市场之间的相关关系，因此不知道如何做出反应。有些投资者任由手中的黄金多头头寸敞口，并且认为最初的抛售只是获利回吐，因为黄金在过去的4个多月里收复了8.4%的失地。

对于期权交易者来说,如果能够明白黄金和股票以一种关联的方式波动,而日元朝着相反方向波动,本身就是重要的交易机会。在这个时间框架内,结构合理的交易就能够利用标准普尔500指数和黄金期货期权隐含波动率相左带来的统计意义上的套利机会来实际获利。交易者结合使用通过数据挖掘实验积累的统计学知识,就有可能通过这些交易来获取很大的盈利。投资者如果关注价格的连贯性,那么就能在相关关系不复存在时及时发现退市点。

在期权交易领域,识别与某个波动率走势紧密相关的各种条件或者不同的可交易资产价格波动之间的相关关系有可能是极其重要的。随着数据挖掘实验复杂程度的提升,市场发现波动率走势或者相关关系的可能性就会下降。这种逆关系非常重要,因为市场分析人士对金融消息的解释大多比较简单粗糙,而数据挖掘工具允许投资者通过发现更具预测力的微妙相关关系来超越市场分析人士的解释。

统计分析设备

我们在第2章"期权定价基本原理"中考察的期权定价方法论旨在采用统计方法来粗略估计某只股票或者指数的表现。认识到这些模型的局限性,驱使机构投资者采用更加复杂、尖端的方法,目的始终是通过提高统计精确度来识别定价失误的期权合约。在这方面,重要的是拥有可用来分析和概括价格波动历史信息的软件设备。

统计推断可广泛应用于对市场或者单只证券动态演化的理解,但有时从市场和单只证券两个层次来观察可能更具优势。例如,整个股票市场相对于某周各交易日经历的典型价格波动而言变异很小。令人惊讶的是,星期一收盘往往表现出小于一周其他交易日的波动峰值,尽管与上星期五的收盘已经相隔72小时。然而,有些股票在星期一会出现一周最大的波动峰值,因为它们受到了美国股市闭市期间发生的世界性事件的影响。有时也能识别这些股票期权隐含波动率的微妙扭曲。图9.6显示了标准普尔500指数1 000个交易日的日均价格波动数据。

配备了适当的数据库和软件平台以后,读者就能着手构建一个这样的图表库,按日、周、月、季度以及其他有意义的时间框架来制作价格波动幅度图表,并且根据不同的标准——行业、交易价格、历史波动率、交易量、市值、空仓量——

第 9 章　如何配置交易"工具箱"

来对证券分组。计算数据集应该按照灵活的设计来储存,这样通过查询工具就能随时调用。这种有效的设计允许我们以最小的努力实际收存任何汇总图表。

标准普尔500指数波动——1 000日

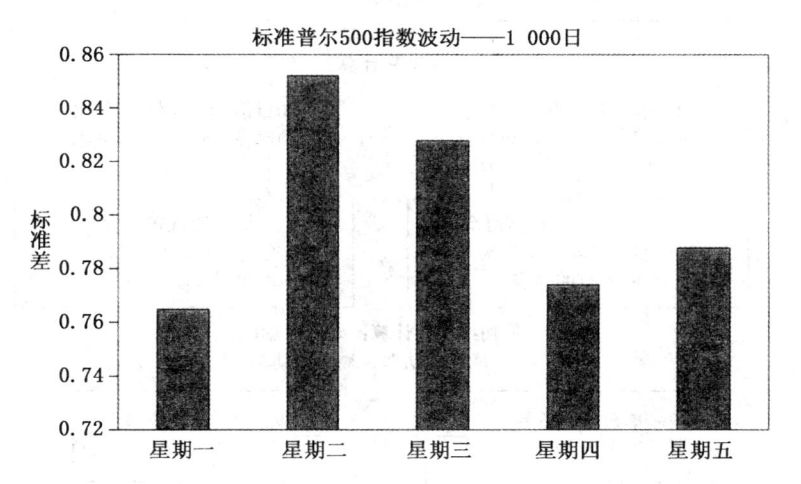

（纵轴：标准差，从 0.72 到 0.86；横轴：星期一、星期二、星期三、星期四、星期五；对应数值约为 0.765、0.852、0.828、0.774、0.788）

图 9.6　标准普尔 500 指数日均价格波动幅度。波动幅度用根据 20 日滑动视窗计算的标准差表示,并且取 1 000 个交易日的波动幅度。

读者可以扩大图表库的范围,并纳入各种不同的统计参数。对于每只股票、指数或者每种商品,图表库应该包含关于按不同长度滑动视窗计算的不同幅度的价格波动次数以及不同时间框架的价格波动数据,如持续 3 个交易日,幅度为 2 个、3 个和 4 个标准差的价格波动次数数据汇总。为了方便计算持续多个交易日的价格波动,可以制作一种每组交易日一个复合条目的新数据库表。例如,为了分析 3 日复合条目,每个条目包含第一个交易日开盘价格、第三个交易日的收盘价以及这三个交易日的最高价和最低价;1 个 20 日滑动时窗包含 20 个复合条目(60 个交易日)。计算波动率的年化因子要做适当调整以便反映 1 年 84 个而不是 252 个时间框架(请注意,$\sqrt{84}=9.165$。)使用非常大的复合条目会造成一定的问题,因为具有统计显著性的条目数量应该涵盖一个较长时期,并且包含不同的市场环境。大多数复合条目的实际时限是 3 个交易日。

这项工作的终极目标是创建一组可为特定交易策略识别候选交易对象的过滤机制。第一步确定一个描述图表库构建过程的简单工作流程。图 9.7 表示一个利用原始框架图的样本工作流程。

价格波动图表库是更大的包含新项目和财务指标关系的数据库基本结构的组成部分,并且要通过根据新数据重复计算工作流在每天市场闭市以后进行更新。表 9.1 是一个取自 2007 年 4 月 16 日图表库的样本。

期权交易波动率前沿

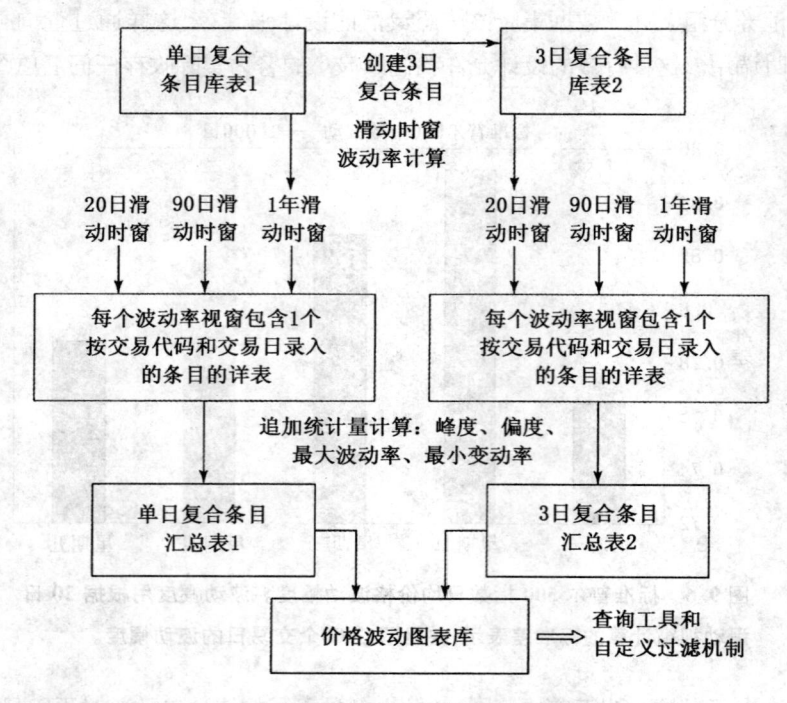

```
┌─────────┐   创建3日    ┌─────────┐
│ 单日复合 │   复合条目   │ 3日复合  │
│ 条目库表1│─────────────▶│ 条目库表2│
└────┬────┘   滑动时窗   └────┬────┘
     │        波动率计算       │
     │                         │
 20日滑 90日滑 1年滑      20日滑 90日滑 1年滑
 动时窗 动时窗 动时窗     动时窗 动时窗 动时窗
  │      │      │          │      │      │
  ▼      ▼      ▼          ▼      ▼      ▼
┌──────────────────┐    ┌──────────────────┐
│ 每个波动率视窗包含1个│    │ 每个波动率视窗包含1个│
│ 按交易代码和交易日录入│    │ 按交易代码和交易日录入│
│ 的条目的详表      │    │ 的条目的详表      │
└────────┬─────────┘    └────────┬─────────┘
         │  追加统计量计算：峰度、偏度、     │
         │    最大波动率、最小变动率        │
         ▼                                ▼
┌─────────┐                        ┌─────────┐
│ 单日复合 │                        │ 3日复合 │
│ 条目    │                        │ 条目    │
│ 汇总表1 │                        │ 汇总表2 │
└────┬────┘                        └────┬────┘
     │            ┌──────────┐          │
     └───────────▶│价格波动图 │◀─────────┘
                  │  表库    │ ⟹ 查询工具和
                  └──────────┘    自定义过滤机制
```

图 9.7 构建价格波动图表库的基本工作流程。
本例创立了单日和 3 日复合条目汇总数据。

表 9.1 　　　2007 年 4 月 16 日价格波动图表库四只证券摘录

	IBM	ISRG	SPY	GLD
计数(交易日)	300	300	300	300
最后收盘价($)	96.18	125.49	146.70	68.40
1个标准差折合美元($)	0.64	1.46	0.83	0.45
最后波动峰值(用标准差表示)	2.17	0.51	1.62	1.24
偏度	−0.15	1.11	−0.74	−0.79
峰度	1.33	12.02	4.69	2.48
序列波动率	0.14	0.47	0.11	0.23
90日波动率	0.15	0.37	0.12	0.17
20日波动率	0.11	0.18	0.09	0.10
日内波动率	0.12	0.29	0.12	0.10

续表

	IBM	ISRG	SPY	GLD
高波动率	0.19	0.87	0.21	0.19
低波动率	0.09	0.17	0.06	0.09
波动峰值(大于 1 个标准差)	88	75	88	81
波动峰值(大于 2 个标准差)	20	22	17	23
波动峰值(大于 3 个标准差)	6	7	5	5
波动峰值(大于 4 个标准差)	1	4	1	0
波动峰值(大于 5 个标准差)	0	3	1	0
3 日复合条目(100)				
波动峰值(大于 1 个标准差)	30	22	31	31
波动峰值(大于 2 个标准差)	6	5	5	7
波动峰值(大于 3 个标准差)	2	3	2	1
波动峰值(大于 4 个标准差)	0	2	1	0
波动峰值(大于 5 个标准差)	0	1	1	0

该表的时间跨度是 300 个交易日(100×3 日复合条目)。这个长度足以支持围绕 3 日复合数据集计算得出的结果的统计显著性。如前所述,更长的时间框架有可能扭曲经历过价格波动表现重大调整的证券的结果。为了防止这种现象,完整的图表库还应该包含有关每个交易代码长期波动率走势的信息。其中的某些数值反映相关时间框架的最终计算结果,这类结果包括最后波动峰值、20 日波动率、90 日波动率和日内波动率以及 1 个标准差的价格波动幅度。"序列波动率"是指横跨整个时间框架的单一波动率计算结果。

为了简洁起见,该表有所省略。图表库的条目实际要比图示的复杂许多。完整的数据结构有较细的价格波动峰值粒度,通常还包括 2 日复合条目以及显示单日、2 日和 3 日统计值之间比率的计算结果,而且还要为每个条目计算追加波动率时间窗口。完整的结构还包括测度不同组别证券相关性以及组内各只证券与其他证券拟合度的相关系数。因此,一个完整的条目要明显大于表 9.1 中的例子。还必须指出,完整的图表库应该包括很多跨越不同时间框架并截止于不同日期的汇总表。

只要构建了完整的图表库,就可采用个性化查询工具和统计筛选程序来构建交易候选对象列表。每一个交易候选对象都得采用标准图表制作工具和取自细目数据库的价格波动数据接受进一步的分析。虽然对不同筛选程序及其与特定交易策略关系的详尽描述超越了本书的范畴,但是,相对于系统架构的复杂性,这样一个系统所蕴含的柔性显而易见。这样一个系统的一个优点就是能够在特定的峰值区间内根据价格波动的高频度或者低频度来构建价格波动数据图表。把细粒度融入筛选标准这一点很重要,这样,投资者就可导出诊断不同类别行为的不同数据图表,并且——譬如说——能够把新事件发生前后波动峰值大、数量少的股票与随机波动幅度适中、数量多的股票区分开来。简单的统计方法、波动率评定和大多数图表制作技术无法进行这样的区别。

通过采用不同长度的波动率时窗组合、不同时间长度(单日、2 日和 3 日)的复合条目以及把某些幅度的价格波动排除在外的筛选标准,就能够达到这个水平的细度。把这个信息与其他统计和基本面参数整合在一起也十分重要。总的来说,最好的方法就是根据包括以下内容但又不局限于这些内容的统计和基本面指标来进行筛选:

- 价格波动(以及以上描述的变化)幅度和分布;
- 波动率走势;
- 基本统计参数,如峰度、偏度;
- 与金融消息和市场走势相关的阈值;
- 空仓量;
- 交易量;
- 市盈率;
- 重复性图表格式。

统计汇总表库是一种有价值的资源,但它的功效取决于数据搜索和分析工具的质量。笔者发现包括模式发现和其他人工智能软件在内的工具盒具有巨大的价值。一种一般性方法是创建一些满足某些交易标准的统计汇总表库条目清单,并利用发现算法语言程序来挑选最重要的数据项,然后把这些数据项作为开发统计筛选程序的核心数据。基础神经网络证明了对这方面的工作具有非常大的意义。更复杂的无界模式发现程序被用来发现重复但微妙的图表格式。整个系统的功效直接取决于统计汇总表库的复杂程度和相关软件工具的尖端程度。

交易建模设备

交易建模工具对于期权交易者必不可少,很多市场上能买到的优质软件包可用来模拟任何关键定价参数——波动率、标的证券价格、期权到期前剩余时间和无风险利率——变动的影响效应。就如我们已经看到的那样，包含无担保空头部位的交易头寸可能有很高的担保要求，而这些担保要求会限制可执行交易的规模或者数量。因此，重要的是善于利用能把担保要求纳入交易方案的工具。

一般来说，交易建模设备最重要的特点就是使用方便。高功能建模软件必须能够方便快速构建交易方案，并且允许用户单步调试增量价格和/或波动率变化。建模设备必须与我们已经介绍的软件平台的部件整合，从而允许假设分析实验基于包括历史价格数据在内的大数据集来完成。这样的实验特别有价值，因为它们允许投资者构建套期保值模型，以防止市场出现不利的走势。因此，建模设备必须具有足够的柔性，足以容纳波动率走势和不同的定价模型。正如在第2章里讨论的那样，最精致的定价模型应该包括有时被称为"波动率曲面图"的个性化三维图，这种图把日历和标的证券价格与波动率信息联系在一起。具有真实感的交易建模操作必须采用这样的三维图，这样才能把标的证券波动和即将发生的金融事件反映在期权价格计算结果中。

表9.2列示了一组类似于本书全书中出现过的交易方案。该表是用建模软件集为采用标准的布莱克—斯科尔斯方法论计算期权价格而准备的。这个交易方案的所有计算都是根据5%的无风险利率完成的，目的是要模拟一种包括两个期权到期日期的四部位复杂交易。在这个交易方案中，我们远期做多、当月做空。像前面一样，波动率在最后一个交易日跌近0。这些交易方案被粗线隔开。第一个方案是交易的起始点。

我们的例子先从构建空头部位 Δ 中性、多头部位看涨期权和看跌期权 Δ 值的比率为46/39的交易头寸开始。我们采用自定义工具来生成实例，自动计算 Δ 中性点，并且设定交易的起始点。如果我们选择从被设定在 Δ 中性点上的多头部位开始交易，股票初始价格可能是85.86美元。

表9.2　横跨两个期权到期日的四部位复杂交易方案建模

种类	股票价格	履约价格	剩余天数	期权价格	波动率	Δ值	γ值	υ值	θ值	ρ值	合约数	期权价值	头寸价值	合计
看涨	87.07	90	10.04	1.41	0.44	0.35	0.06	0.05	−0.12	0.01	−10	−1 410		
看跌	87.07	85	10.04	1.56	0.44	−0.35	0.06	0.05	−0.11	−0.01	−10	−1 560	−2 970	
看涨	87.07	90	45.04	4.21	0.43	0.46	0.03	0.12	−0.06	0.04	10	4 210		
看跌	87.07	85	45.04	3.97	0.43	−0.39	0.03	0.12	−0.05	−0.05	10	3 970	8 180	5 210
看涨	88.00	90	1.04	0.00	0.02	0.00	0.00	0.00	0.00	0.00	−10	0		
看跌	88.00	85	1.04	0.00	0.02	0.00	0.00	0.00	0.00	0.00	−10	0	0	
看涨	88.00	90	36.04	4.04	0.43	0.48	0.03	0.11	−0.07	0.04	10	4 040		
看跌	88.00	85	36.04	3.14	0.43	−0.36	0.03	0.10	−0.06	−0.03	10	3 140	7 180	7 180

续表

种类	股票价格	履约价格	剩余天数	期权价格	波动率	Δ值	γ值	υ值	θ值	ρ值	合约数	期权价值	头寸价值	合计
看涨	90.00	90	1.04	0.05	0.02	0.55	4.11	0.02	−0.03	0.00	−10	−50		
看跌	90.00	85	1.04	0.00	0.02	0.00	0.00	0.00	0.00	0.00	−10	0	−50	
看涨	90.00	90	36.04	5.06	0.43	0.54	0.03	0.11	−0.07	0.04	10	5 060		
看跌	90.00	85	36.04	2.48	0.43	−0.30	0.03	0.10	−0.05	−0.03	10	2 480	7 540	7 490
看涨	92.00	90	1.04	2.01	0.02	1.00	0.00	0.00	−0.01	0.00	−10	−2 010		
看跌	92.00	85	1.04	0.00	0.02	0.00	0.00	0.00	0.00	0.00	−10	0	−2 010	
看涨	92.00	90	36.04	6.21	0.43	0.61	0.03	0.11	−0.07	0.05	10	6 210		
看跌	92.00	85	36.04	1.94	0.43	−0.25	0.03	0.09	−0.05	−0.02	10	1 940	8 150	6 140

交易头寸建模是一种较难用文字表述的动态操作。本例是根据 85/90 美元的履约价格组合构建的，读者可以按照其他履约价格组合、更大幅度的价格波动和不同期权到期日组合来构建模型。各种可能的方案几乎是无穷尽的，有些交易方案比其他方案更难模拟。例如，如果我们能够采用一个更加详细的波动率模型，那么模拟较长时间框架的价格波动序列就能取得更好的效果。

结束语

在过去的几年里，已有功能齐全的在线交易系统可供公众投资者使用。一旦采用这种系统，就掌握了作用较大的全套工具——由基于网络的交易软件和市场上可买到的分析工具构成，但也因此而关闭了窗口，并且也不再可能利用市场上可买到的在线交易工具和分析工具来赢得优势。为了发现微妙的定价关系和统计意义上的套利机会，我们需要一个数据平台以及比公共领域工具更加尖端的相关数据挖掘和分析工具。

笔者把这些目标牢记在心，开发了一个供自己使用的数据平台。这是一个可行的途径，因为计算功率和储存空间的成本已经大幅度下降。在如今的环境中，一个在 2 年前还被称为"高性能"的系统个人投资者也触手可及，就连大数据库、多重处理和集群系统个人也完全触手可及。竞技场终于接近"公平"。具有一定编程技能的个人投资者能够在曾经是专属的制度领域赢得这种分析优势。

数据平台应该认真规划，以便扩展应用到新的分析能力。完整的数据平台通常包括数据挖掘、统计分析、交易建模和数据可视化设备。市场数据和金融新闻事件最终要整合进单只证券层面计算得到的统计参数。这种数据应该收入可用个性化查询工具和统计过滤程序搜索适合特定交易策略的候选对象的汇总表库。设计巧妙的交易系统能够成为价值创造的差异化因素和真正来源。

尾注：

1. 由托尔集团马氏·尼德汉姆报告。

2. Mara Der Hovanesian, "Cracking the Street's New Math," *BusinessWeek*, April 18, 2005.

3. 是一种委托人信托，发行日元份额。每个信托份额代表信托权益未分割受益权的一分子。

作者介绍

杰夫·奥金现在是私人投资者和撰稿人,他整整花了 10 多年时间开发了一个拥有独特知识产权的衍生品价格技术分析算法和软件组合。他为开发这个交易系统编写了数以百万计的计算机代码,为股票、指数和期货期权交易提出了作用巨大的新策略。

奥金从事信息技术工作 25 年,曾经合作创建并主管 IBM 公司的生命科学计算业务部。他制定过曾创下 12 亿美元新增收入的增长策略,管理过巨额风险投资资产。从 2002 年到 2005 年,奥金曾担任由耶鲁大学计算机系主任创建的技术计算软件公司 TurboWorx 公司的董事长和首席执行官。他是《后基因时代生物信息学:基因组、转录组、蛋白质组和信息化医学》一书的作者(爱迪生－韦斯利出版公司,2004)。本书关于期权定价的很多内容是根据作者在攻读研究生时开发的分子结构预测算法完成的。

東航金融·衍生译丛

第一辑

《看不见的手》 定价：58.00元

《对冲基金型基金》 定价：49.00元

《常青藤投资组合》 定价：44.00元

《对冲基金大师》 定价：53.00元

《对冲基金表现评价》 定价：53.00元

第二辑

《解读石油价格》 定价：29.00元

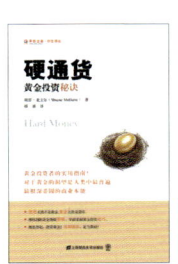

《硬通货》 定价：38.00元

《捕捉外汇趋势》 定价：45.00元

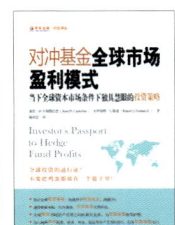

《对冲基金全球市场盈利模式》 定价：49.00元

《使用铁秃鹰期权进行投机获利》 定价：28.00元

第三辑

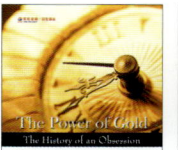

《黄金简史》
定价：50.00元

《交易周期》
定价：49.00元

《利率互换及其衍生产品》
定价：39.00元

《期权价差交易》
定价：43.00元

《波动率指数衍生品交易》
定价：42.00元

第四辑

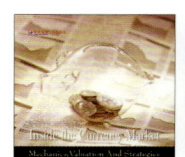

《揭秘外汇市场》
定价：48.00元

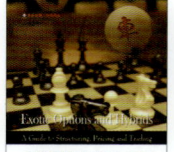

《奇异期权与混合产品》
定价：55.00元

《掉期交易与其他衍生品》
定价：50.00元

《外汇期权定价》
定价：48.00元

《震荡市场中的期权交易》
定价：44.00元

第五辑

《顶级对冲基金投资者》
定价：36.00元

《期货交易者资金管理策略》
定价：45.00元

《奇异期权交易》
定价：33.00元

《外汇交易矩阵》
定价：45.00元

《债券与债券衍生产品》
定价：48.00元